Jill Barber / Rita Watson

Frau gegen Frau

Rivalinnen im Beruf

Deutsch von
Cornelia Holfelder-von der Tann
und Adelheid Zöfel

Rowohlt

Die Originalausgabe erschien 1991 unter dem Titel
«Sisterhood Betrayed. Women in the Workplace
and the All About Eve Complex» bei
St. Martin's Press, New York

1. Auflage September 1991

Umschlaggestaltung Britta Lembke

Gesetzt aus der Sabon und Futura (Linotronic 500)
Gesamtherstellung Clausen & Bosse, Leck
Printed in Germany
ISBN 3 498 00550 2

Für meine Schwester Carolyn Stephens, deren Loyalität und Fähigkeit zu teilen mir eine große Hilfe waren, und zur Erinnerung an unsere Mentoren, unsere Eltern Marjorie und Raymond Barber.

Jill Barber

Für all die Frauen, mit denen ich eine professionelle und erfolgreiche Zusammenarbeit erlebt habe. Sie haben mich gelehrt, mir auch in Konfliktsituationen, unter Zeitdruck und in Krisenphasen einen Sinn für Humor zu bewahren. In aller Klarheit und Würde haben wir einander geholfen, fair, taktvoll und konsequent miteinander umzugehen.

Für meine derzeitigen Kollegen und Kolleginnen an der Yale University, insbesondere die APT Foundation und die Abteilung für Psychopharmaka-Suchttherapie, das Ezra Stiles College und die Connecticut Commission on Children.

Für meine ehemaligen Kollegen und Kolleginnen bei der *New York Times*, an der Yale School of Organization and Management (Gruppe Management im Gesundheitswesen) und am Yale Bush Center in Child Development and Social Policy.

Für Toni Lopopolo, unsere Lektorin, die uns mit Weitblick und Umsicht bei der Gestaltung dieses Buches begleitet hat. Unsere Befragungsergebnisse zwangen uns, immer wieder neu darüber nachzudenken, wie wir Frauen dazu ermutigen können, anderen Frauen zu helfen. An diesem Prozeß nahm Toni Lopopolo lenkend und formend teil.

Für meine Mutter Clara Rose und meine Großmutter Nancy Mercugliano, die mich gelehrt haben, daß Frauen berufstätig *und* Mütter sein können.

Für meinen Vater Vincent, der mich mit sechzehn das Fliegen lehrte und mich darin bestärkte, hoch hinauszuwollen. Und für meine Schwestern Lois Ardito und Deborah Steady, die mich angefeuert haben.

Für meine Söhne Jeremy und Joshua – eure «M», die euch lieb hat.

Rita Esposito Watson

Das Zusammenhalten der Frauen rührt davon her, daß sie sich miteinander identifizieren. Aber gerade deshalb ist jede in Abwehrstellung gegen ihre Genossinnen.

Simone de Beauvoir
«Das andere Geschlecht»

Inhalt

Vorwort

Der 1950 entstandene, mit einem Oscar ausgezeichnete Film «Alles über Eva» präsentierte den Kinogängern eine dramatische Geschichte von skrupellosem Ehrgeiz und heimtückischem Verrat zwischen Frauen. Anne Baxter spielt darin die Rolle der Eva Harrington, einer jungen Frau, die sich, vom Glanz des Broadway-Stars Margo Channing (Bette Davis) angezogen, ihrem Idol unentbehrlich macht und schließlich zur Privatsekretärin und ständigen Begleiterin der Diva avanciert. Eva gewinnt nicht nur Margos Herz und ihr volles Vertrauen, sondern auch die Sympathie ihrer engsten Freunde und Kollegen – ihres Regisseurs und Freundes, ihres Produzenten, ihres Bühnenautors und seiner Frau.

Aber dieses Vertrauen ist, wie sich herausstellt, nicht gerechtfertigt. Eva beginnt, Margo auf vielfältige, unauffällige Weise zu hintergehen und ihre Position zu untergraben. Außerdem schafft sie es, Margos Kollegen dahin zu bringen, daß sie ihr die Rolle als zweite Besetzung des Stars verschaffen. Sie sorgt mit Hilfe der Frau des Drehbuchautors dafür, daß die sonst so zuverlässige Margo eine wichtige Vorstellung verpaßt. Eva entpuppt sich als Musterschülerin. Als sich ihr die Chance bietet, selbst ins Rampenlicht zu treten, legt sie nicht nur einen großartigen Auftritt hin, sie sorgt auch dafür, daß die Kritiker anwesend sind. Schließlich setzt sie ihrer Boshaftigkeit die Krone auf, indem sie Margo öffentlich diskreditiert, was ihr hilft, sich die (für Margo geschriebene) Hauptrolle in einem geplanten Stück zu sichern. Ihre ganzen Machenschaften, das zeigt der Film deutlich, erwachsen aus einer skrupellosen Erfolgssucht. Sie kennt offensichtlich keine Loyalität, keine Ehrlichkeit, keine moralischen Werte. Sie schleicht sich in das Vertrauen anderer ein, um sie für ihre Zwecke zu benutzen. Sie verrät Margo, ihre Mentorin, die sie unter ihre Fittiche genommen und in ihr Herz geschlossen hat. Das Kinopublikum war schockiert und gleichzeitig fasziniert.

Eva Harrington verhält sich absolut unmoralisch. Systematisch und hinterlistig sabotiert sie ihre Mentorin. Aber was wäre, wenn sie von Margo gelernt und dann *offen* mit ihr um den Platz im Scheinwerferlicht konkurriert hätte? Viele Frauen würden *auch darin* einen Verrat sehen, während wohl die meisten Männer von fairem Wettbewerb sprechen würden.

Das Schülerin-Mentorin-Verhältnis ist ein gutes Beispiel für die besonderen Rivalitätsprobleme zwischen Frauen. Männer gehen ein solches Verhältnis gewöhnlich mit dem Ziel ein, von ihrem Mentor zu lernen, um ihm früher oder später ebenbürtig zu werden oder ihn sogar zu überflügeln. Für Frauen dagegen ist der wichtigste Aspekt dieses Verhältnisses oft *die Beziehung selbst* – das «Wir beide»-Gefühl. Diese Freude an der freundschaftlichen Arbeitsbeziehung kann dabei sowohl für die Frau in der Rolle der Mentorin (Margo) als auch für die Frau in der Rolle der Schülerin (Eva) im Vordergrund stehen. Bei Diskussionen über geschlechtsspezifische Verhaltensweisen und Probleme im Berufsleben erklären Frauen häufig, eine Mentorin zu «überholen» erscheine ihnen «vom Gefühl her nicht richtig». Es sei für sie «etwas, was sie bestimmt nicht verstehen würde» oder «das Härteste, was ich je tun mußte». Frauen, die zu anderen Firmen überwechseln, wollen oft nicht mit ihren früheren Mentorinnen konkurrieren. In krassem Gegensatz dazu steht die männliche Maxime «Egal, ob mein bester Freund in meiner eigenen Mannschaft oder auf der Gegenseite spielt – ich bin darauf aus zu gewinnen».

Für Frauen im Berufsleben ist es wichtig, sich die Frage zu stellen: Welche Art Loyalität brauchen und wollen wir im beruflichen Wettstreit wirklich? Eines der wichtigsten Dinge, die eine Frau an ihrem Arbeitsplatz für sich tun kann, ist es wohl, Abstand zu nehmen von der Erwartung, daß man berufliche Beziehungen «für immer» eingeht. Besser ist es, sich darauf einzustellen, daß eigene Ambitionen, neue Situationen und veränderte Bedingungen zu Trennungen führen können.

Wir stehen vor der doppelten Aufgabe, ambitioniert und solidarisch zu sein. Nur wenn wir beides entwickeln, werden so viele von uns in die Chefetagen vorrücken, wie es unseren Fähigkeiten entspricht.

Lydia Swan

Co-Autorin des Buches «Power Failure»

Vorbemerkung

Wenn Sie selbst mit unsolidarischem Verhalten zwischen Frauen schon einmal konfrontiert waren, wenn Sie selbst schon einmal verraten worden sind, dann werden Sie wissen, wie tief dieser Stachel sitzt. Frauen fallen manchmal anderen Frauen in den Rücken. Als Opfer solcher Sabotageakte werden Sie sich in diesem Buch, zusammen mit vielen anderen Frauen, wiederfinden.

Wenn Frauen Frauen verraten, bleibt mehr auf der Strecke als das Vorankommen im Beruf. Die emotionale Verletzung ist tief und hält lange an. Aus den Fallgeschichten in «Frau gegen Frau» sprechen der ganze Schmerz und die Verzweiflung, die die Erfahrung hervorruft, von einer Rivalin am Arbeitsplatz heimtückisch ausgebootet zu werden.

Manchmal verfallen wir angesichts solcher Erfahrungen dem Irrtum, Verrat, Sabotage, Betrug, Lügen, heimliche Wühlarbeit und ganz ordinäre Gemeinheit seien Mittel, derer sich vor allem Frauen gegen Frauen bedienen und die von Männern gegen Frauen (oder auch andere Männer) sehr viel seltener eingesetzt werden. Die Organisationspsychologie beweist das Gegenteil. Statistisch gesehen ist für eine Frau die Wahrscheinlichkeit, von einem Mann behindert – oder abgehängt – zu werden, größer, am Arbeitsplatz wie in anderen Bereichen.

Aber es geht uns viel näher, wenn wir im Berufsleben von einer Frau sabotiert oder im Stich gelassen werden. Wenn ein Mann uns hintergeht, ist das normal. Wenn eine Frau uns das Wasser abgräbt, sind wir verletzt und betroffen. Unsere Erwartungen in bezug auf Treue und Loyalität sind geschlechtsgebunden.

Dasselbe gilt, wenn es um Verrat geht. Frauen *erwarten* im Grunde, daß Männer sie verraten. Aber eine Frau, eine Kollegin oder Freundin? Auf einer tiefliegenden psychologischen Ebene haben wir, wenn wir von einer Frau sabotiert werden, das Gefühl, als hätte uns unsere eigene Mutter verraten. Die frühen, präverbalen Stadien unserer Entwicklung sind vor allem durch die Gegenwart der Mütter geprägt – die Väter sind abwesend. Daher ist die drohende Gefahr, von der Mutter verraten und verlassen zu werden, ungeheuer angstbesetzt.

Verrat am Arbeitsplatz ist ein Problem, das sich zu einem Teufelskreis auswächst. Frauen, die zu oft verraten wurden, werden schließlich aus reinem Selbsterhaltungstrieb selbst zu Verräterinnen. In einer Vielzahl von Fallbeispielen zeigt dieses Buch, wie durch die Probleme, denen Frauen im Umgang mit anderen Frauen begegnen, ihre Fähigkeit, Konflikte zu lösen und Entscheidungen zu treffen, schwerwiegend beeinträchtigt wird und ihr Selbstwertgefühl sinkt.

Aber dieses Buch bleibt nicht bei der Darstellung des Problems stehen – es zeigt Lösungsstrategien auf. Viele der Frauen, die von Barber und Watson interviewt wurden, heben einen zentralen Punkt hervor: Zwar fügen uns manche Frauen Schaden zu, aber viele (und ich meine, die meisten) helfen uns. Wir müssen lernen, zwischen denen, die uns helfen, und denen, die uns schaden, zu unterscheiden.

Die konkreten Beispiele in diesem Buch geben Ihnen viele hilfreiche Hinweise, an welchen Charakteristika Sie eine Frau, die anderen Frauen in den Rücken fällt, erkennen können. Beispielsweise lächelt sie zuviel und zu oft. Im Umgang mit Ihnen wird sie ständig zwischen Lächeln und Stirnrunzeln wechseln, aber dieses unvorhersagbare Verhalten hat nichts mit Ihnen oder mit der Interaktion zu tun, sondern mit dem inneren Rhythmus dieser Frau. Sie wird verschiedenen Leuten verschiedene Geschichten erzählen. Wenn Sie diese Merkmale kennen, kann Ihnen das helfen, der schmerzhaften Erfahrung zu entgehen, von einer anderen Frau hintergangen zu werden, und zugleich kann dieses Wissen auch Ihre Angst vor Verrat vermindern.

Zu wissen, wen wir meiden müssen, ist wichtig, um beurteilen zu können, wen wir nicht zu meiden brauchen. Frauen gehören zu den besten Verbündeten, die wir haben können. Nicht nur die Autorinnen dieses Buches können Ihnen helfen, sondern auch viele Frauen am Arbeitsplatz.

Aber das ist keine einseitige Angelegenheit. Sie können Ihrerseits anderen Frauen helfen und dadurch Teil dessen werden, was Alice Walker als eine der nachhaltigsten und erstaunlichsten Erfahrungen im Leben bezeichnet – das Geben und Empfangen von Unterstützung. Gemeinsam, und nur gemeinsam, können wir Veränderungen erreichen. So ist «Frau gegen Frau» zwar einerseits Chronik weiblicher Gemeinheiten, aber andererseits bedeutet das Buch einen Schritt nach vorn auf dem Weg zu echter Frauensolidarität.

Faye Crosby
Professorin für Psychologie
Smith College

EINLEITUNG: WILLKOMMEN IN DER WIRKLICHKEIT

Es war einmal ein Kaiser, der auf zwei Betrüger hereinfiel. Sie behaupteten, sie könnten die schönsten Kleider weben, und diese hätten zusätzlich die wunderbare Eigenschaft, daß sie für jeden Menschen unsichtbar wären, der nicht für sein Amt tauge oder unverzeihlich dumm sei. Der Kaiser beauftragte sie, diese Kleider anzufertigen. Sie machten sich an die Arbeit, doch taten sie nur so, als webten sie, und alle, die kamen, um das Zeug zu betrachten, gaben vor, es zu sehen, aus Angst, sie könnten für dumm gelten oder ihr Amt verlieren – so auch der Kaiser, der schließlich nackt in einer Prozession durch die Stadt schritt. Und alle Menschen auf der Straße und in den Fenstern riefen: «Gott, wie sind des Kaisers neue Kleider unvergleichlich! Welch herrliche Schleppe hat er am Rocke, wie schön das sitzt!»

Wenn die Stadtbewohner nicht aufhören, so zu tun, als wäre ihr Kaiser prächtig gekleidet, während er in Wirklichkeit splitternackt ist, dann lassen sie zu, daß er weiterhin verletzlich und allen Blicken preisgegeben herumläuft. Ähnliches gilt, wenn wir so tun, als wären alle berufstätigen Frauen schwesterlich vereint – wir setzen Frauen den Angriffen raffgieriger, egoistischer Frauen aus, die wir in diesem Buch Evas nennen. Nicht wahrhaben zu wollen, daß Frauen andere

Frauen sabotieren, zu leugnen, daß es das «Eva-Syndrom» gibt, heißt, das Problem perpetuieren.

Das Eva-Syndrom ist ein Komplex von Einstellungen, der Frauen daran hindert, aufgrund eigener Leistungen erfolgreich zu sein, weil sie lieber manipulieren und lügen und andere hintergehen, um nach oben zu kommen. Die Gegenseite dieses skrupellosen Strebens nach Erfolg um jeden Preis und mit allen Mitteln ist die Angst vor Verrat. Evas erschwindeln sich ihren Weg zum Erfolg. Aber der Komplex beruht nicht nur auf diesem Erfolgsstreben, sondern kommt auch daher, daß wir in einem System leben, das Frauen gegeneinander ausspielt. Das Eva-Syndrom untergräbt letztlich die Fähigkeit von Frauen, ihr eigenes Können und ihre Begabung so einzusetzen, daß ihr Selbstwertgefühl davon profitiert.

Wenn wir uns die verschiedenen Arten von Beziehungen, die Frauen am Arbeitsplatz untereinander eingehen, genau und unvoreingenommen anschauen, werden wir erkennen, warum so viele Frauen von Mitarbeiterinnen sabotiert werden, die sie für Freundinnen und «Schwestern» halten. Zwar können wir kein Allheilmittel anbieten, das alle Evas sozial verantwortlich handeln läßt und jedem Verrat am Arbeitsplatz ein Ende setzt, aber es gibt doch eine Reihe von Strategien, wie Frauen sich gegen «schwesterliche» Sabotage schützen können. Wir haben es nicht nötig, länger des Kaisers neue Kleider zu bestaunen; es ist an der Zeit, die Gründe zu analysieren, weshalb sich trotz der allgemein bejubelten Frauensolidarität so viele Frauen im Beruf gegenseitig in den Rücken fallen.

Was ist Frauensolidarität?

In den siebziger Jahren begannen Frauen, in Selbsterfahrungsgruppen über ihr Leben und ihre Erfahrungen zu reden. Sie sprachen darüber, wie frustriert sie angesichts der begrenzten Bewegungsfreiheit waren, die ihnen die traditionelle Frauenrolle ließ, und damit durchbrachen sie das Schweigen, das Frauen emotional isolierte. In diesen Gruppen fanden sie «Verstehen, Empathie, Wut, Schmerz, Einigkeit und ein neues Machtgefühl» (Eichenbaum/Orbach 1987, S. 36). Plötzlich war kein Thema mehr tabu, nichts mußte mehr versteckt werden. Durch diese neue Erfahrung der Nähe lernten Frauen, sich gegenseitig zu schätzen und zu respektieren, und demzufolge wuchs auch ihr Gefühl, Ansprüche stellen zu können. Sie merkten, daß trotz unterschiedlicher biographischer Details alle Frauen Ungerechtigkeiten, Entbehrungen und sexuelle Diskriminierung erfahren hatten. Die Protagonistinnen der Frauenbewegung erklärten, daß alle Frauen in ihrer Unterdrückung vereint seien, und prägten den Slogan «Frauen gemeinsam sind stark!» Ermutigt von diesem neuen Gefühl der Solidarität schlossen sich Frauen zusammen und forderten uneingeschränkten Zugang zu der von Männern dominierten Arbeitswelt. Sie waren bereit, ihre Schwestern anzufeuern, ihnen wieder aufzuhelfen, wenn sie stolperten, und ihnen Unterstützung zu geben, wenn sie sich für ihre Rechte einsetzten.

Diese Solidarität machte den Frauen Mut bei der Erforschung dieser unbekannten Welt. Sie hatten das Gefühl, Teil einer starken Bewegung zu sein, die auf allen Ebenen in den Arbeitsprozeß vordrang. Gemeinsam schufen sie einen Platz für Frauen.

Dennoch mußten Frauen in ihrem Alltag allein für ihre berufliche Position kämpfen und doppelt schwer arbeiten, um sich Respekt zu verschaffen. Als Frauen forderten, beruflich mit Männern gleichgestellt zu werden, konnte schließlich niemand erwarten, daß die Unternehmen für jeden männlichen Manager eine Frau in gleichwertiger Position einstellen würden. Die Forderung nach Gleichberechtigung bedeutete vielmehr, daß Frauen auf allen Ebenen gleiche Chancen haben sollten. Als problematisch hat sich allerdings herausgestellt, daß Frauen in eine Welt eindringen, die historisch vom männlichen Konkurrenzprinzip geprägt ist.

Es gibt eine einfache Erklärung, warum Frauen Verrat am Arbeitsplatz so persönlich nehmen: Es hängt damit zusammen, daß wir an Frauen andere Erwartungen stellen als an Männer. Bei Männern gehen wir davon aus, daß sie hart, konkurrenzorientiert und rücksichtslos sind. Männer gehen zur Arbeit. Männer ziehen in den Krieg.

Wenn sich ein Mann einer Kollegin gegenüber unfair verhält, ist diese nicht weiter überrascht. Aber sobald eine Frau dasselbe tut, sprechen wir von Verrat. Warum?

Frauen sind traditionellerweise anderen Frauen gegenüber freundschaftlich gesonnen. Wir können einander unterstützen. Wir können miteinander reden. Wir reden zuviel. Wir vertrauen einer anderen Frau unsere intimsten Geheimnisse an, und das untergräbt mit der Zeit unsere Arbeitsbeziehungen. Wenn ich als Vorgesetzte zu Ihnen komme und sage: «Das muß heute noch erledigt werden», können Sie tausend Entschuldigungen vorbringen, warum Sie sich heute nicht gut fühlen und es deshalb nicht schaffen werden. Wenn ich dann erkläre: «Es ist aber wichtig, erledigen Sie es», riskiere ich, daß ich als Tyrannin verschrien werde.

Frauen sehen sich einer ganzen Reihe von Widersprüchen gegenüber: Die Frauensolidarität setzt als höchsten Wert das Vertrauen und die Gemeinsamkeit unter Frauen, aber die Haifischbecken-Ideologie der Arbeitswelt fordert eine Mentalität, die jede Frau auf sich stellt. Wie sollen Frauen bei der Arbeit miteinander umgehen? Wie Schwestern, wie Freundinnen oder wie Konkurrentinnen?

Was ist das Eva-Syndrom?

Joseph Mankiewicz' Film «Alles über Eva» aus dem Jahr 1950 zeigt den Verrat an einer Frau durch eine andere Frau. Wie alle Klassiker hat dieser Film im Verlauf der Jahrzehnte nichts von seiner Aktualität eingebüßt und ist heute noch genauso beeindruckend wie bei der Premiere. Anne Baxter spielt Eva Harrington, eine ehrgeizige junge Frau, die sich durch geheuchelte Verehrung und Bewunderung bei Margo Channing (Bette Davis) einschmeichelt, einem gerade vierzig gewordenen Broadway-Star. Margo merkt nicht, daß Eva, das «arme Schäfchen», in Wirklichkeit ein weiblicher Uriah Heep ist. Eva will ihr die weiblichen Hauptrollen wegschnappen und den Liebhaber ausspannen. Es gelingt Eva zwar, sich rücksichtslos in die Rolle des Stars zu drängen, aber sie zahlt einen hohen Preis für ihren Versuch, den Weg zu Ruhm und Geld abzukürzen. Margo hingegen begreift, daß sie sich auf ihr Talent und die hart erarbeitete Loyalität ihrer Bewunderer verlassen kann – es gelingt ihr, sich ihre Position im Theater zu bewahren, wenn sie auch einsehen muß, daß sie zu alt ist, um die Rolle der jugendlichen Naiven zu spielen. Schließlich begreifen Eva und Margo, daß am Broadway genug Platz für sie beide ist.

Heute, vierzig Jahre nach Entstehung des Films, sabotieren Frauen noch immer die Karrieren anderer Frauen. Eva steht für viele junge Frauen, die es schnell zu etwas bringen wollen, ohne zu der harten Arbeit bereit zu sein, die nötig ist, um an die Spitze zu kommen. Margo repräsentiert die etablierten Frauen, die ihren Erfolg mühsam erkämpft und ihren Beitrag geleistet haben und nun mit den jungen Aufsteigerinnen konkurrieren müssen. Obwohl wir alle wissen, daß ein erbitterter Konkurrenzkampf herrscht und ein hoher Einsatz erwartet wird, vermuten die meisten Frauen doch nicht, daß andere Frauen ihnen in den Rücken fallen könnten. Das hängt teilweise damit zusammen, daß die Frauenbewegung so großes Gewicht auf die Solidarität unter Frauen gelegt hat – diesen vermeintlichen Alleskleber, der alle Frauen zusammenhält.

Vor zwanzig Jahren begannen Frauen in den westlichen Industrienationen, sich unter dem Banner der Frauensolidarität zusammenzuschließen – sie demonstrierten, führten Prozesse und streikten, um sich Chancengleichheit in der Arbeitswelt zu erkämpfen. Diese Koalition der unterschiedlichsten Frauen zwang die Unternehmen, wichtige Veränderungen einzuleiten. Zwar haben die Männer noch immer den größten Teil der Macht in der Hand, aber die Frauen können inzwischen darauf verweisen, daß mehr als die Hälfte der arbeitenden Bevölkerung aus Frauen besteht und daß wir entscheidende Schritte in Richtung auf eine Gleichberechtigung gemacht haben. Weil die Frauenbewegung und die Medien sich vorrangig darauf konzentrieren, wie am Arbeitsplatz Männer Frauen diskriminieren, sind die meisten berufstätigen Frauen ihren männlichen Kollegen gegenüber vorsichtig, während sie ihre Mitarbeiterinnen als Vertraute sehen. Leider machen zu viele dieser Frauen die Erfahrung, daß manche ihrer «Vertrauten» Evas sind. Da immer mehr Frauen berufstätig werden, ist es höchste Zeit, die komplizierten Machtkämpfe zu erkunden, die sich auf allen Ebenen des Berufslebens zwischen Frauen abspielen: Chefinnen, die die Karriere ihrer Angestellten behindern, Neulinge, die erfahrene Arbeitskräfte sabotieren, Kolleginnen, die sich gegenseitig hereinlegen. Wir müssen uns eingestehen, daß es Frauen gibt, die andere Frauen hintergehen, trotz des hehren Ideals der Frauensolidarität.

Diese Fälle von Verrat werden nach Kräften verschwiegen, weil es tabu ist, auch nur anzudeuten, daß manche Frauen, anstatt ihre Hand helfend auszustrecken, einen Dolch mit sich führen, den sie anderen Frauen in den Rücken stoßen. Aber nachdem wir Hunderte von berufstätigen Frauen interviewt haben, sind wir zu dem Schluß gekommen, daß viel zu viele von ihnen solche Sabotageakte stillschweigend schlukken. Frauen können nicht länger so tun, als wäre die Solidarität unter ihnen lückenlos. Wir müssen uns offen mit diesen Problemen auseinandersetzen – genau wie Joseph Mankiewicz' Film.

Eine Eva verläßt sich nicht auf ihre Fähigkeiten und ihre Intelligenz, sondern manipuliert, lügt und betrügt, um Erfolg zu haben. Sie mogelt sich nach oben – nicht nur, weil sie neidisch ist auf den Erfolg anderer Frauen und zudem selbst extrem unsicher, sondern auch weil sie in einer Gesellschaft lebt, die Frauen gegeneinander ausspielt. Letzten Endes untergraben die manipulativen Machenschaften einer Eva ihre Fähigkeit, ihre Talente positiv umzusetzen. Ihr Selbstwertgefühl sinkt auf den Nullpunkt, wenn sie gezwungen ist, ihren Verrat zuzugeben. Neulingen gegenüber ist eine Eva immer besonders mißtrauisch, weil diese sie an sie selbst erinnern.

Auf ihrem Weg nach oben trampeln Evas rücksichtslos auf ihren sorgfältig ausgewählten Opfern herum – auf den Margos. Unsere Untersuchungen zeigen, daß Frauen, die von einer Kollegin hintergangen worden sind, sehr viel vorsichtiger werden und ihre Arbeit gegen andere abschirmen. Wenn solche Frauen erneut verraten werden, entwickeln sie oft eine Angst vor Verrat und werden selbst zu Evas – sie legen andere herein, um sich zu schützen. Sie haben eine solche Angst davor, hintergangen zu werden, daß sie unfähig sind, Verantwortung zu delegieren; sie befürchten, wenn irgend jemand mit ihnen an einem Projekt arbeitet, wird diese Person versuchen, es ganz für sich zu beanspruchen. Wir haben herausgefunden, daß Frauen, die diese Angst und dieses Mißtrauen zeigten, nicht fähig waren, in einem Team zu arbeiten. Ihre produktive Leistungsfähigkeit war vermindert, und sie verließen sich zunehmend auf männliche Autorität, wenn sie bei Konflikten Hilfe brauchten.

Zum Glück ist es möglich, das eigene Verhalten zu ändern, ehe wir zu einer Eva oder einer Margo werden, und es ist auch möglich, sich von der Erfahrung, Opfer eines Verrats zu sein, wieder zu erholen. Dieses Buch will den Leserinnen helfen, die typischen Verhaltens- und Denkweisen von Evas und Margos als solche zu erkennen und einen erlebten Sabotageakt zu verarbeiten. Es ist möglich, das Eva-Syndrom am Arbeitsplatz auszuschalten, aber Frauen müssen die Mängel der Frauensolidarität zugeben und die eigenen Irrtümer und Fehlkonzeptionen ausräumen, die dem Syndrom Nahrung geben.

Selbstverständlich ist es nicht so, daß alle Frauen Sabotageakte begehen, Intrigen spinnen, andere hintergehen oder ihnen in den Rücken fallen. Es gibt auch viele, die anderen bei ihrem Vorwärtskommen helfen. In unseren Interviews sprachen die Frauen nicht nur von Sabotage, sondern erzählten auch von Seilschaften und von Mentorinnen, die Neulingen helfen, die Karriereleiter hinaufzuklettern.

Wichtig ist, immer daran zu denken, daß eine Kollegin uns nicht einfach deswegen, weil sie eine Frau ist, weiterhelfen wird. Andererseits ist sie auch nicht unbedingt ein Vamp, der nur darauf lauert, uns bei der nächstbesten Gelegenheit das Blut auszusaugen.

Ziel dieses Buches ist es, die Probleme, denen Frauen bei der Zusammenarbeit mit anderen Frauen begegnen, klar aufzuzeigen. Viele der Schwierigkeiten rühren von den allgemein verbreiteten Vorstellungen her, wie Frauen miteinander umgehen sollten und welche gesellschaftliche Rolle sie spielen. Diese Konzeptionen sind vielfach überholt oder für die heutige Arbeitswelt ohne Bedeutung. Erst wenn wir die ihnen zugrunde liegenden Irrtümer aufdecken, können wir neu zu definieren beginnen, was es heißt, eine Frau zu sein. Schließlich ging man noch vor wenigen Jahrzehnten davon aus, daß Frauen sich am besten für Mutterschaft und Pflegeberufe eigneten. Zwar sind die Definitionen von Weiblichkeit seither sehr viel weiter geworden, aber viele Frauen befürchten immer noch, sie verhielten sich verwerflich, wenn sie sich selbst in den Mittelpunkt stellten, das heißt, wenn sie Macht erhielten und eine Führungsrolle übernähmen. Wir müssen solche Einstellungen hinterfragen – das ist der erste Schritt, um Richtlinien herauszuarbeiten, die helfen, die beruflichen Umgangsformen von Frauen untereinander und ihr Selbstverständnis zu verändern. Wenn Frauen lernen, produktiv miteinander zu arbeiten, wird sich ein Mentorinnensystem herausbilden, in dem Frauen mit Erfahrung ihren jüngeren Kolleginnen helfen, ohne Angst vor Sabotage haben zu müssen.

Manche der Frauen, die wir interviewt haben, wollten anderen Frauen helfen, erfolgreich zu sein, aber sie wußten nicht, wie diese Hilfe aussehen sollte. Manche hatten Angst, sie könnten überheblich wirken oder sich der Gefahr eines Verrats aussetzen; deshalb haben wir auch Ratschläge von sehr erfolgreichen Frauen aufgenommen, die bereit waren, Tips zum Thema Machtteilung zu geben. Wir hoffen, Sie werden nach der Lektüre dieses Buches über ein paar wirkungsvolle Strategien verfügen, um sich in der männlichen Sphäre der Arbeitswelt durchzusetzen, ohne dabei «wie Männer» handeln zu müssen oder so, wie «frau» es gemeinhin von Männern erwartet.

Die Frauen und die Interviews

«Frau gegen Frau» basiert auf Daten, die wir von Hunderten von Frauen aus dem mittleren bis gehobenen Management gesammelt haben. Als wir anfingen, war uns klar, daß wir den Verrat und die Sabotageakte untersuchen wollten, die diese Frauen im Beruf erlebt haben. Außerdem wollten wir ihre Einstellung zum Feminismus und zu sogenannten Frauenfragen erkunden.

Zu Anfang bestanden unsere Interviews aus fünfundzwanzig Fragen, beispielsweise: «Haben Sie die engsten freundschaftlichen Beziehungen zu Frauen oder zu Männern? Hat eine Frau Sie je verraten? War je eine Frau hinter Ihrem Job her?»

Wir merkten allerdings sehr schnell, daß wir unseren Fragenkatalog grundlegend verändern mußten, weil die meisten der Frauen ihn so kompliziert fanden, daß sie gar keine Lust hatten, darüber nachzudenken. Unsere fünfundzwanzig Fragen reduzierten sich also auf eine einzige: *Wie haben Frauen Sie in Ihrer beruflichen Laufbahn gefördert beziehungsweise behindert?*

Die Frauen, die beruflich behindert worden waren, konnte man fast immer an der Art erkennen, wie sie über ihre Arbeit sprachen. Sie fingen an, von ihren Jobs zu erzählen – und plötzlich unterbrachen sie sich mitten im Satz, mußten tief Luft holen und sprachen dann mit gedämpfter Stimme weiter. Sie spielten an ihren Haaren oder an ihrer Halskette herum, während sie erzählten, wie sie von Frauen hintergangen worden waren und wie sich das auf ihr Leben ausgewirkt hatte. Manche schilderten ihre Erfahrung als Lernprozeß, der sie vorsichtiger und weniger anfällig für Sabotage gemacht hatte; in den meisten Fällen wollten sie auch weiterhin anderen Frauen helfen, voranzukommen. Aber manche Frauen konnten diese Erfahrung nicht abschütteln und weigerten sich, je wieder mit Frauen zusammenzuarbeiten.

Wir redeten mit ganz unterschiedlichen Frauen aus allen möglichen Berufssparten, und mit jeder Geschichte, die wir hörten, wurde die Problematik deutlicher. Neben der Schilderung konkreter Sabotagegeschichten analysieren wir in «Frau gegen Frau» auch typische Situationen, die solche Sabotageakte provozieren, und wir geben Ihnen Ratschläge, wie die destruktiven Muster des Eva-Syndroms ausgeräumt werden können. Wir haben versucht, Frauen eine Art Leitfaden für professionelles Verhalten zu geben, der ihnen hilft, zuverlässige und positive Arbeitsbeziehungen zu anderen Frauen aufzubauen.

Das Buch gibt Antwort auf folgende Fragen:

- ❑ Wie erkennen Sie die verräterischen Anzeichen für Eva-Verhalten bei anderen, aber auch bei sich selbst?
- ❑ Wie können Sie mit den destruktiven Verhaltensweisen Ihrer Mitarbeiterinnen auf effiziente und positive Art umgehen?
- ❑ Wie können Sie Ihre Angst vor Verrat überwinden?
- ❑ Wie können Sie Macht erlangen und produktiv mit anderen teilen?

Die Berichte von Frauen, die von Kolleginnen und Chefinnen hintergangen wurden, sind authentisch – und sie zeigen das ganze Ausmaß der Rücksichtslosigkeit. Jede Geschichte ist eine moderne Variante des Films «Alles über Eva». Es sind Geschichten von Frauen, die nicht wissen, wie sie konstruktiv mit anderen Frauen zusammenarbeiten können. Wir haben viele Stunden damit verbracht, über dieses Phänomen nachzudenken, bis wir schließlich das Eva-Verhaltensmuster erkannten. Wir hoffen, daß diese Untersuchung Ihnen viele neue Informationen liefert und Ihnen hilft, sowohl die Rolle der Eva als auch die der Margo zu vermeiden.

1
WIE ENTSTEHT DAS EVA-SYNDROM?

Wenn wir die psychische Entwicklung von Jungen und Mädchen betrachten, sehen wir, daß sich die destruktiven Verhaltensmuster des Eva-Syndroms schon in frühester Kindheit herausbilden, und zwar aufgrund der Art, wie Frauen als Kinder lernen, miteinander umzugehen und zu konkurrieren. Wenn sie dann in den Arbeitsprozeß eintreten und sich dem männlichen Konkurrenzmodell anzupassen versuchen, sind ihre Denkweisen und Erwartungen durch die Sozialisation längst dahingehend geprägt, daß sie zu einem Eva- oder Margo-Verhalten tendieren. Nur wenn wir die psychologischen Hintergründe des Syndroms verstehen, können wir das Problem wirklich angehen und dafür sorgen, daß Frauen nicht länger andere Frauen sabotieren.

Ein Gefühl für das eigene Selbst entwickeln

Eine der frühesten und wichtigsten Anforderungen an die kindliche Entwicklung ist die *Individuation* – das heißt der Erwerb eines eigenen Selbstgefühls und damit verbunden das

Streben nach Unabhängigkeit. Ein fundamentaler Teil der Individuation ist die *Identifizierung des Geschlechts*, die damit einsetzt, daß das Kind «Ich bin ein Junge» oder «Ich bin ein Mädchen» sagen kann und begreifen lernt, was es heißt, in unserer Gesellschaft männlichen beziehungsweise weiblichen Geschlechts zu sein. Die Unterschiede zwischen den Geschlechterrollen sind heute nicht mehr so klar definiert wie früher. Doch obwohl viele Frauen inzwischen in den Arbeitsprozeß eintreten und viele Männer bei der Kindererziehung helfen und sich an der Hausarbeit beteiligen, sind die Frauen, die jetzt arbeiten, in einer Gesellschaft aufgewachsen, die sehr viel stärker von einer geschlechtsspezifischen Rollenaufteilung beherrscht war. Es ist nicht einfach für Frauen, sich in eine Arbeitswelt zu integrieren, die seit Jahrhunderten auf den männlichen Erfahrungshorizont zugeschnitten ist. Wir wollen uns den Prozeß der Individuation und der Geschlechtsidentifizierung etwas näher ansehen, um herauszufinden, wie er sich auf das Verhalten berufstätiger Frauen untereinander auswirkt.

Individuation

Neugeborene und Kleinkinder sind völlig abhängig von ihrer primären Bezugsperson, in der Regel die Mutter. Wenn sie nicht da wäre und für Nahrung und Schutz sorgte, würde ein Kleinkind sterben. Als Folge hat das Kind das Gefühl, daß die Mutter ein integraler Bestandteil seiner selbst ist. Wenn es älter wird, erfährt es, daß die Mutter auch abwesend sein kann, und ist frustriert, wenn die Mutter nicht alle Bedürfnisse voraussieht und befriedigt. Das Kind lernt, daß die Mutter ein nicht mit ihm identisches Wesen ist. Dieses Getrenntsein erlebt es *beziehungsgebunden*: «Ich» bin «Nicht-Du».

Im Laufe der Zeit entwickelt das Kind ein komplexeres Identitätsgefühl. Eine entscheidende Stufe dieser Entwicklung ist die *Geschlechtsidentifizierung*, die in den ersten beiden Lebensjahren stattfindet.

Die Identizierung des Geschlechts

Die Erfahrung der eigenen Männlichkeit ist problematischer als die der eigenen Weiblichkeit. Ein Junge entdeckt seine Geschlechtsidentität, indem er merkt, daß er *nicht* so ist wie seine Mutter – er ist *nicht* weiblich. Außerdem wird die Trennung weiblich-männlich von den Müttern meist noch unterstrichen. Jedesmal, wenn die Mutter sagt: «Nein, wenn du groß bist, kannst du keine Mama sein wie ich. Nur kleine Mädchen können eine Mama werden, und du wirst ein Papa» oder «Nein, du kannst keinen Rock anziehen wie ich. Jungs tragen keine Röcke», ist der Junge gezwungen, den Unterschied zwischen sich und ihr zu erkennen. Er muß sich von seiner primären Bezugsperson entfernen und einem männlichen Wesen zuwenden – normalerweise ist das der Vater –, um zu lernen, wie sich ein Junge zu verhalten hat. Außerdem gilt, daß «eine Mutter unbewußt oder oft auch bewußt ihren Sohn stärker als ‹anders› erfährt als ihre Tochter, obwohl Kinder beider Geschlechter ursprünglich Teil ihrer selbst waren... Das männliche Selbst beruht demzufolge auf einer klareren Trennung von ‹Ich› und ‹Nicht-Ich›... Im Gegensatz dazu ist das weibliche Selbst weniger eigenständig und auf eine weniger ausgeprägte Trennung von ‹Ich› und ‹Nicht-Ich› gegründet. Dadurch entstehen Schwierigkeiten bei der Herausbildung des Autonomiegefühls» (Chodorow 1989, S. 13).

In unserer Gesellschaft ist der Entwicklungsprozeß eines Jungen so vorgegeben, daß er ein aktives Mitglied der Arbeitswelt wird und daß «seine Autonomie während der Kindheit, der Adoleszenz und des frühen Erwachsenenalters ständig zunimmt» (Bools/Swan 1989, S. 59). Wenn Männer in den Arbeitsprozeß eintreten, tun sie dies voller Selbstvertrauen und mit einem klaren ungebrochenen Gefühl von Eigenständigkeit.

Demgegenüber werden Mädchen dazu erzogen, stärker von anderen abhängig zu sein, und viele leiden an mangelndem Selbstbewußtsein. Warum?

Die Geschlechtsidentifizierung eines Mädchens steht nicht im Widerspruch zu dem Urgefühl, eine Einheit mit der Mutter zu bilden. Mädchen erfahren ihre Entwicklung als Kontinuität, sie fühlen sich der Mutter verwandt und ähnlich. Die Verbindung zur Mutter wird nicht dadurch abgeschnitten, daß sie ihr Geschlecht entdecken – im Gegenteil, dieses bestätigt und verstärkt die Verbindung zwischen Mutter und Tochter.

Mädchen lernen oft von ihrer Mutter, was es heißt, in unserer Gesellschaft als Frau zu leben. Das Wissen und die Erfahrungen werden von einer Generation an die nächste weitergereicht und von Zeit zu Zeit modifiziert und den gesellschaftlichen Veränderungen angepaßt. Viele der heutigen Mütter müssen das, was sie ihren Töchtern vermitteln wollen, selbst erst neu formulieren, weil sie wissen, daß diesen viele bisher unbekannte Karrieremöglichkeiten offenstehen. Eine breite Koalition von Müttern, Akademikerinnen und Feministinnen drängte darauf, daß in Schulbüchern nicht nur «er», sondern auch «sie» in Erscheinung trat. Den traditionellen Märchen wird vorgeworfen, sie seien sexistisch. Viele Mütter wählen für ihre Kinder Spielzeug aus, das nicht geschlechtsspezifisch besetzt ist. Aber was ist mit den Geschäftsfrauen von heute, die noch mit Geschichten vom Märchenprinzen aufgewachsen sind und mit Rollenmodellen wie Hanni und Nanni?

Diese Frauen erleben, daß sich die Erfahrungen einer Frau

in den neunziger Jahren grundsätzlich von dem unterscheiden, was ihnen ihre Mütter beigebracht haben. Während der gesellschaftlichen Umbrüche in den sechziger und siebziger Jahren waren diese Frauen entweder schon erwachsen, oder sie wuchsen inmitten dieses Wandels auf, der den Frauen den Zugang zur Geschäftswelt eröffnete. Aber die Frauen von heute wurden noch in der Auffassung sozialisiert, daß ihre Hauptaufgabe darin bestehe, gute Mütter und Ehefrauen zu werden, und diese Lehren entsprechen oft ihrer Lebenswirklichkeit und ihrer Arbeit überhaupt nicht mehr.

Als Kinder lernten sie, das Entscheidende im Leben seien ihre zwischenmenschlichen Beziehungen. Die wichtigste Rolle war die der liebevollen Fürsorgerin. Mädchen wurde nicht beigebracht, autonom, unabhängig oder ehrgeizig zu sein – Eigenschaften, die im Arbeitsprozeß honoriert und bei Männern gefördert werden. Denn wenn sie diese Eigenschaften erworben hätten, wären sie vielleicht weniger bereit gewesen, die Bedürfnisse anderer über ihre eigenen zu stellen, und sie wären demzufolge weniger aufopferungswillig und fürsorglich geworden.

Im Gegensatz zu ihren männlichen Kollegen sind Frauen nicht von Geburt an darauf geeicht, verantwortungsvolle Stellungen zu übernehmen. Sie müssen erst einmal lernen, sich in einem Machtgefüge zurechtzufinden, das seit Ewigkeiten von männlichen Maßstäben geprägt wurde. Das Eva-Syndrom beruht also vor allem auf zwei Faktoren: auf der weiblichen Sozialisation und den Schwierigkeiten von Frauen, sich in die männlichen Machtstrukturen der Arbeitswelt einzufügen.

Konkurrenz und Selbstwertgefühl

Die weibliche Sozialisation hat entscheidende Auswirkungen darauf, wie Frauen am Arbeitsplatz miteinander konkurrieren. Durch den Prozeß der Individuation und der Geschlechtsidentifizierung lernt ein Mädchen, daß sie einerseits wie ihre Mutter ist, aber andererseits doch ein eigenständiger Mensch. Sie identifiziert sich mit ihrer Mutter, denn diese ist für sie das weibliche Rollenmodell, doch sie erkennt auch, daß die Unterschiede zwischen ihnen sie zu einem autonomen, einmaligen Menschen machen. Mit wachsender Unabhängigkeit versucht das Mädchen, zu anderen Frauen eine ähnliche Beziehung aufzubauen wie zu ihrer Mutter, und so wird es ihr ganzes Leben lang bleiben. Ihr Verhältnis zu Frauen gibt ihr ein Gefühl der Verbundenheit – sie fühlt sich zu Frauen hingezogen, die ähnliche Charaktereigenschaften, Interessen, Hobbies und Wertvorstellungen haben wie sie selbst. Gleichzeitig wird sie sich durch die Merkmale, die sie von anderen unterscheiden, ihrer eigenen Einmaligkeit bewußt.

Eine Frau, die bestrebt ist, ihre Position in Relation zu anderen Frauen zu bestimmen, entwickelt ein Selbstgefühl, das auf Identifizierung und Differenzierung zwischen sich und anderen gegründet ist – so wie ihren ersten Erfahrungen der Individuation das Erkennen zugrunde lag, daß sie einerseits wie ihre Mutter war, andererseits aber ein eigenständiges Wesen. Sie wird sich mit ihren Freundinnen vergleichen und Ähnlichkeiten und Unterschiede genau registrieren.

Eine Frau denkt: «Ich bin besser, klüger, geistreicher als sie» oder umgekehrt: «Ich bin häßlicher, dicker, dümmer als sie» und unterwirft sich so einem willkürlichen fluktuierenden System positiver beziehungsweise negativer Werte. Sie beurteilt ihren Körper, ihre Talente, ihre Intelligenz und ihre Fähigkeiten im Vergleich zu anderen Frauen und stellt damit in Gedanken einen Konkurrenzmaßstab auf, nach dem sie ihren eigenen relativen Wert definiert.

Stellen Sie sich vor, Sie nehmen an einem Geschäftsessen teil und sitzen mit einer Gruppe von Frauen aus anderen Betrieben am Tisch. Wie die meisten Frauen mustern Sie vermutlich die anderen Frauen und ordnen sich selbst ein, je nach den Unterschieden, die Sie zwischen sich und ihnen wahrnehmen. Sie denken: «Sie trägt ein besseres Kostüm als ich... Die da drüben hat einen Ehering, aber sie arbeitet nicht im gehobenen Management wie ich...» Bei jeder Äußerung einer anderen überlegen Sie, ob Sie selbst vielleicht weniger intelligent sind oder nicht. Wahrscheinlich registrieren Sie Aktentaschen, Fingernägel und Frisuren und setzen Ihre eigene finanzielle Situation und Attraktivität in Relation zu diesen Beobachtungen. Sie bilden ein Gefühl Ihrer Person aus, indem Sie sich mit den anderen Frauen identifizieren beziehungsweise die Unterschiede vermerken.

Weil Frauen nicht dazu ermuntert werden, Selbstvertrauen und ein Gefühl von Unabhängigkeit und Autonomie zu entwickeln, leiden viele unter Minderwertigkeitskomplexen. Sie fühlen sich bedroht von den Unterschieden zwischen sich und anderen Frauen, und da sie nicht fähig sind, ihre eigenen positiven Seiten als solche zu erkennen, bemerken sie bei anderen vor allem die Eigenschaften, Fähigkeiten und Talente, durch die diese sich von ihnen unterscheiden und die sie besser erscheinen lassen.

Wenn Frauen das Gefühl haben, nicht mithalten zu können – weil sie scheinbar weniger leistungsfähig, weniger schön, intelligent oder geistreich sind –, werten sie sich selbst ab und wittern überall bedrohliche Konkurrenz. Um nach oben zu kommen, glauben sie eine ganz spezielle Taktik anwenden zu müssen, weil sie sich nicht zutrauen, sich aufgrund ihrer Leistungen durchsetzen zu können. Sie manipulieren und lügen, um das zu bekommen, was sie haben wollen: Sie werden typische Evas.

Eva-Verhalten – ein Teufelskreis

Eine Eva kann zwar auf der Karriereleiter eine Stufe nach oben kommen, indem sie die Lorbeeren für die Arbeit einer anderen Frau einheimst oder ihre Ideen stiehlt, aber wohl fühlt sie sich damit nicht. Sie weiß nämlich sehr genau, daß sie ihr Ziel nicht mit fairen Mitteln erreicht hat. Ihre Haltung sich selbst gegenüber wird immer negativer, sie fühlt sich noch stärker bedroht und wird immer weniger fähig zu fairem Wettbewerb. Es kann passieren, daß sie sich von anderen Frauen derart eingeschüchtert fühlt, daß ihr nur eine Möglichkeit bleibt: sie anzugreifen. Je häufiger sie Sabotage betreibt, desto schlechter kommt sie sich vor, also handelt sie noch destruktiver. Sabotageakte und Unsicherheit gehören zusammen. Eine Eva steckt in einem unentrinnbaren Teufelskreis – eine negative Spirale, die nicht nur ihr selbst schadet, sondern allen anderen auch.

Margo-Verhalten – ein Teufelskreis

«Es liegt in der Bereitwilligkeit der Frau, soviel von ihrem ‹Selbst› in Beziehungen zu investieren, begründet, daß sie sich so viel größeren Risiken aussetzt» (Bools/Swan 1989, S. 64). Frauen verlassen sich auf Beziehungen zu anderen Frauen und suchen bei ihnen Unterstützung und Bestätigung. Von Kindheit an macht es Frauen Spaß, sich alles gegenseitig zu erzählen und gemeinsam zu lachen. Die Frauenbewegung hat diesen lebenswichtigen Beziehungen eine politische Dimension verliehen: Die Freundschaften unter Frauen wurden gesellschaftlich aufgewertet und als Ausdruck weiblicher Solidarität angesehen.

Wenn Frauen in die Berufswelt eintreten, bauen sie meist darauf, daß ihre «Schwestern» sie nicht nur unterstützen, sondern auch die Funktion von Vertrauten und Freundinnen übernehmen. Leider ist das gerade am Arbeitsplatz oft nicht der Fall. Wir haben bereits gesehen, daß die Beziehungen zwischen Frauen sehr komplex sind. Freundinnen können Gemeinsamkeit und Stärke bedeuten, aber sie lösen auch Konkurrenzgefühle aus. Der erbarmungslose Machtkampf am Arbeitsplatz steigert solche Ängste und kann eine Frau, die unsicher ist und wenig Selbstvertrauen hat, in eine manipulierende Eva verwandeln. Ein Margo-Typ hingegen wird Opfer der Intrigen, weil eine Margo nicht erwartet, daß andere Frauen sie hintergehen könnten.

Daß Frauen sich emotional auf Freundschaftsbeziehungen zu männlichen Kollegen einlassen, ist weniger wahrscheinlich. Das liegt daran, daß Freundschaften unter Frauen sehr viel Vertrauen, Offenheit und Gemeinsamkeit beinhalten, während Frauen von den meisten Männern am Arbeitsplatz derlei nicht erwarten würden, sondern eher davon ausgehen, daß diese sich untereinander zusammenschließen und ihre Seilschaften bilden.

Manche Frauen, die hintergangen wurden, werden anderen Frauen gegenüber so mißtrauisch, daß sie sich ganz zurückziehen und nicht mehr richtig in einem Team arbeiten wollen. Sie fühlen sich von anderen Frauen dermaßen bedroht, daß sie schließlich selbst zu destruktiven Sabotageakten greifen. Eine Margo verwandelt sich in eine Intrigen spinnende Eva. Wir werden später sehen, daß auch eine Margo – genau wie eine Eva – in einem Teufelskreis gefangen sein kann.

2
DIE EVAS UNTER UNS

In diesem Kapitel wollen wir uns einige konkrete Beispiele für typische Evas ansehen. Alle Frauen, um die es hier geht, haben Sabotageakte begangen, weil sie sich bedroht und unsicher fühlten. Die Tatsache, daß Frauensolidarität und Freundschaft unter Frauen in den letzten Jahren so stark hervorgehoben wurden, hat die weniger idyllischen Seiten weiblicher Beziehungen aus dem Blick gedrängt. Frauen unterstützen sich zwar oft gegenseitig und gehen vertrauensvoll miteinander um, aber ihre Beziehungen können auch von Neid, Eifersucht und gegenseitigen Verletzungen geprägt sein – Nebenprodukte der Konkurrenz unter Frauen. Eine Eva fühlt sich im Wettkampf als die Unterlegene.

Eva auf dem Flughafen

Yvonne und Margarita saßen in der Wartehalle eines Flughafens und warteten darauf, Richtung Heimat zu fliegen. Sie kamen gerade von einer wichtigen Geschäftskonferenz. Yvonne war zwar erschöpft, aber gleichzeitig auch sehr stolz. Sie hatte äußerst sorgfältig an ihrer Präsentation gearbeitet, und ihr Kunde war entsprechend beeindruckt gewesen.

Obwohl Yvonne erst zwei Jahre bei dem Unternehmen arbeitete, hatten ihre natürliche Begabung und ihr einnehmendes Wesen sie sehr schnell in eine gehobene Position katapultiert. Margarita wiederum, die einzige andere Frau, die in dieser Firma einen höheren Rang einnahm, hatte seit sieben Jahren eine leitende Position inne und war gerade dabei, ein leistungsstarkes Team von jungen Fachkräften wie Yvonne aufzubauen. Sie hoffte darauf, in wenigen Jahren Teilhaberin des Unternehmens zu werden.

«Na, wie fühlst du dich?» erkundigte sich Margarita und blätterte gedankenabwesend ihr *Wall Street Journal* durch.

«Die Präsentation heute ging zwar ganz gut, aber irgend etwas stört mich», seufzte Yvonne. «Manchmal frage ich mich, ob ich überhaupt auf der richtigen Schiene bin. In letzter Zeit fühle ich mich in der Firma nicht mehr so wohl wie früher. Wahrscheinlich liegt das daran, daß ich zuviel auf Flughäfen herumsitze», schloß sie mit einem zaghaften Lachen. «Das gibt sich schon wieder.»

Am nächsten Tag kam Margarita in Yvonnes Büro marschiert und fragte: «Also, wann kündigst du?»

«Was?!»

«Es ist doch allgemein bekannt, daß jemand, der seinem Job gegenüber Zweifel hat, sich nicht voll und ganz einsetzt, und damit sinkt auch die allgemeine Produktivität.» Margarita drehte sich abrupt um und ging zur Tür. «Ich kann dich in meinem Team nicht brauchen. Entweder du kündigst selbst, oder ich erledige das!»

Margarita fiel Yvonne in den Rücken, weil sie sich von Yvonnes Haltung und von ihren ausgezeichneten Leistungen bedroht fühlte. Einerseits befürchtete sie vielleicht tatsächlich, Yvonne könnte das Niveau ihres Teams «drücken», aber andererseits hatte sie auch Angst, diese Senkrechtstarterin könnte sie eines Tages überholen. Margarita war klug genug, Yvonnes schwachen Punkt – daß sie sich nicht scheute, Unzufriedenheit offen zuzugeben – für sich auszunutzen. Yvonne hatte Zweifel an ihrem Job geäußert, und Margarita hatte die Gelegenheit beim Schopf ergriffen, sie abzusägen.

Margarita hat es versäumt, sich ihre eigenen Talente und ihre eigenen beruflichen Erfolge zu vergegenwärtigen. Immerhin hatte sie eine leitende Stellung. Statt dessen verglich sie ihre Leistung mit Yvonnes Auftritt bei der Konferenz, fühlte sich verunsichert, und als Yvonne einen Moment lang nicht aufpaßte, schlug Margarita sofort zu.

Die Eva, die Konzepte klaut

Wir wollen uns jetzt eine Eva anschauen, der es gelungen ist, durch ihre Manipulationen Macht zu gewinnen. Ihre Sabotageakte sind inzwischen schon so «normal», daß die Leute, die die Situation durchschauen, diese Frau gar nicht mehr richtig ernst nehmen, obwohl sie äußerlich den Eindruck erweckt, als sei sie sehr kompetent und durchsetzungsfähig.

Eines ihrer Opfer war Leslie, die für eine gemeinnützige Organisation in Washington arbeitet. Hier ist ihre Geschichte:

«Ich besuchte einmal eine Konferenz, auf der Frauen und Männer, die von einer bestimmten Stiftung Gelder erhielten, zusammengekommen waren, um über ihre Arbeit zu sprechen. Eine ältere Frau, die ich zwei Jahre zuvor kennengelernt hatte, kam auf mich zu und unterhielt sich unglaublich nett mit mir. Sie arbeitete inzwischen für einen hochkarätigen Politiker, aber davor hatte sie zu meiner Abteilung gehört. Ich gab zu erkennen, wie überrascht ich war, sie bei dieser Versammlung zu treffen, denn eigentlich war sie beurlaubt. Sie erzählte mir, die Politik langweile sie und sie habe vor, in unser Büro zurückzukommen, wenn der Wahlkampf zu Ende sei. Ich würde mich freuen, wenn sie wieder zu uns käme, sagte ich, aber das stimmte eigentlich nicht. Sie erklärte mir nun, wie sehr sie mich bewundere, wie toll sie meine Leistungen finde – aber irgendwie war ich mißtrauisch.

Ich blieb nur kurz, verabschiedete mich dann und flog zurück nach Washington. Im Flugzeug ging ich die Liste der Konferenzteilnehmer durch und sah, daß auch die Projekte aufgeführt waren, an denen die einzelnen gerade arbeiteten.

Da entdeckte ich auf einmal, daß neben dem Namen der Frau, die sich mit mir unterhalten hatte, der Titel meines eigenen Projekts stand. Zuerst dachte ich, es sei ein Druckfehler, aber beim Weiterlesen merkte ich, daß mein eigener Name gar nicht auftauchte. Ich begriff erst später, daß diese Frau meinen Erfolg absahnen wollte, weil mein Projekt zu den erfolgreichsten meiner Abteilung gehörte. Durch meinen Chef hatte sie von dem Projekt erfahren, und da sie in die Abteilung zurückkehren wollte, hatte sie sich an die Stiftung gewandt und den entsprechenden Leuten mitgeteilt, sie sei maßgeblich an der ‹Entwicklung des Konzepts› beteiligt gewesen. Sie erklärte, sie werde das Projekt übernehmen und ich sei nur eingestellt worden, um es ‹auszuformulieren›. Sie wollte als diejenige angesehen werden, in deren Hand die Entscheidungen lagen.»

Und hat Leslie diese Frau je zur Rede gestellt?

Leslie schüttelte den Kopf. «Ich glaube, das war gar nicht nötig. Jeder in Washington kannte ihre Methoden. Über ihre ‹Konzepte› machen sich alle nur noch lustig.»

Warum hat diese Frau Leslies Arbeit gestohlen?

Wenn sie von dem Projekt einer anderen Frau erfährt, überkommt sie der Wunsch, sie hätte es selbst entworfen. Sie ist so sehr damit beschäftigt, erfolgreiche Projekte anderer für sich zu beanspruchen, daß sie gar keine Zeit hat, eigene Projekte qualifiziert auszuarbeiten. Trotz ihrer Intelligenz hat sie ihre Fähigkeiten nicht weit genug entwickelt, um sich selbst als erfolgreich ansehen zu können. Sie ist klug und begabt und könnte jederzeit hervorragende Arbeit leisten. Und deshalb fühlt sie sich berechtigt, die Projekte aller anderen Leute als ihre eigenen auszugeben.

Aber diese Sabotageakte helfen ihr letztlich auch nicht weiter. Tief im Innern weiß sie genau, daß die Arbeit nicht auf ihr eigenes Konto geht, sondern daß sie die Gedanken und Überlegungen anderer als ihre eigenen ausgibt. Wenn sie wieder einmal einen Projektentwurf vorlegen muß, dann ist ihr klar, daß wegen ihrer bisherigen Leistungen etwas Großartiges von ihr erwartet wird, aber sie fühlt sich außerstande, diesen Erwartungen zu entsprechen. Also stiehlt sie die Ideen einer klugen jungen Aufsteigerin. Ihre Mitarbeiter finden ihre «Konzepte» lächerlich, aber eigentlich sind es die verzweifelten Lügen einer sehr unsicheren, sich bedroht fühlenden Frau.

Die Eva, die allen gefallen muß

Schon immer kämpften Frauen um die Aufmerksamkeit der Männer. Wir glauben zwar längst nicht mehr, daß der einzige Lebenszweck einer Frau darin besteht, zu heiraten und Kinder aufzuziehen, aber es ist doch schwierig, sich über die uralte Tradition hinwegzusetzen, die besagt, das Streben nach Erfüllung bedeute letztlich nur eines: Auf in den Kampf, schnapp dir mit allen Mitteln einen Mann, dann lebst du glücklich und zufrieden.

Wie bereits erwähnt, werden Frauen in ihrer Kindheit dazu erzogen, sich über ihre zwischenmenschlichen Beziehungen zu definieren und ihr Selbstgefühl aus der Interaktion mit anderen zu entwickeln. Ein wichtiger Aspekt dieser Sozialisation ist der Glaube, es gebe eine Beziehung, welche Frauen die eigentliche Erfüllung des Lebens bringt und sie zu glücklichen Menschen macht, eine Beziehung, die ihnen das Gefühl vermittelt, etwas Besonderes zu sein und gebraucht zu werden –

und das ist die Beziehung zu einem Mann. Natürlich ist nicht jeder Mann fähig, einer Frau dieses Gefühl zu geben, und deshalb kommt es vor allem darauf an, den richtigen Mann zu finden – den Mann, der der Frau ein positives Gefühl sich selbst gegenüber vermittelt (der ihr im Grunde erst ein Selbst schenkt).

Eine Frau lernt, daß sie, um einen solchen Mann zu bekommen, andere Frauen ausstechen muß, da sie ja alle dasselbe wollen. Dieses Bestreben diktiert das Verhalten von Frauen untereinander und wirkt sich auch auf die Konkurrenz am Arbeitsplatz aus. Seit Jahrhunderten sind Frauen davon besessen, sich gegenseitig zu übertrumpfen, weil nur das ihr Selbstwertgefühl steigert. In der Frauenzeitschrift *Ms.* beschrieb Letty Cottin Pogrebin dieses Phänomen folgendermaßen:

«Die Regeln sind ganz einfach:

❑ Wenn du deprimiert bist, überlege dir nicht, woher deine Unzufriedenheit kommt – halte Ausschau nach einer Frau, die schlechter dran ist als du.

❑ Wenn du Zweifel an deiner Attraktivität hast, stelle nicht deine Schönheitsmaßstäbe in Frage – zieh dich besser an als alle anderen Frauen in deiner Umgebung und stich sie aus.

❑ Wenn du glaubst, daß deine ‹Weiblichkeit› in Zweifel gezogen wird, dann wirf nicht ein für alle Mal dieses Etikett über Bord – schau dir lieber eine Frau an, die besonders hart ist und sich nichts bieten läßt, und fühle dich selbst als sanftes Kätzchen im Vergleich.

❑ Wenn du glaubst, daß es dir intellektuell an etwas mangelt, dann belege keine Kurse, um dich weiterzubilden – mach dich über andere Frauen lustig, die ihre Frustration sublimieren, indem sie ihren Intellekt ausspielen.»

Diese Art zu konkurrieren ist Frauen keineswegs angeboren. Sie sind auch nicht von Natur aus eifersüchtig und neidisch. Frauen haben vielmehr das Rivalisieren gelernt, indem sie die typischen Taktiken der Unterlegenen anwenden.

Frauen wurde beigebracht, nur mittels eines Mannes würden sie Glück, Erfolg und persönliche Erfüllung finden. Frauen folgten einer Strategie, bei der es nur darauf ankam, einen guten Fang zu machen, und die einzige Spielregel lautete, den Rivalinnen immer eine Nasenlänge voraus zu sein. Während die Männer um Geld, Ansehen und Macht kämpften, stritten die Frauen um die Männer. Männer orientierten sich an Maßstäben wie Leistung und beruflichem Erfolg, Frauen maßen sich aneinander und an den Männern.

In ihrem Buch «The Psychology of Sex Differences» schreiben Eleanor Maccoby und Carol Jacklin:

«Frauen sind vor allem in Bereichen motiviert, die mit zwischenmenschlichen Beziehungen zu tun haben. Dort wollen sie Leistungen erbringen (zum Beispiel auf andere besonders anziehend wirken; mit sozial hochstehenden Leuten Umgang pflegen, vor allem mit Männern; leistungsstarke Kinder haben). Männer dagegen sind darauf ausgerichtet, in Bereichen etwas zu erreichen, die nicht personenorientiert sind; dazu gehört auch die intellektuelle Sphäre.

Weibliches Leistungsstreben wird vor allem von dem Verlangen gesteuert, anderen zu gefallen. Daher sind Frauen sehr darauf angewiesen, für ihre Leistungen Lob und Bestätigung zu finden, unabhängig von dem Gebiet (intellektuell, sozial usw.), während Männer durch das Interesse an der Aufgabe selbst motiviert sind.»

Welche Motive stehen hinter dem weiblichen Bedürfnis, allen zu gefallen, und welche Konsequenzen sind damit verbunden? Wenn auch die Frauenbewegung vielen von uns geholfen hat, unseren Selbstwert nicht mehr über unsere Beziehungen zu Männern zu definieren, so ist uns doch von Geburt an eingetrichtert worden, an die Erlösung durch den Mann zu glauben und entsprechend miteinander zu konkurrieren. Ein wesentlicher Teil des Eva-Verhaltens wurzelt in den frühkindlichen Botschaften, daß wir Männern gefallen sollen. Es ist nicht einfach, unbewußte Überzeugungen abzulegen, und aus diesem Grund handeln auch viele Feministinnen so, als läge der einzige Weg zu persönlicher Erfüllung darin, eine andere Frau auszustechen und einen Mann zu gewinnen. Das sind die Evas, die vor allem anderen gefallen wollen.

Gefallsucht beginnt früh

«Ich weiß, daß wir um Männer konkurrieren», schreibt Louise Berkinow, «daß unser Konflikt die Form von Neid und Eifersüchteleien annimmt. Uns wird beigebracht, andere Frauen seien unsere Gegner, die wir bekämpfen müssen. Aber wir dürfen den Kampf nicht offen austragen.»

Frauen lernen sehr früh, anderen zu gefallen. In ihrem Buch «Born to Please» stellt Karen Blaker die These auf, daß dieser Prozeß gleich bei der Geburt einsetzt, weil die meisten Eltern «vermutlich lieber einen Jungen gehabt hätten». Baker verwendet Daten aus Letty Cottin Pogrebins Untersuchung «Growing Up Free» und zitiert neuere Statistiken aus den USA, die zeigen:

- Bei einem Einzelkind bevorzugen neunzig Prozent der Männer und zwei Drittel der Frauen einen Sohn.
- Als erstes Kind wünschen sich achtzig Prozent einen Sohn.
- Bei einer Familie mit drei Kindern möchten die meisten lieber zwei Jungen und ein Mädchen als zwei Mädchen und einen Jungen (Blaker 1988, S. 83).

Blaker äußert die Vermutung, daß einem Mädchen unterschwellig vermittelt wird, ein Junge wäre willkommener gewesen. Dies hat zur Folge, daß kleine Mädchen das Gefühl haben, sie müßten sich um die Liebe und Anerkennung ihrer Eltern bemühen, um die Tatsache wettzumachen, daß sie keine Jungen sind. Selbst wenn die Eltern wirklich lieber ein Mädchen wollten, sorgt der Sozialisationsprozeß – wir haben von der Identifizierung des Geschlechts gesprochen – dafür, daß kleine Mädchen eher passiv und unselbständig sind. Mädchen lernen: nicht was sie tun und leisten ist wichtig, sondern wie sie aussehen und wie sie sich benehmen. Ein kleines Mädchen wird gelobt, weil es nett und einfühlsam ist, und es wird ausgeschimpft, wenn es sich schmutzig macht oder Forderungen stellt. Eltern halten ihre kleinen Töchter dazu an, für andere zu sorgen und sich auf die Gefühle und Bedürfnisse anderer einzustellen.

In ihrem Buch «Die andere Stimme» beschreibt Carol Gilligan das Verhalten und das Selbstverständnis von zwei elfjährigen Kindern, Jake und Amy. Wie nicht anders zu erwarten, ist Amys Verhalten vor allem auf ihre Beziehungen zu Freunden und Familienmitgliedern ausgerichtet; Jake hingegen ist unabhängiger und autonomer: «Jake beschreibt sich, indem er seine spezielle Position in der Welt lokalisiert, und er hebt sich von dieser Welt durch seine Fähigkeiten, seine Überzeugungen und seine Größe ab. Obwohl auch Amy ihre Vorlieben, ihre Wünsche und ihre Überzeugungen aufzählt, definiert sie sich in Beziehung zu dieser Welt und beschreibt sich durch Handlungen, die sie in Verbindung zu anderen bringen; sie schafft Bande durch ihre Fähigkeit, anderen zu helfen.»

Amys Neigung, die Bedürfnisse und Gefühle anderer über ihre eigenen Wünsche zu stellen, ist ein Ergebnis des Sozialisationsprozesses, durch den Mädchen lernen, daß es das Wichtigste im Leben ist, anderen zu gefallen.

Das kleine Mädchen verliert das Gefühl für die eigenen Bedürfnisse und Wünsche, weil die der anderen Vorrang haben. Außerdem lernt ein Mädchen, daß die Fähigkeiten, deren Entwicklung bei ihr gefördert werden, sie nicht an sich schon zu einem zufriedenen oder erfüllten Menschen machen sollen, sondern ihr nur die Werkzeuge an die Hand geben, erfolgreich um einen Mann zu kämpfen. Die Männer sind es, die ihr Erfüllung und Glück schenken; Fähigkeiten und Leistungen sind kein Selbstzweck – sie dienen nur als Vorbereitung darauf, den perfekten Mann zu erwischen.

«Mädchen [wird] weisgemacht, daß anderen kleinen Mädchen – die ebenfalls ständig sanft und hold lächeln – ihre Liebenswürdigkeit in die Wiege gelegt wurde» (Madden 1987, S. 17). Eben diese Liebenswürdigkeit ist es, die Männern an Frauen gefällt, und das führt dann zu der absurden Konsequenz, daß kleine Mädchen einen erbitterten, haßerfüllten Konkurrenzkampf ausfechten, wer die Netteste ist, indem sie eine noch schönere Karte zum Muttertag malen oder Papa noch mehr Küsse geben.

Wir können uns alle noch an die Zeit erinnern, als wir uns im Wettkampf mit einer ganzen Meute «anderer» kleiner Mädchen befanden. Wir lernten zu gefallen, uns so zu benehmen, daß wir andere glücklich machten. Vor allem aber lernten wir, wie wir *Männer* glücklich machen. Manches fanden wir interessant, anderes stellte sich als langweilig heraus, aber wir durften nicht aufgeben, weil uns immer wieder eingebleut wurde, daß es jede Menge anderer kleiner Mädchen und Frauen gäbe, die das alles besser könnten als wir. Und weil sie besser waren, würden sie auch einen besseren Mann bekommen und ein glücklicheres Leben führen. Wer sich weigerte mitzumachen, war zu einem traurigen, einsamen Dasein verdammt.

Das klingt vielleicht extrem, aber denken Sie nur daran, wieviel Zeit und Energie Sie darauf verwendet haben, Dinge zu lernen, mit denen Sie anderen Freude bereiten können. Viele Mädchen nehmen auf Geheiß der Eltern Klavierstunden, aber nicht aus Liebe zur Musik oder um Konzertpianistin zu werden, sondern um etwas zu «können» – das heißt, um bei einem Familienfest oder bei einer Party vorzuspielen. Oder sie nehmen Tennisunterricht, weil Jungen gern mit sportlichen Mädchen ausgehen. Andere wieder besuchen eine Ballettschule, aber nicht um Tänzerin zu werden, sondern weil sie lernen sollen, sich graziös und anmutig zu bewegen, damit die Männer von ihrer Art zu tanzen hingerissen sind.

Vielleicht belegen Sie immer noch irgendwelche Kurse, ohne daß es Ihnen eigentlich Spaß macht oder Ihnen etwas bringt. Viele Frauen schwitzen und stöhnen in ihren Aerobic-Kursen, weil sie ihren Körper besser in Form halten wollen als ihre Nachbarinnen, die immer nur faul herumsitzen und sich nicht bewegen.

Von Kindheit an wird Frauen eingebleut, sich so zu verhalten, daß sie gefallen. Sämtliche Konkurrentinnen müssen ausgeschaltet werden. Dazu gehört es auch, alles das zu lernen, was der Freund mag. «Ich bin die Summe der Jungen und Männer, deren Interessen ich zu meinen eigenen machte», schreibt Pogrebin in *Ms.* «Für den Basketballspieler, hinter dem ich auf dem Gymnasium her war, lernte ich, wie ein Abwehrspieler taktieren muß, und er gab damit an, ich sei das einzige Mädchen, das die Basketballstatistik auswendig wußte. Im College und in den Jahren vor meiner Heirat gab es Männer, derentwegen ich Tennis spielen lernte, ein Jazz-Fan wurde, Aktien kaufte, meine Haare schnitt... Es war immer die Leidenschaft eines anderen, die mich in Bewegung setzte... Wir verloren jedes Gefühl dafür, wer wir waren und was uns selbst wichtig war. Unsere Wertvorstellungen wurden uns von außen aufgezwungen. Selbstachtung war ein Geschenk, das uns die Männer zuteil werden ließen, indem sie uns allen anderen vorzogen. Unser Selbstverständnis definierten wir darüber, ob wir den Erwartungen anderer entsprachen und unsere Schwestern beiseite drängten.»

«Spieglein, Spieglein, an der Wand...»

So viele Frauen haben ein negatives Bild von ihrem eigenen Körper, daß Firmen, die Produkte auf den Markt bringen, mit deren Hilfe irgend etwas gefestigt, vergrößert, verkleinert, gefärbt oder geglättet werden soll, Riesenprofite machen. Beruflich erfolgreiche Frauen, die gut verdienen und interessante Jobs haben, können sich dennoch ganz jämmerlich vorkommen, nur weil sie zehn Pfund zu viel wiegen.

Natürlich haben auch Männer Probleme mit ihrem Aussehen; viele wären lieber athletisch durchtrainiert, mit dynamischem Kinn und dichten, welligen Haaren, während sie in Wirklichkeit wabbelig und kahl sind und einen Unterkiefer haben wie Richard Nixon. Der Unterschied liegt darin, daß Männer ihr Selbstwertgefühl aus anderen Faktoren beziehen: aus ihren beruflichen Erfolgen, ihrem Vermögen und ihrer Macht.

Eine Frau lernt, daß die einzige Art, wirklich erfolgreich zu sein, darin besteht, sich einen guten Mann zu angeln. Alle übrigen Leistungen und Errungenschaften sind zweitrangig. Und am ehesten bekommt sie einen Mann, wenn sie hinreißend schön ist.

Frauen vergleichen sich permanent mit anderen Frauen. Sie nehmen ihren Körper auseinander, um festzustellen, ob ihr Bauch, ihre Schenkel oder ihre Oberarme schlaff sind. Durch die Lektüre von Zeitschriften wie *Cosmopolitan* und *Vogue* erfahren sie, wie sie im Vergleich zu den schönsten Frauen der westlichen Welt dastehen – Frauen, die oft systematisch gehungert oder ihren Körper durch operative Eingriffe verändert haben. «Die Tatsache, daß schwere Eßprobleme wie Anorexie und Bulimie vor allem bei jungen Mädchen der Mittel- und Oberschicht auftreten, zeigt, daß viele Frauen alles tun würden, um den Vorschriften zu entsprechen. Selbst die Mädchen, die von diesen Problemen nicht betroffen sind, übernehmen ihre Wertvorstellungen von einer an der Altersgruppe orientierten ‹Norm›. Sie sind bereit, einen hohen Preis zu zahlen – nicht nur, um gut auszusehen, sondern um *besser* auszusehen als andere Mädchen» (Madden 1987, S. 18 f).

Toni de Marco, Produzentin, Autorin und Fotomodell, erzählte uns von einer Frau, die so neidisch war auf ihre Schönheit, daß sie sich wie ein beleidigtes Kind aufführte:

«Ich glaube, Frauen sind sehr oft neidisch auf andere Frauen, die gut aussehen. Das erstemal habe ich das auf einer Haloween-Party so richtig hautnah erlebt. Ich war als Steinzeitfrau verkleidet. Mein Begleiter und ich hatten gerade sehr wild und sexy getanzt, da schoß plötzlich eine Frau auf mich zu, die ich noch nie im Leben gesehen hatte, und goß mir ihren Drink ins Gesicht. Ich weiß, daß ich in dem Kostüm toll aussah – so toll, daß sie offensichtlich vor Neid platzte. Ich habe wirklich nichts getan, um sie zu provozieren. Vielleicht habe ich im Vorbeigehen ihrem Freund zugelächelt, aber ich wollte ihn ihr bestimmt nicht wegschnappen.

Seither bin ich anderen Frauen gegenüber sehr mißtrauisch. Ich habe gelernt, mein Aussehen bei der Arbeit herunterzuspielen. Ich kleide mich eher konservativ, damit die Leute mir nicht ihre Drinks über den Kopf schütten, bildlich gesprochen.»

Die Eifersucht, die diese Frau an den Tag legte, zeigt ihre Unsicherheit und ihre negative Einstellung zum eigenen Körper. Sie glaubte, nicht mit Toni mithalten zu können. Dieses Minderwertigkeitsgefühl schlug sofort in Selbsthaß um, und sie hatte Angst, ihr Freund könnte sie sitzenlassen und sich an Toni ranmachen. Sie kam gar nicht auf die Idee, daß ihr Körper ihm besser gefallen könnte oder daß er vielleicht deswegen mit ihr ausging, weil er gern mit ihr zusammen war und sie interessant und intelligent fand. Statt dessen konnte sie nur eines denken: daß Toni ihm besser gefiel als sie, weil sie das Gefühl hatte, im Vergleich zu Toni zu einem Nichts zusammenzusinken.

Mit ihrer Aktion bezweckte diese Frau zwei Dinge: Erstens wollte sie, daß Toni nicht mehr so gut aussah, denn schließlich sind verschmiertes Make-up und klatschnasse Haare nicht gerade besonders attraktiv. Zweitens war es eine Form körperlicher Aggression, ähnlich wie ein Mann zu einem unfairen Schlag ausholt, wenn er sich physisch bedroht fühlt. Es ist eine körperliche Reaktion auf Gefühle, die entstehen, wenn man sich ärgert oder in seinem Stolz verletzt ist.

Der Frau ging es nach dieser Attacke bestimmt nicht besser. Toni war ja nur der Auslöser – im Grunde hatte sie Probleme mit ihrem eigenen Selbstgefühl. Sie griff Toni an, weil sie sich durch deren Anwesenheit verunsichert fühlte. Wenn wir unsicher sind, lassen wir diese Gefühle an irgendeinem Objekt ab, in der Hoffnung, sie könnten dadurch verschwinden. Aber leider hilft das gar nichts. Für die Frau wäre es vor allem wichtig, eine positivere Einstellung zu ihrem Körper zu finden.

Das Frauenhandbuch «Unser Körper, unser Leben» fordert Frauen auf, ihren eigenen Körper – ihre Schenkel, Arme und Bäuche – zu akzeptieren und mit ihrem Aussehen zufrieden zu sein, auch wenn es den engen Maßstäben der Modejournale nicht entspricht. Das ist leichter gesagt als getan, vor allem deswegen, weil viele Jobs verlangen, daß Frauen attraktiv aussehen. Die Gesellschaft übt Druck auf Frauen aus, sich schön zu machen, und sie belohnt ein gefälliges Äußeres.

Wir haben gerade gesehen, daß die Frau, die glaubte, nicht mit Toni mithalten zu können, deshalb zum Angriff überging, weil sie sich bedroht fühlte. Beim nächsten Beispiel ist die Situation umgekehrt. Diesmal nutzt eine Eva es aus, daß die Gesellschaft jene Frauen fördert, die die besten Fähigkeiten entwickelt haben, Männern zu gefallen. Solche Frauen trampeln auf ihren Rivalinnen herum, untergraben deren Karriere und stehlen ihnen den Platz im Rampenlicht, weil sie die «besseren», gefälligeren und hübscheren Frauen sind. Aber diese Art von gefallsüchtiger Eva wird schließlich von einer anderen Eva derselben Sorte ausgebootet werden, denn sie folgen beide dem gleichen Konkurrenzmechanismus, der jede wirkliche Produktivität hemmt. Es gibt immer eine ehrgeizige, aufstrebende Eva, die sich schließlich bei einem Wettkampf durchsetzt. Die folgende Geschichte stammt aus der Welt des Fernsehjournalismus, aber zu ähnlichen Vorfällen kommt es überall.

Die Evas von «Today»

Die Geschichte der Nachrichtensendung «Today» weist eine ganze Serie von Evas auf, eine so gefallsüchtig und erfolgsorientiert wie die andere – und jede wird nach ein paar Jahren von einer anderen Eva des gleichen Kalibers ausgestochen und abserviert.

Linda Ellerbee sagte einmal: «Man sieht Frauen vor der Kamera, weil man sie vor der Kamera sehen soll. Aber man findet ihre Namen nicht auf den Schildern an den Türen der Studiochefs oder ihrer Stellvertreter.»

Wenn wir Frauen vor der Kamera sehen, sind sie makellos frisiert, jung und fit. Wenn sie älter werden, dann werden sie durch andere ersetzt.

In einer idealen Welt hätte die Ablösung einer Frau durch eine andere, die ihren Platz einnimmt, wie eine Stafettenübergabe zu sein – die Mentorin übergibt die Aufgabe der jüngeren Frau, die sie sich als Nachfolgerin herangezogen hat. Auf diese ideale Weise verlief offenbar die Ablösung Anita Colbys als Moderatorin von «Today» durch Barbara Walters.

Anita Colby war eine Schönheit mit rabenschwarzem Haar, ein Star-Modell, das angeblich auf dem Höhepunkt seiner Karriere in den dreißiger Jahren innerhalb eines Monats auf den Titelseiten von zweiunddreißig Zeitschriften zu bewundern gewesen war. Barbara Walters kam in den fünfziger Jahren als junge Textautorin zu «Today» und wurde schließlich Anita Colbys Assistentin. Es heißt, Colby habe gespürt, wie sehnlich die junge Barbara sich wünschte, die Texte, die sie für sie schrieb, selbst vor der Kamera zu sprechen.

Ohne irgendwelche Manipulationen seitens der Fernsehgesellschaft vollzog sich ein natürlicher Übergang. «Today» wurde zur Live-Sendung, und Anita Colby trat zurück, weil sie, wie sie gesagt haben soll, nicht gern am frühen Morgen arbeitete.

Als Barbara Walters ihre Nachfolge antrat, übernahm sie eine Aufgabe, die in ihren Augen vor allem viel harte Arbeit und professionelles Können verlangte. Barbara Walters war nach Fernsehmaßstäben eine hochkarätige Journalistin.

Und sie erwies sich als eine Naturbegabung vor der Kamera. Ihr Stil kam so gut an, daß sie, als sie die Moderation abgab, durch eine Nachfolgerin ersetzt wurde, in der viele Leute eine Art zweite Barbara Walters sahen: Jane Pauley. Dennoch nannte damals *New York Newsday* den Aufstieg Jane Pauleys einen «Triumph der Kosmetik über die Substanz».

Tatsächlich erwies sich Pauley jedoch als eine so fähige Nachrichtenmoderatorin, daß die Einschaltquoten schlagartig zurückgingen, nachdem sie ihrerseits von Deborah Norville abgelöst worden war. Der Übergang von Pauley zu Norville kam bei der Öffentlichkeit anscheinend nicht in dem Maße als sachlich-professionell begründet an wie der von Walters zu Pauley. Die Zeitungen und Zeitschriften waren voll von Artikeln, die darin eine Art «Alles über Eva»-Story sehen wollten.

Das Magazin *New York* berichtete, eine NBC-Produktionsleiterin habe über Norville gesagt: «Unsere Bosse haben sich in sie verliebt, und jetzt meinen sie, daß es den Zuschauern genauso gehen muß.»

Die gleiche Zeitschrift war es auch, die explizit eine Parallele zwischen Deborah Norville und Eva Harrington zog: «So wie die Ereignisse bei ‹Today› in den Zeitungen hochgepusht wurden, hatte man den Eindruck, als sei Norville die andere Frau, die die mythische ‹Today›-Familie zerstört. Sie spielt die Rolle von Anne Baxter in ‹Alles über Eva›. Im Grunde wird dabei aber die Vergangenheit der ‹Today›-Sendung völlig romantisiert… Als Pauley zu ‹Today› kam, wurde sie genauso beschrieben wie Norville heute: naiv, blond, provinziell, gierig, zu allem bereit.»

Pauley und Norville waren, wie schließlich an die Öffentlichkeit kam, beide Opfer fehlgeleiteten männlichen Managements. In Wirklichkeit war es kein Kampf zwischen zwei Frauen gewesen, sondern ein mißglücktes Gebuhle um Einschaltquoten.

Die NBC hatte nicht mit den Zuschauerprotesten gerechnet, die sich erhoben, als Norville Pauleys Platz einnahm. Inzwischen steht Pauley wieder vor der Kamera, überzeugender denn je. Norville ihrerseits hat sich einen festen Platz im amerikanischen Nachrichtenfernsehen erobert und wird ihren Zuschauern sicherlich genauso ans Herz wachsen wie Pauley und Walters vor ihr.

Wenn Frauen sich auf dieses «Lerne zu gefallen»-Verhalten einlassen und mit anderen Frauen um die Gunst der Männer konkurrieren, verletzen sie sich damit letztlich selbst, weil sie nicht für *sich* sorgen und sich in ihren eigenen Interessen zurücknehmen. Statt dessen ordnen sie sich den Wünschen und Vorlieben anderer unter. In diesem Fall denen der Männer.

Wenn Frauen miteinander konkurrieren, um den restriktiven Schönheitsidealen zu entsprechen oder um den Männern besser zu gefallen, schaden sie sich und anderen. Männer werden nicht in der gleichen Weise nach ihrer körperlichen Attraktivität beurteilt wie Frauen. Jon Katz, eine ehemalige Produktionsassistentin der «CBS Morning News», formulierte das folgendermaßen: «Der beste Beweis für den doppelten Standard ist, wenn man sich vorstellt, [die Moderatoren] Sam Donaldson oder Dan Rather würden in *Vanity Fair* in Unterwäsche oder im Morgenmantel abgebildet» (*Newsday*, 11. Oktober 1989). Männer in dieser Branche werden nach ihren Fähigkeiten als Nachrichtensprecher, Berichterstatter, Kommentator usw. eingeschätzt, und wenn man sich die wichtigsten amerikanischen Vertreter dieser Gattung anschaut, stellt man fest, daß viele von ihnen bereits leicht ergraut sind, denn «im allgemeinen gilt: wenn Männer graue Haare bekommen, dann steigt ihr Marktwert noch, bis sie in den Ruhestand treten; Weisheit wird als Begleiterscheinung des Alters angesehen» (Madden 1987, S. 12). Bei Frauen, die beim Fernsehen arbeiten, gilt zunehmendes Alter als unattraktiv, denn von Frauen wird nicht erwartet, daß sie Weisheit ausstrahlen. Für Frauen besteht die wichtigste Aufgabe beim Fernsehen darin, gut auszusehen. Frauen müssen den Zuschauern gefallen – es spielt keine große Rolle, was sie denken oder wie intelligent sie sind.

Diese Einstellung führt dazu, daß Frauen sich gegenseitig das Wasser abgraben und dann selbst wieder von jüngeren, unverbrauchten Neulingen abserviert werden. Wenn Frauen es schaffen, dieses «Lerne zu gefallen»-Verhalten abzulegen und ihren Körper und ihr Aussehen unabhängig von der Bestätigung durch andere zu akzeptieren, dann gelingt es ihnen vielleicht, aus diesem Teufelskreis wechselseitiger Sabotageakte auszubrechen. Dadurch, daß sie sich gegenseitig unterstützen und sich weigern, um die Gunst der Männer zu buhlen – sei es bei der Arbeit oder im Privatleben –, lernen Frauen Stück für Stück, sich selbst wichtig zu nehmen. In der Welt des Fernsehens setzt dieser Prozeß schon langsam ein. Laut *Newsweek* (13. März 1989) ist Diane English, die Produzentin der Serie «Murphy Brown», eine von einem «guten Dutzend Frauen, die wöchentliche Serien schreiben und produzieren. Sie treffen sich regelmäßig zum Mittagessen, um gemeinsam ihre Triumphe zu feiern und um Erfahrungen über ähnliche Kämpfe auszutauschen.»

Unter dem Einfluß dieser Frauen entsteht eine ganze Reihe von Fernsehsendungen, in denen Frauen realistischer dargestellt werden. Dazu gehört auch die Serie «Murphy Brown». Murphy ist eine Journalistin um die Vierzig, die den Fernsehjournalismus sowohl vor der Kamera als auch außerhalb des Studios mit großer Würde praktiziert.

Rollenmodelle wie Candice Bergen (die Murphy Brown spielt), die der Öffentlichkeit vorführen, daß Frauen älter werden können, ohne sich schlechter und weniger attraktiv fühlen zu müssen, können auf das Bild der Frau in der Gesellschaft einen wichtigen Einfluß haben. Betty Friedan, die Verfasserin des «Weiblichkeitswahns» und eine der entscheidenden Figuren in der Frauenbewegung der siebziger Jahre, hatte eine ähnliche Vorbildfunktion, weil sie sich weigerte, dem Druck stereotyper Schönheitsvorstellungen nachzugeben.

Betty Friedans Nase

Eine Frau, die von Anfang an in der Frauenbewegung aktiv war, erzählte uns folgendes: «Zu Beginn der siebziger Jahre war ich so etwa die einzige in der Frauenbewegung, die sowohl mit Gloria Steinem als auch mit Betty Friedan sprach. Das war zu der Zeit der großen Konferenz in Mexiko, auf der Betty Gloria als CIA-Agentin bezeichnete. Ich fand das nicht gut von Betty, und Gloria versuchte, als Friedensstifterin aufzutreten. Andererseits glaube ich, Gloria ging nicht gerade einfühlsam damit um, daß sie eine ausgesprochen schöne Frau war. Betty hatte sich ihr ganzes Leben lang geweigert, sich die Nase operieren zu lassen. Gloria nahm gewisse Dinge ganz selbstverständlich hin und ging einfach davon aus, daß sie ihr zustanden. Sie sieht toll aus, wie ein Filmstar. Ich bewundere Gloria ungeheuer, weil es ihr eigentlich meistens gelingt, die Neidgefühle, die andere Frauen ihr gegenüber empfinden, zu verscheuchen. Gloria unterstützt andere Frauen, und sie bekommt von ihren Mitarbeiterinnen wie Letty Cottin Pogrebin viel Hilfe. Für eine Frau wie Gloria ist es unmöglich, sich in Betty hineinzuversetzen.

Betty hat sich ihr ganzes Leben lang dagegen gesträubt, sich die Nase operieren zu lassen. Ich habe großen Respekt vor ihr deswegen. Aber wie sollte Gloria so etwas begreifen? Ich glaube, es war eine bewußte feministische Aussage von Betty: Sie wollte einfach sie selbst sein. Als ihr Buch ‹Der Weiblichkeitswahn› ein Bestseller wurde, meinte Bettys Vater: ‹Na, jetzt kannst du dir ja eine Nasenoperation leisten!› Ich finde es gut, daß sie sich geweigert hat, ihr Aussehen zu verändern. Damit hat sie sich auch um andere Frauen verdient gemacht.

Wenn Betty Friedans Nase ein bißchen kürzer gewesen wäre, hätte es vielleicht keine Frauenbewegung gegeben. Betty wollte nicht lügen, in keiner Beziehung. Vielleicht ging Gloria mit ihrer Schönheit nicht besonders sensibel um, vielleicht reflektierte sie das Schönheitsgefälle zwischen ihr und Betty Friedan zu wenig, aber sie sagte nie irgend etwas Gemeines.»

Es wurde hin und wieder die Vermutung geäußert, die Konkurrenz zwischen Betty Friedan und Gloria Steinem könnte zum Teil durch ihr unterschiedliches Aussehen ausgelöst worden sein. Selbst unter den Leitfiguren des Feminismus scheint es vorzukommen, daß sich Frauen miteinander vergleichen. Dennoch ist Betty Friedan dem Druck, einem bestimmten Schönheitsideal zu entsprechen, nicht erlegen. Wenn Frauen es schaffen, sich nicht einem stereotypen Schönheitsbild zu unterwerfen, indem sie Hungerkuren machen, sich einer Operation unterziehen oder ihr Aussehen auf irgendeine andere ungesunde Weise verändern, dann können sie endlich demonstrieren, daß es viele verschiedene Arten von Schönheit gibt, und sie werden aufhören, sich gegenseitig zu sabotieren. Das ist nicht einfach, und auch Feministinnen haben Schwierigkeiten, solche Konkurrenzkämpfe zu vermeiden, aber wenn wir unsere Gefühle genau beobachten und uns gemeinsam bemühen, dann wird es uns gelingen, das destruktive Verhaltensmuster, andere Frauen ausstechen zu müssen, endlich zu durchbrechen.

Papas Liebling

Ein Verhalten, das darauf zielt, anderen zu gefallen, ruft – das haben die vorangegangenen Abschnitte gezeigt – Konkurrenz unter Frauen hervor. Manche Frauen machen die Erfahrung, daß ihre Kolleginnen bei der Arbeit zwei verschiedene Persönlichkeiten offerieren, je nach dem, ob sie mit Frauen oder mit Männern zusammen sind. In der Gesellschaft von Männern sind sie zurückhaltender, stehen aufrecht, hören aufmerksamer zu – oder aber sie lächeln mehr, machen verführerische Augenaufschläge und benehmen sich kokett.

Wer eine katholische Schule besucht hat, weiß genau, daß bei den Nonnen, die dort unterrichteten, ein ähnliches Verhalten zu beobachten war. Vor der Klasse waren sie ernst, streng und betont sachlich. Aber sobald ein Pater den Raum betrat, fand eine magische Veränderung statt – plötzlich lächelten die Nonnen zuckersüß, redeten mit zarten Stimmchen und benahmen sich sehr charmant. Was war passiert?

In der Hierarchie der katholischen Kirche gilt, daß die Priester Gott näher stehen und demzufolge mehr Macht und Einfluß haben als die Nonnen. Diese erkannten die männliche Überlegenheit an und wollten die Patres umwerben, so wie Frauen in der Arbeitswelt ihren Chef umwerben. Interessant ist dabei, daß die Nonnen ihre «Vorgesetzten» dadurch beeindrucken wollten, daß sie sich kokett aufführten. Es ging ihnen ja wohl kaum darum, den Priester zu verführen. Warum verhielten sie sich ihm gegenüber also völlig anders als etwa in Gegenwart der Mutter Oberin? Weil der Priester die Autorität verkörpert und selbst die Mutter Oberin ihm untergeordnet ist. Die Nonnen wurden zu lieben kleinen Mädchen. Sie wollten zwar schon den Eindruck erwecken, daß sie die Klasse im Griff hatten, aber gleichzeitig wollten sie auch weiblich wirken. Da in früheren Zeiten Nonnen zu den wenigen berufstätigen Frauen gehörten und in vieler Hinsicht eine Pionierstellung einnahmen, reagierten sie genau so, wie es Frauen seit Ewigkeiten beigebracht worden ist: Sie versuchten, ihrem Chef zu gefallen. Eine Frau beschwert sich nicht. Sie macht ihre Arbeit. Und lächelt.

Frauen – das haben wir im vorigen Kapitel gesehen – lernen durch ihre Sozialisation, daß ihre Erfüllung im Mann liegt und daß sie die besten Chancen haben, einen Mann zu bekommen, wenn sie sich seinen Wünschen und Interessen anpassen. Wir sind unwiderstehlich, wenn wir lieb und nett sind, süß lächeln, sanft säuseln und uns charmant benehmen. Dieser Botschaft kann sich eine Frau nur schwer entziehen – selbst eine Nonne.

Wenn Frauen ihren Vorgesetzten gefallen wollen, verhalten sie sich oft kokett, weil ihnen schon als kleinen Mädchen vermittelt wurde, das sei die richtige Art, mit Männern umzugehen. Es ist Aufgabe der Frau, ihren Papa oder Ehemann oder jeden Mann, der eine entsprechende Funktion erfüllt, zu umschmeicheln. Jedes weibliche Wesen wird zur Rivalin. Anderen Frauen gegenüber oder im Umgang mit ihren Untergebenen kann sich eine Frau durchaus professionell und geschäftsmäßig verhalten, aber wenn sie ihrem männlichen Chef gegenübersteht, wird sie wieder das brave kleine Mädchen, das dem Mann gefallen will, damit er sie mit Geschenken überschüttet. Am Arbeitsplatz bedeutet das oft eine Beförderung oder Gehaltserhöhung. Es bedeutet aber auch, daß diese Frau irgendwann andere Frauen verletzen wird.

Der Wunsch zu gefallen zwingt Frauen, im Kampf um den Mann andere Frauen auszuschalten: Der Mann ist die Trophäe, und es gibt keine Spielregeln. Frauen, die einen männlichen Kollegen wie einen Vater oder Ehemann behandeln, erschleichen sich oft einen besonderen Platz in seiner Gunst – schließlich haben ja Männer auch durch ihre Sozialisation gelernt, von Frauen ein solches Verhalten zu erwarten. Manche Chefs loben die süßen kleinen Mädchen und machen ihnen Geschenke. Aber Erfolg im eigentlichen Sinne ist das nicht. Mit ihren Methoden kommen diese Frauen ihren «Papas» zwar nahe, aber im Grunde entspricht ihr Verhalten nicht den Anforderungen der Arbeitswelt, und das hat letztlich negative Folgen. Schauen wir uns das Verhalten dieser Art von Eva, die wir «Papas Liebling» nennen wollen, einmal genauer an.

Die «Tochter» des Chefs

Die folgende Geschichte ereignete sich vor nicht allzu langer Zeit in einer Werbeagentur an der Madison Avenue. Eine Frau, die mit ihrem Chef umgeht, als wäre er ihr Vater, wird befördert. Ihr Verhalten entspricht genau seinen Erwartungen. Sie fällt einer anderen Frau in den Rücken, die nicht dieses Vater-Tochter-Verhältnis zu dem Vorgesetzten aufbaut. In der Agentur arbeiten nur der männliche Boß und die beiden Frauen, und unsere junge Eva benutzt den männlichen Chef, um beruflich voranzukommen, ohne wirklich hart arbeiten zu müssen. Interessant ist, daß die andere Frau nicht in dem Chef den Übeltäter sieht, sondern in ihrer Mitarbeiterin.

Alicia arbeitete für eine große Werbeagentur, die große Fernsehaufträge abwickelte. Die Agentur galt als sehr professionell und erfolgreich. «Ich weiß nicht, warum ich Ihnen das erzähle», meinte Alicia, als wir sie in ihrem wunderschönen Büro aufsuchten. «Es ist alles so kindisch. Wie in einer dieser albernen Seifenopern mit tausend Intrigen – nur daß es in einem Unternehmen passiert, das täglich fünfhunderttausend Dollar umsetzt.

Der Chef unserer Organisation hat keinerlei Privatleben. Er lebt nur für seine Arbeit. Er wollte jemanden haben, der immer zur Verfügung steht und ebenfalls in der Arbeit aufgeht. Also stellt er so ein junges, verwöhntes Ding ein, das immer um ihn herum sein sollte. Zuerst dachte ich, das könnte ganz toll sein für mich. Ich war verheiratet und erwartete ein Kind. Es war mir wichtig, ein gutes Verhältnis zu der Frau zu bekommen. Ich sagte ihr, es gebe vieles, was ich ihr beibringen könnte. Ich war fünfzehn Jahre älter als sie. Die Zusammenarbeit könnte für uns beide von Nutzen sein, fand ich.

Es stellte sich aber bald heraus, daß die neue Mitarbeiterin meine Erwartungen überhaupt nicht erfüllte. David bringt alle Leute in eine kindliche Abhängigkeitsposition, also rannte sie herum und sagte dauernd ‹Ja, Papa› und solche Sachen. Sie sollte mir eigentlich hilfreich zur Hand gehen, aber ich bekam nicht viel Unterstützung von ihr.

Ich fand, ich sollte es als vierzigjährige Frau eigentlich nicht nötig haben, sie immer wieder aufzufordern, mir zu helfen. Sie kam häufig zu spät zur Arbeit, und dann verdrückte sie erstmal ein belegtes Brötchen und trank ihren Kaffee. Wenn David ins Zimmer kam, meinte er nur: ‹Sie sind spät dran.› Dann kabbelten sie sich mindestens eine halbe Stunde. Schließlich verschwand sie in seinem Büro, und damit war der Vormittag so gut wie gelaufen.

Ich drehte mit der Zeit fast durch, weil ich so viel zu tun hatte. Nach einer Weile vertraute ich ihr an, ich sei schwanger. Und das hat's dann gebracht.

Ich arbeitete extrem hart. Eines Tages ging ich zu einer Sitzung, auf der mir mitgeteilt wurde, meine Assistentin werde nun für die Fernsehabteilung Aufträge beschaffen. Eigentlich gehörte das in meinen Aufgabenbereich. David meinte, ich solle ihr dabei helfen.

Ich sagte: ‹Aber ich bin doch diejenige, die Hilfe braucht. Was ist mit *mir*? Ich ersticke in Arbeit.› Und er antwortete nur – ich zitiere wörtlich: ‹Dein Pech.› Ich arbeitete vierzehn Stunden am Tag. Und dann hatte ich eine Fehlgeburt. David hatte ein schlechtes Gewissen deswegen, und dadurch fiel es ihm noch schwerer, mit mir umzugehen.»

Alicia hatte unter dem Verhalten ihres Chefs zu leiden, aber sie war nicht fähig, ihn deswegen zur Rede zu stellen. Er gab dem Machthunger dieser Eva einfach statt. Und Eva ist nun dabei, Alicias Job zu übernehmen.

Diese Eva spürte ganz genau, daß David seine Mitarbeiter von oben herab wie Kinder behandelte. Wenn sie also die Rolle des kleinen Mädchens spielte, konnte sie es zu etwas bringen – das wußte sie. Sie verfiel in ein sehr destruktives Verhaltensmuster: Es ist ganz und gar unprofessionell, wenn jemand permanent «Ja, Papa» sagt und alberne Streitereien mit dem Chef anzettelt.

David belohnt Eva für ihr kindliches Benehmen. Aber sie wird nicht befördert, weil sie begabt ist oder Führungsqualitäten zeigt. Im Gegenteil – nur dadurch, daß sie sich die bequeme Rolle der süßen Tochter aussucht, erwirbt sie sich Vorteile. Aber sie macht sich von ihrem Chef abhängig, denn er ist derjenige, der sie beschenkt, indem er sie befördert und ihr Macht verleiht. Alicia hingegen verhält sich professionell und geschäftsmäßig, aber sie hat unter Evas Manipulationen zu leiden. Letzten Endes wird Eva allerdings nicht wirklich erfolgreich sein können, denn wer respektiert schon eine Mitarbeiterin, die sich aufführt, als wäre sie die kleine Tochter des Chefs? Sie selbst kann sich gar nicht vorstellen, daß sie ohne ihr «Lerne zu gefallen»-Verhalten Erfolg haben könnte – ohne die ständige Bereitschaft, «Papas Liebling» zu spielen.

König Lears «Töchter»

Eine Mitarbeiterin des Fachbereichs Soziologie an einer großen Universität erzählt eine Geschichte, die «König Lear und seine Töchter» betitelt sein könnte. In ihrer Version der Shakespeareschen Tragödie ist der alternde, kränkliche König der Leiter des Fachbereichs; er hat sich zwei «Töchter» herangezogen, und beiden hat er den gleichen Rang verliehen.

Die eine ist intelligent und fleißig. Sie leitet die Fakultät für den König und kümmert sich um die Finanzen. Die andere Tochter hingegen sucht ihren Erfolg auf dem gesellschaftlichen Parkett. Sie schert sich wenig um ihr Büro, sondern hält überall im Land Reden. Nach jedem Vortrag kommt sie zurück und erzählt dem König, wie sehr die Menschen in seinem Königreich ihn und seine Arbeit lieben und verehren. Der König hört ihr zu. Er macht ihr Vorhaltungen, weil sie ihre Pflichten vernachlässigt, aber er freut sich, daß sie seine Weisheit im ganzen Land verbreitet.

Selbstverständlich ist es die falsche Tochter, die der König vorzieht. Die Tochter, die zu Hause bleibt und sich um die Arbeit kümmert, ist die eigentlich loyale Getreue, die sich für seine Ideen einsetzt. Der anderen Tochter, die das ganze Land bereist und Vorträge hält, geht es um ihren eigenen Vorteil. Sie hat nur eines im Sinn: Sie will den «König» absetzen und die Fakultät selbst übernehmen – und natürlich will sie die gute und pflichtbewußte Tochter aus dem Weg schaffen.

Diese Eva nutzt es geschickt für sich aus, daß der König von seinen Töchtern ein ganz bestimmtes Verhalten erwartet. Seine andere Tochter erledigt ihre Arbeit sehr gewissenhaft; sie sorgt dafür, daß die Abteilung funktioniert. Aber «Papas Liebling» tut alles, um dem König zu gefallen. Sie schmeichelt seinem Stolz, indem sie ihm erzählt, wie beliebt er überall ist und wie sehr seine Arbeit anerkannt wird. Sie gibt vor, eine treuergebene Tochter zu sein, die der ganzen Welt mitteilt, wie großartig ihr Vater ist. Männer erwarten, daß Frauen alles tun, um ihnen zu gefallen, und davon profitiert sie. Sie kann vorgeben, sie wäre völlig selbstlos und nur daran interessiert, dem König zu dienen – aber dann fällt sie ihm in den Rücken und stürzt ihn vom Thron. Dabei fügt sie auch der guten Tochter Schaden zu, die sich dem König gegenüber nicht wie ein braves kleines Mädchen benimmt, sondern so, wie es ihrer Stellung entspricht. Eva hingegen ist zu unsicher, um daran zu glauben, sie könnte es zu etwas bringen, wenn sie sich wie die «gute» Schwester verhielte und Probleme direkt und professionell anginge. Sie beutet den König und die andere Schwester aus.

Patricia Gammon ist Leiterin des Forschungsfonds der Yale University. Bevor sie ihre Geschichte erzählt, die stark an das König Lear-Thema erinnert, betont sie, ihrer Meinung nach sollten Diskussionen über Konflikte zwischen Männern und Frauen bei der Arbeit grundsätzlich mit Humor geführt werden, damit das Vertrauen und das Selbstwertgefühl der Mitarbeiter nicht beeinträchtigt wird. Patricia ist eine sehr warmherzige Frau und möchte ihre Kollegen davor bewahren, ihre Arbeitssituation allzu verbittert zu sehen.

«Wenn die Leute, die ich kenne, das hier lesen, dann rufen bestimmt mindestens drei Frauen aus drei völlig verschiedenen Arbeitsbereichen an, und jede von ihnen sagt: ‹Bei mir ist es genauso.› Es ist eine ganz alltägliche Geschichte, mit der sich wahrscheinlich viele Frauen identifizieren können.

Eine typische Bürokonstellation: ein Mann, der alles bestimmt, und dann drei bis fünf Frauen, die ihm untergeordnet sind. Er versucht, väterlich und jovial aufzutreten. Die Frauen tanzen um ihn herum und tun alles, um seine Gunst zu erringen. Welche mag er am liebsten? Welche ist das Schätzchen?

So kommt es, daß die Frauen alle sehr hart arbeiten und sich hundertfünfzigprozentig engagieren. Jede hofft auf ein Lächeln, auf Anerkennung – sie will hören, daß sie ihre Sache gut macht. Schließlich fangen die Frauen an, untereinander zu streiten, weil sie alle völlig angespannt und überarbeitet sind. Ein paar von ihnen begreifen, was da gespielt wird, und arbeiten wieder normal. Aber die anderen werfen ihnen dann vor, sie würden nichts tun. Das ist wirklich ein sehr trauriges Spiel.

Es gibt immer eine Frau, die sich weigert, das Spiel mitzumachen, und diese Frau gewinnt den Respekt des Chefs. Und zu ihr sagt er dann: ‹Du bist in Ordnung. Ich brauche eine Ehefrau fürs Büro.› Es hängt von der Frau ab, ob sie stark genug ist, nicht in diese Falle zu tappen.

Frauen, die sich darauf einlassen, sind sehr schnell ausgebrannt. Sie schaffen es nicht mehr, dafür zu sorgen, daß die Arbeit um sie herum richtig erledigt wird.»

Patricia Gammon vertritt die Ansicht, Frauen seien verpflichtet, andere Frauen wissen zu lassen, daß sie im Beruf etwas leisten können. «Wir müssen Mittel und Wege finden, um den Frauen zu zeigen, wie sie effektiver und professioneller arbeiten können», meint sie. «Wir müssen ihnen helfen, sich selbst so zu sehen, wie andere sie sehen.»

Viele Frauen durchschauen nicht, mit welchen Mitteln Männer Frauen dazu bringen, ihre Geschlechtsgenossinnen zu sabotieren. Nehmen wir zum Beispiel den Professor einer größeren Lehrinstitution. Mit welchen Geheimwaffen hindert er die Frauen daran, die Macht zu übernehmen? Wie schon «König Lear» gibt er zwei Frauen die gleiche Position. Er gewährt ein Budget, bezahlt zwei niedrige Gehälter, teilt beiden Frauen den gleichen Titel zu und läßt sie dann aufeinander los. Seine Stellung ist gesichert, die beiden Frauen arbeiten mit doppeltem Einsatz. Der Mann inszeniert das konkurrenzorientierte Verhalten, indem er die Frauen gegeneinander ausspielt.

Frauen, die erkennen, daß der Mann am Arbeitsplatz eine Spalterfunktion hat, sind schon auf dem besten Weg, diese Situation zu überwinden. Aber oft ist es gar nicht einfach, solche Mechanismen zu durchschauen, weil Frauen so von dem Wunsch beseelt sind, anderen zu gefallen, daß sie den eigentlichen Übeltäter nicht sehen und nicht ihm Vorwürfe machen, sondern der anderen Frau.

Neidische Evas

«Frauenbeziehungen kreisen zum großen Teil um gegenseitige Unterstützung in harten Zeiten. Wenn es aber einer Frau gutgeht, scheint die Unterstützung durch andere nachzulassen. Sie gewinnt den Eindruck, ausgeschlossen zu werden» (Eichenbaum/Orbach 1987, S. 97).

Wir haben bereits gesehen, daß eine Eva nicht nur deswegen einer anderen Frau das Wasser abgräbt, weil sie Angst hat, diese könnte sie überholen; darüber hinaus möchte sie deren Erfolg oder Arbeit, möglichst beides, für sich beanspruchen. Und wieder sind Neid und Eifersucht Anzeichen von Unsicherheit und mangelndem Selbstbewußtsein.

Barbara ist Architektin. Sie arbeitet für ein internationales Unternehmen, das zu den zehn größten des Landes gehört. Der Betrieb in Boston hat hundert Mitarbeiter, und sämtliche Büroangestellten sind Frauen. Unter den Architekten sind nur etwa fünfundzwanzig Prozent Frauen. Mit harten Bandagen wird um Projekte gekämpft.

«Als ich den Job antrat, hockten wir jungen Frauen immer zusammen. Wir wollten gemeinsam darauf hinarbeiten, daß mindestens eine von uns einen der großen Aufträge bekam. Es dauerte nicht lange, da wurde mir ein wichtiges Projekt zugeteilt.

Und hat mich irgendeine dazu beglückwünscht? Nein.

Statt dessen ging eine der Frauen, die ich bis dahin als Freundin betrachtet hatte, zu Jim, meinem Freund, und erzählte ihm, ich hätte eine Affäre mit unserem Vorgesetzten. Sie wußte nicht, daß Jim und ich befreundet waren. Er arbeitet nämlich auch für das Unternehmen, und deshalb hielten wir unsere Beziehung geheim. Diese Frau konnte es einfach nicht ertragen, daß ich es geschafft hatte. Sie war überzeugt, ich hätte mich mit irgendwelchen Intrigen nach oben katapultiert und die anderen Frauen verraten, indem ich mit dem Chef ins Bett ging.

Ich war unglaublich wütend und beschloß, etwas zu unternehmen. Ich stellte sie nicht direkt zur Rede, sondern erzählte ihr nur, irgend jemand verbreite gehässige Gerüchte über mich, die überhaupt nicht stimmten. Sie als meine Freundin würde doch bestimmt dieses Geschwätz sofort unterbinden.

Ihr blieb die Luft weg, als sie das hörte. Ich arbeite nicht gern mit Frauen zusammen. Sie sind eifersüchtig, neidisch und nachtragend. Frauen kennen kein Erbarmen: Wenn du attraktiv und klug bist und nach oben kommst, dann hassen sie dich alle.»

Es ist verständlich, daß Barbara so verbittert ist. Ihre Kolleginnen freuten sich nicht mit ihr über ihren Erfolg, sondern ließen sie links liegen und zettelten sogar Intrigen gegen sie an. Wir sollten uns ihre These, daß Frauen eifersüchtig, neidisch und nachtragend sind, etwas näher anschauen.

Die Frauen an ihrer Arbeitsstelle bildeten eine Art Solidargemeinschaft und schworen sich gegenseitig, eine von ihnen müsse es schaffen. Dahinter stand die unausgesprochene Hypothese, daß davon alle profitieren würden – ihre Vorgesetzten müßten dann nämlich zugeben, daß eine Frau einem großen Auftrag durchaus gewachsen sein kann. Aber als Barbara der große Durchbruch gelang, brach die Gemeinschaft auseinander. Was war passiert?

Barbaras Freundinnen erlebten ihren Erfolg mit und wollten ähnliche Anerkennung finden. Sie waren nicht stolz auf die Leistung ihrer Kollegin, sie freuten sich nicht mit ihr, sondern fühlten sich übergangen. Sie hatten zwar alle zusammengearbeitet, aber nur Barbara war der große Sprung gelungen. Dieser Unterschied weckte bei den anderen Frauen das Gefühl, nicht mithalten zu können, und sie beneideten sie um ihr Weiterkommen.

Die Reaktion ist, wie Eichenbaum und Orbach (S. 98) zeigen, sehr verbreitet: «Eine Frau, die sich offensichtlich etwas Gutes antut, erfüllt uns mit Hochachtung. Auch wir hätten gerne so etwas, aber wir können uns nicht vorstellen, wie wir dieses erreichen sollen. Vielleicht fühlen wir uns derart bedroht durch den Ehrgeiz einer anderen Frau, daß wir im Unterbewußtsein versuchen, sie zu entmutigen. Mit anderen Worten: Neid ist eine Aussage über das Ausmaß der Anspruchslosigkeit von Frauen. Sie glauben, daß sie kein Anrecht auf Glück oder Erfolg haben.»

Obwohl die Frauen vorher solidarisch gewesen waren, löste sich ihre Allianz in dem Augenblick, als Barbara der Karrieredurchbruch gelang, in Luft auf. Ein Unterschied war plötzlich spürbar, eine Abgrenzung, und jede von ihnen wünschte sich, *sie* wäre diejenige, die sich durchsetzte, und nicht Barbara. Aber da sich alle im Vergleich zu ihr minderwertig vorkamen, glaubten sie, keinen Anspruch auf eine solche Beförderung zu haben. Es kamen ihnen Zweifel, ob ihre Fähigkeiten überhaupt ausreichen würden, um ihren Ehrgeiz auch in die Tat umzusetzen. Dieses Gefühl war unerträglich, und sie mußten Barbara aus ihrer Gemeinschaft ausschließen, um nicht dauernd damit konfrontiert zu sein. Eine der Frauen fühlte sich so bedroht, daß sie anderen einreden wollte, Barbara sei nur deshalb befördert worden, weil sie mit ihrem Vorgesetzten geschlafen habe.

Die neidische Eva setzt dieses Gerücht in die Welt, weil sie wünscht, es wäre wahr. Wenn Barbara wirklich mit dem Chef ins Bett gegangen wäre, um den Auftrag zu bekommen, dann würde sich diese Eva weniger verunsichert fühlen. Im Gegenteil, sie könnte sich selbstgerecht aufplustern: Man weiß ja, wie diese Beförderung zustande kam – mit Intelligenz und Begabung hat sie jedenfalls nichts zu tun. Diese Eva fühlt sich von Barbara so eingeschüchtert, daß sie versucht, ihr Selbstbewußtsein zurückzugewinnen, indem sie Barbara anschwärzt. Das Problem liegt genau darin, daß Barbara keine Affäre mit dem Vorgesetzten hatte, sondern aufgrund qualifizierter Arbeit nach oben gekommen ist.

Solche Aktionen führen aber nicht dazu, daß sich eine Eva sicherer fühlt, und ihre geheimen Wünsche gehen dadurch auch nicht in Erfüllung – sie hat nur Schuldgefühle, und wenn sie auf ihr Verhalten angesprochen wird, rührt sich ihr Gewissen. Tragischerweise sind gerade ihre Unsicherheit und ihr mangelndes Selbstbewußtsein der Grund, weshalb sie einer anderen Frau in den Rücken fällt, und sie muß zu drastischen, hinterhältigen Mitteln greifen, um ihr Ziel zu erreichen.

Frauen werden in der Regel nicht dazu ermuntert, ihren Wünschen Ausdruck zu verleihen. Neid ist eigentlich nichts anderes als ein Zeichen für unterdrückte Wunschvorstellungen und Sehnsüchte. Wenn Barbara anderen Frauen vorwirft, sie seien neidisch, dann stärkt sie das Tabu, das Frauen daran hindert, sich ihre Wünsche einzugestehen. «Wir sollten den Neid nicht als unschwesterliche, unsolidarische Sünde unterdrücken, sondern als eine emotionale Reaktion deuten, der wir unsere Aufmerksamkeit schenken müssen» (Eichenbaum/Orbach 1987, S. 99).

Wenn wir erkennen, daß Neid ein Zeichen dafür ist, daß wir etwas haben wollen, was eine andere Frau besitzt, dann können wir Frauen uns gegenseitig helfen, mit solchen Wünschen positiv umzugehen. Nur dadurch, daß Frauen ihren Ehrgeiz offen eingestehen, werden sie fähig, ihre Ziele direkt anzustreben und gleichzeitig eine solidarische Atmosphäre zu schaffen. Hätten Barbaras Freundinnen zu ihr gesagt: «Ich freue mich, daß du es geschafft hast. Ich bin stolz auf dich, aber ich wollte, ich könnte mich auch so durchsetzen», dann hätten sie gemeinsam darauf hinarbeiten können, daß auch andere Frauen nach oben kommen. Doch indem sie so taten, als wären sie alle vollkommen einverstanden damit, daß Barbara es geschafft hatte, leugneten sie ihre eigenen Wünsche und verrieten ihre Freundin.

Amy Diamond ist eine ehemalige Nachtdienstredakteurin bei der Nachrichtensendung «Good Morning America». Zwischen ihr und ihrer Kollegin ergab sich eine ähnliche Konkurrenzsituation.

«Als ich bei ‹Good Morning America› war, hatte ich eine Weile Nachtschicht. Ich arbeitete mit einer anderen Redakteurin zusammen. Nach den ersten beiden Monaten sprang ich für meine Kollegin ein, wenn sie erst um zwei kam statt um Mitternacht. Und sie tat das gleiche für mich.

Aber dann wurde der Sendeleiter auf mich aufmerksam. Wann immer er konnte, teilte er mich als Vertretung in ein tagsüber laufendes Programm ein. Meine Kollegin wurde unheimlich neidisch, als sie merkte, daß er mich gut fand. Aber wir halfen uns auch weiterhin gegenseitig aus, und oberflächlich schien alles in Ordnung. Aber als ich den Job wechselte, erfuhr ich von einer Freundin, daß meine Ko-Redakteurin immer den Sendeleiter informiert hatte, wenn ich geglaubt hatte, sie würde für mich einspringen. Jedesmal! Ich konnte es nicht fassen. Ich tat ihr einen Gefallen, und was macht *sie*? Sie verpetzt mich beim Chef.»

Wieder sehen wir, wie Neid eine Frau dazu bringt, typisches Eva-Verhalten an den Tag zu legen. Weil Amy die besseren Sendezeiten bekam, glaubte ihre Kollegin, Amy sei ihr überlegen. Und da sie das Gefühl hatte, nicht mithalten zu können, versuchte sie, ihre Konkurrentin auszuschalten. Wäre sie direkter vorgegangen und hätte ihrem Vorgesetzten mitgeteilt, daß sie auch gern in einer Tagessendung arbeiten würde, hätte diese Geschichte wahrscheinlich eine andere Wendung genommen. Der Sendeleiter hätte sich vielleicht ihre

Arbeit genauer angesehen und gemerkt, daß er sie irrtümlicherweise übergangen hatte, oder er hätte ihr ein paar Tips gegeben, wie sie ihre Leistung als Redakteurin steigern und damit ihre Aufstiegschancen verbessern könnte. Aber diese Frau unterdrückte ihre Unsicherheit und ihre Sehnsucht nach Erfolg. Ihr Neid wurde immer mächtiger, und schließlich untergrub sie die Karriere ihrer Freundin.

Könnten Sie selbst zur Eva werden?

Bei unseren Recherchen für dieses Buch stießen wir auf ein interessantes Phänomen: Viele Frauen waren zwar sofort bereit zuzugeben, daß sie an ihrer Arbeitsstelle von einer anderen Frau hintergangen worden waren, aber nur sehr wenige erzählten von Fällen, in denen sie selbst eine andere Frau sabotiert hatten. Das führte zu einer weiteren Erkenntnis: Nur wenige Frauen sind sich ihrer eigenen Eva-Tendenzen bewußt.

Es ist immer schwer zuzugeben, daß man etwas getan hat, was nicht ganz richtig oder moralisch anfechtbar ist. Wir finden tausend Gründe, um eine Handlung zu rechtfertigen, auf die wir alles andere als stolz sind – ganz nach der Machiavellischen These, der Zweck heilige die Mittel. *Aber Eva-Verhalten ist nie zu entschuldigen; es gibt keine Rechtfertigung dafür, eine andere Frau zu verletzen.* Dies prinzipiell zu akzeptieren, ist der erste Schritt auf dem Weg, Verantwortung zu übernehmen für die Neigung, wie eine Eva zu handeln.

Wie schon gesagt, ist das Grundübel, das hinter dem Eva-Verhalten steht, die eigene Unsicherheit. Wir sind verantwortlich für unsere destruktiven Handlungen, aber nicht dafür, daß wir uns unsicher fühlen. Der Sozialisationsprozeß bewirkt, daß viele Frauen an mangelndem Selbstvertrauen leiden und glauben, ihr Glück sei davon abhängig, anderen zu gefallen. Sie haben Schwierigkeiten, ihren Ehrgeiz einzugestehen, und verhalten sich in Konkurrenzsituationen nicht offen. All dies kann dazu führen, daß eine Frau wie eine Eva handelt. Doch auch wenn unsere Sozialisation das Eva-Syndrom fördert, ist es dennoch an uns, die Verantwortung für unser konkretes Verhalten zu übernehmen. Schließlich ist eine Frau nicht *gezwungen*, aus Unsicherheit destruktiv zu handeln, sondern die Unsicherheit *bedingt* nur ein solches Verhalten. Mit anderen Worten: Nicht jede unsichere Frau ist eine Eva, aber jede Eva ist unsicher.

Wir hoffen, daß sich Frauen, wann immer sie in Versuchung sind, sich wie eine Eva zu verhalten, nach der Lektüre dieses Buches eine Nachdenkpause gönnen, um die Gründe ihres Handelns zu reflektieren. Dann werden sie meist erkennen, daß es ihre eigene Unsicherheit ist, die sie zu solchen Aktionen treibt. Wenn sie diesen Zusammenhang durchschauen, können sie sich mit den dahinterliegenden Ursachen auseinandersetzen und ihre geplanten Sabotageakte noch einmal überdenken und korrigieren.

Aber leider ist es nicht immer so einfach zu merken, daß wir uns wie eine Eva verhalten. Dieser Abschnitt soll Ihnen helfen, Sabotageakte aus einer neuen Perspektive zu betrachten, indem Sie den Standpunkt der Eva einnehmen. Es gibt nur wenige Frauen, die bewußt planen, eine andere Frau auszubooten. Die meisten merken erst, daß sie sich destruktiv verhalten haben, wenn es bereits zu spät ist.

Wer gibt schon gern zu, etwas getan zu haben, was nicht ganz ehrlich ist? Eine der Frauen, die wir interviewt haben – wir wollen sie Jennifer nennen –, war so entsetzt, als ihr klar wurde, welchen Schaden sie vor vielen Jahren angerichtet hatte, daß sie in Tränen ausbrach. «Mein Gott», rief sie, «es stimmt. Ich habe einer anderen Frau wehgetan. Ich kann es nicht fassen.» Und nach einer Weile fügte sie hinzu: «Ich bin eine überzeugte Feministin. Ich schicke Frauen, die befördert werden, Glückwunschkarten, ich helfe anderen Frauen, ich gebe ihnen Ratschläge – und trotzdem, ich habe einer Frau wehgetan.

Ich hatte einen Job in einem Betrieb, der in finanzielle Schwierigkeiten geriet, und befürchtete, ich könnte meine Stelle verlieren. Eine Freundin erzählte mir, sie habe sich für einen Job in Chicago beworben. Sie rief immer wieder dort an und bekam nie eine klare Auskunft. Ich fragte hin und wieder nach, was ihre Bewerbung mache, und sie meinte jedesmal nur: ‹Ich habe noch keinen Bescheid.› Sie wollte die Stelle sehr gern haben – es klang auch wirklich alles ganz toll, und ich überlegte: Falls sie meine Freundin nicht nähmen, würde ich sie fragen, ob sie etwas dagegen hätte, wenn ich mich bewerbe. Aber so lange habe ich nicht gewartet. Ich sagte mir: Wenn man sie einstellen wollte, dann hätte sie inzwischen längst Bescheid. Also würde ich ihr den Job nicht wegnehmen, wenn ich mich ebenfalls bewarb.

Und das tat ich auch. Innerhalb einer Woche wurde mir die Stelle angeboten, und ich schlug zu. Als ich meine Freundin anrief und es ihr erzählte, war sie völlig perplex, aber wir schafften es, das Gespräch ohne Streit hinter uns zu bringen, und machten sogar noch Witze. Ein paar Wochen später bekam sie eine neue Stelle in San Francisco, während ich nach Chicago zog.

Eines Tages rief sie mich an und erzählte, sie habe eine wunderschöne Wohnung mit Blick über die Bay von San Francisco. Es sei warm, um die zwanzig Grad. Und ich erzählte, ich sei gerade auf dem Heimweg in einen schrecklichen Schneesturm gekommen. Wir lachten darüber, aber danach habe ich nie wieder etwas von ihr gehört.»

Wie hätte Jennifer mit dieser Situation besser umgehen können? Sie hätte natürlich die Möglichkeit gehabt, sich gar nicht erst zu bewerben. Aber sie hätte das Problem auch direkt angehen und zu ihrer Freundin sagen können: «Ich brauche dringend einen neuen Job. Dein Vorstellungsgespräch liegt schon ein paar Wochen zurück. Vielleicht wird die Stelle neu ausgeschrieben – ich überlege, ob ich nicht meine Unterlagen auch mal dorthin schicke.»

Das wäre keine Bitte um Erlaubnis gewesen, sondern Jennifer hätte nur einfach die Sache offen und ehrlich angesprochen. Vielleicht hätte ihre Freundin geantwortet: «Nein, das geht nicht. Der Job ist für mich.» Aber das ist eher unwahrscheinlich. Und selbst wenn, hätte Jennifer immer noch erwidern können: «Schade, daß du das so siehst. Ich werd drüber nachdenken.»

Jennifer versuchte aber gar nicht erst, diesen Weg einzuschlagen, und das Ergebnis war, daß die Freundschaft in die Brüche ging. Zum großen Teil lag das an Jennifers Geheimniskrämerei – sie handelte hinter dem Rücken ihrer Freundin. Und diese empfand das zu Recht als Verrat.

Diese Geschichte ist ein gutes Beispiel dafür, wie die «andere Seite des Sabotageaktes» erlebt wird – und wahrscheinlich werden Sie an eigene Erfahrungen erinnert. Jennifer hatte nicht das Gefühl, etwas Schlechtes zu tun. Sie sah nur ihre eigene Situation und daß sie einen neuen Job brauchte. Also redete sie sich ein, ihr Handeln sei gerechtfertigt.

Ähnlich wie Jennifer sind die meisten Evas süchtig nach Erfolg. Sie spielen ein Spiel, bei dem es keine Regeln gibt, sondern nur Ziele. Jennifer hatte nicht vor, ihrer Freundin wehzutun. Sie hatte nur ein einziges Ziel vor Augen: Sie wollte den Job. Dabei war sie nicht offen destruktiv – sie beging eher eine Unterlassungssünde. Manchmal sabotieren wir bewußt, manchmal aus Versehen. Für Frauen, die an Erfolgssucht leiden, ist das einzige, was zählt, der nächste «Schuß». Süchtige tun alles, um ihre Sucht zu stillen: Sie lügen, betrügen, verraten – genau wie Eva Harrington.

«Working Girl»

Tess McGill (gespielt von Melanie Griffith), die Protagonistin des Films «Die Waffen der Frauen» («Working Girls»), ist eine Eva, die für ihre Racheakte gegen ihre intrigierende Chefin belohnt wird. Wir finden ihr Verhalten nicht akzeptabel. Eines der Ziele dieses Buches ist es, Frauen zu zeigen, wie sie mit manipulativem Verhalten umgehen können, ohne selbst manipulativ zu handeln.

Während ihre Chefin Katharine (Sigourney Weaver) Skiurlaub macht, schlüpft Tess in ihre Rolle. Sie verführt unter anderem Katharines ehemaligen Liebhaber (Harrison Ford), einen Geschäftsmann, von dem sie sich erhofft, er könnte ihr bei der Durchsetzung einer Marketing-Idee, die sie entwickelt hat, von Nutzen sein. Auf dem Weg nach oben verletzt Tess jedes in der Arbeitswelt geltende Tabu. Es gelingt ihr schließlich, nach einer Reihe abenteuerlicher Zwischenfälle eine riesige Geschäftsfusionierung zu initiieren. In letzter Minute fliegen ihre Machenschaften auf, aber dadurch, daß Tess nun die ganze Wahrheit gesteht, gewinnt sie Harrison Ford für sich und sichert sich außerdem eine unabhängige Position im mittleren Management.

Im wirklichen Leben könnte so etwas natürlich nicht passieren. Wenn sich herausstellen würde, daß eine Sekretärin die Rolle ihrer Chefin übernommen und in betrügerischer Absicht gehandelt hat, würde sie sofort entlassen und hätte sicher Schwierigkeiten, jemals wieder einen ähnlichen Job zu bekommen. In dem Film wird Tess' Verhalten akzeptiert, weil es alle Grenzen sprengt – wie im Märchen –, und es scheint (wenn auch in geringerem Maße) verständlich, weil Tess eine gewisse «Berechtigung» zu ihrem Racheakt hat. Aber eigentlich ist sie so, wie keine Frau sein sollte – sie ist die Eva, die wir alle kennen und fürchten.

Rache ist nie ein annehmbares Motiv, und am Arbeitsplatz sollte man sich schon gar nicht von solchen Gefühlen leiten lassen. Das Interessanteste an diesem Film ist, daß jeder sofort Katharines Verhalten kritisiert, aber nur wenige Leute über Tess' Benehmen überrascht oder entsetzt sind. Das liegt daran, daß wir alle im Grunde ein bißchen wie Tess sind: Wir wollen unbedingt vorwärtskommen. Jede von uns hat geheime Eva-Tendenzen in sich.

Selbst Murphy Brown...

Die erste Episode der erfolgreichen CBS-Serie «Murphy Brown» zeigt, daß selbst eine so direkte und ehrliche Frau wie Murphy (Candice Bergen) manchmal imstande ist, sich wie eine Eva zu verhalten. Und wie die meisten Evas bekommt sie am Ende genau das, was sie verdient.

Die Handlung: Nach einem Aufenthalt in der Betty Ford-Klinik, wo sie wegen Drogensucht und Alkoholismus behandelt wurde, kehrt Murphy Brown in ihren Beruf als Fernsehjournalistin zurück. Ihre Chancen stehen nicht besonders gut. Sie ist zwar attraktiv, aber schon über vierzig, und das ist (wie wir bereits gesehen haben) für eine Frau im Fernsehbetrieb eine schwere Hypothek. Außerdem gibt sie ihre Schwächen offen zu und macht sich dadurch extrem verwundbar in dieser von mörderischem Konkurrenzkampf bestimmten Welt.

Ihre Gegenspielerin heißt Corky. Corky ist jung und wurde einmal zur «Miss America» gekürt, und zwar wegen ihrer frappierenden Fähigkeit, einen Koffer perfekt zu packen. Corky wirkt unbeschwert und süß und ist allgemein beliebt.

Im Büro verkündet Corky, sie habe im Flugzeug neben einem wichtigen Politiker gesessen, und überlegt laut, ob sie vielleicht versuchen sollte, ein Interview mit ihm zu bekommen. Murphy, die selbst eine ausgezeichnete Reporterin ist, registriert das sofort. Sie beschließt, hinter Corkys Rücken ein Interview zu arrangieren.

Abends kommt Corky bei Murphy vorbei. Sie unterhalten sich, und Corky will wissen, was denn das Geheimnis von Murphys Erfolg sei. «Du hast mir den Anstoß gegeben, Reporterin zu werden», erzählt Corky. «Ich möchte alles über dich erfahren, jede Einzelheit. Wie hast du angefangen, und wie schaffst du es, immer oben zu bleiben, während andere Stars in der Versenkung verschwinden.»

Geschmeichelt antwortet Murphy: «Man darf keine Angst vor dem Risiko haben. Wenn man eine Möglichkeit erkennt, muß man sofort zugreifen. Man darf sich nichts von anderen wegschnappen lassen.»

Am nächsten Tag wartet Murphy im Studio darauf, ihr Interview mit Corkys Politiker zu senden. Aber sie erlebt die Überraschung ihres Lebens: Corky, an diesem Morgen Moderatorin, beschränkt sich nicht etwa auf ein paar einleitende Worte, sondern bringt die Exklusivstory selbst. Murphy ist natürlich stocksauer, aber sie muß zugeben, daß es eigentlich nur gerecht ist: Corky hat genau das getan, was sie selbst in einer entsprechenden Situation getan hätte. Ihr eigenes Verhalten fällt auf sie zurück, aber das hat sie auch verdient, denn sie wollte sich etwas unter den Nagel reißen, was ihr eigentlich nicht zustand.

Wenn Sie feststellen, daß Sie schon einmal etwas getan haben, was den Aktionen von Jennifer oder Tess McGill oder Murphy Brown ähnelt, dann sind Sie auf dem besten Weg, sich Ihrer eigenen Eva-Tendenzen bewußt zu werden. Erscheint es Ihnen hingegen nach wie vor undenkbar, je etwas derartiges tun zu können, dann sollten Sie folgenden Test machen. Dabei können Sie herausfinden, ob und in welcher Hinsicht Sie vielleicht doch zu den potentiellen Evas gehören.

Test Nr. 1:
Sind Sie eine Eva?

Ist in Ihrem Umkreis eine Eva? Sind Sie selbst vielleicht eine Eva? Wie können Sie das feststellen? Beantworten Sie folgende Fragen:

1. Geben Sie je die Idee einer Vorgesetzten oder Kollegin als Ihre eigene aus?
2. Wenn Sie gebeten werden, Informationen an Vorgesetzte oder Kollegen weiterzuleiten, geben Sie dann manchmal auf der beiliegenden Notiz Ihren eigenen Namen an, statt zu schreiben: «Ich schicke Ihnen dies auf die Bitte/Anregung von ...»?
3. Wenn Sie Nachrichten für Vorgesetzte oder Kollegen entgegennehmen, versichern Sie dem Anrufer dann manchmal, «wir arbeiten hier alle zusammen», um den Eindruck zu erwecken, daß Sie auf der gleichen Stufe stehen oder zum Team gehören?
4. Wiederholen Sie oft die Worte Ihrer Vorgesetzten und vermitteln anderen den Eindruck, Sie könnten, wenn man Sie nur ließe, die Arbeit durchaus auch allein erledigen, da Sie ohnehin fast alles selbst machen?
5. Ahmen Sie die Kleidung und die Umgangsformen einer erfolgreichen Vorgesetzten oder Kollegin nach?
6. Haben Sie sich je um eine Stelle bemüht, für die eine andere Frau sich bereits beworben hatte oder die von einer anderen besetzt war?
7. Haben Sie je die Ideen anderer übernommen und sich eingeredet, sie stammten von Ihnen selbst?
8. Haben Sie je einer anderen Frau Informationen weitergegeben, die gegen jemanden verwendet werden konnten?
9. Reden Sie oft über Leute hinter ihrem Rücken?

Wenn Sie auch nur eine dieser Fragen mit Ja beantwortet haben, dann haben Sie gewisse Eva-Tendenzen. Das muß gar nicht unbedingt negativ sein – es sei denn, sie werden destruktiv eingesetzt. Bei Frage 2 und 3 kann eine positive Antwort unter Umständen gar nicht schlecht sein. Manche Chefs mögen es, wenn ihre Assistenten einem Kollegen gegenüber selbstbewußt auftreten. Aber ist *Ihr* Vorgesetzter damit einverstanden? Wenn eine Eva alle anderen Frauen beiseite drängt, um an ihr Ziel zu gelangen, dann kann das nur negativ sein.

Der Versuch, unser Eva-Verhalten zu durchschauen und umzufunktionieren, ist eine Möglichkeit, bestehende destruktive Verhaltensmuster zu verändern.

3
EVAS IM CHEFSESSEL

Am 22. Januar 1989 brachte die *Chicago Sun-Times* einen Artikel über die Reaktionen von Frauen auf den Film «Die Waffen der Frauen»:

«Die meisten Frauen [im Publikum] kommen direkt von der Arbeit, oft mit anderen Frauen aus ihrem Büro. Das Kino ist fast ausverkauft. Viele Frauen haben ihre Aktentaschen mitgebracht und müssen sie entweder unter ihrem Sitz verstauen oder auf dem Schoß halten.

Im Verlauf des Films stoßen sich die Frauen immer wieder gegenseitig an und tauschen verständnisvolle Blicke aus, während auf der Leinwand eine ehrgeizige Sekretärin ihre widerliche Chefin in puncto Liebe und Erfolg austrickst.

Was geht hier vor sich?»

Wie erwähnt, entwickelt Tess in dem Film eine brillante neue Marketing-Idee, und sie geht davon aus, daß Katharine, ihre Chefin, ihr dabei helfen wird, diese Idee der Geschäftsleitung zu präsentieren. Weil die Chefin eine Frau ist wie sie, glaubt Tess, sie würde ihr schwesterlich die Hand reichen und ihr helfen, die Karriereleiter nach oben zu klettern. Vertrauensvoll überreicht sie Katharine ihr ganzes Exposé, und Katharine versichert ihr mit einem freundlichen Lächeln, sie werde die Sache an den Chef weiterleiten.

Aber Katharine trägt das Projekt dem Aufsichtsrat vor und

gibt es als ihr eigenes aus. Tess gegenüber behauptet sie, der Vorschlag sei abgelehnt worden, aber sie solle nicht den Kopf hängen lassen – vielleicht werde sie ja mit ihrer nächsten Idee mehr Erfolg haben. Erst später, als Tess in Katharines Wohnung ist, findet sie die Wahrheit heraus: Katharine hat sie sabotiert.

Schauen wir uns näher an, wie sich Evas in der Chefinnenrolle verhalten.

Chefinnen, die sich von Aufsteigerinnen bedroht fühlen

In der Geschäftswelt kommt es heute eher selten vor, daß ein Angestellter oder eine Angestellte die Position des Chefs übernimmt. Das heißt aber nicht, daß ein Vorgesetzter sich nicht von jungen Mitarbeitern bedroht fühlen kann oder daß er sich freut, wenn ein junger Kollege in eine Position aufsteigt, die der seinen entspricht. Wenn eine junge Frau ihre Laufbahn in einer Firma als Sekretärin beginnt, dann ist ihre Chefin wahrscheinlich mehr als zufrieden, wenn das so bleibt.

Rona Jaffe, Verfasserin von «Alle meine Träume», «Die Schulfreundinnen» und anderen populären Romanen, sagt, ihre Chefin habe sie als eine Eva im Verlagswesen gesehen. Rückblickend gibt Rona zu, daß sie recht gehabt haben könnte.

«Als ich in den fünfziger Jahren einen Job suchte, bekam ich viel Unterstützung von einer Zeitschriftenredakteurin, die mit unserer Familie befreundet war. Ich kam mit neunzehn aus dem College. Meine Eltern fanden, ich sollte nicht arbeiten – das hätten nur Leute ohne Geld nötig. Ich sollte lieber studieren, mich in den Semesterferien amüsieren und dann heiraten. Aber ich wollte in einem Verlag arbeiten, und Lucia Collins, eine Freundin meiner Eltern, ebnete mir den Weg, der schließlich zu der Zeitschrift *Seventeen* führte. Ich schrieb eine Geschichte mit dem Titel ‹Thank You. Thank You. Thank You›. Darin geht es um ein absolut grauenhaftes Rendezvous – direkt aus meinem Leben gegriffen, könnte man sagen. Ich wurde nicht eingestellt, aber meine Geschichte wurde gedruckt. Das war mein großer Durchbruch, und dann ging ich zu *Fawcett Publications* und arbeitete dort als Sekretärin. Abends las ich Manuskripte.

Meine Erfahrungen bei Fawcett inspirierten mich zu dem Roman ‹Alle meine Träume›. Die Redakteurin Miss Farrow, in der Verfilmung von Joan Crawford gespielt, ist ein hinterhältiges Biest – genau wie meine erste Chefin. Von der stammte der denkwürdige Satz: ‹Ihr jungen Dinger aus den Eliteschulen seid allesamt hinter meinem Job her.›

Sie war ganz sicher, daß ich es auf ihren Job abgesehen hatte – und wahrscheinlich stimmte das auch, aber ich war mir dessen nicht bewußt. Für meine Chefin jedoch war die Sache sonnenklar. Joan Crawford übertreibt ihre Rolle etwas, aber die Frau, für die ich arbeitete, war wirklich furchtbar. Ich war die reinste Sklavin und mußte nicht nur für sie arbeiten, sondern auch noch für einen anderen Redakteur, der mir ebenfalls das Leben sauer machte. Die Frau war völlig desorganisiert und sehr gehässig, und ich war ein junges Mädchen, den Kopf voll ehrgeiziger Träume. Ich tat mein Bestes, um ihr alles recht zu machen, und versuchte, immer zu tun, was man mir sagte.

Damals war es üblich, daß die verheirateten Männer im Büro allen jungen Frauen, die dort arbeiteten, Anträge machten. Darauf ließ sich aber eigentlich keine ein; keine versuchte Kapital daraus zu schlagen, bis auf meine Chefin. Sie hatte ihren Job angeblich deswegen bekommen, weil sie mit einem Typ aus der Geschäftsleitung eine Affäre hatte.

Die Männer hatten sowohl vor den jüngeren als auch vor den älteren Frauen Angst, weil sie befürchteten, sie könnten ihnen die Jobs wegnehmen. Sie waren deshalb sehr vorsichtig. Aber ich schaffte es, einen Redakteursposten zu bekommen – in ‹Alle meine Träume› ist das die Stelle, wo der Verlag die Berichte der Sekretärin denen der gräßlichen Redakteurin vorzieht. Ich war nun also keine Sekretärin mehr, sondern Redakteurin. Meine Chefin konnte das nicht ertragen. Aber als ich keine Bürosklavin mehr war, ging sie plötzlich mit mir in der Mittagspause zum Essen.

Solange ich Sekretärin war, konnten sie auf mir rumhakken, aber als ich Redakteurin wurde, da verhielten sie sich plötzlich alle sehr freundlich.»

Offenbar fühlte sich Jaffes Chefin durch ihre Sekretärin verunsichert. Sie war anscheinend so in ihrer Angst befangen, ausgebootet zu werden, daß sie ihre Vorgesetztenrolle gar nicht mehr richtig ausfüllen konnte. Aber nachdem Jaffe befördert worden war, arbeiteten sie ja nicht mehr zusammen. Die Exchefin brauchte sich nun nicht mehr von ihr bedroht zu fühlen. Ihre Angst, hintergangen zu werden, löste sich, und die beiden schafften es, gemeinsam essen zu gehen.

Chefinnen als Eva

Im Gegensatz zu Männern, die auf eine lange Ahnengalerie mächtiger Männer zurückblicken können, haben Frauen, die in Machtpositionen sind, nur wenige Vorläuferinnen und deshalb auch nur sehr wenige Rollenmodelle. Aber dadurch, daß inzwischen so viele Frauen berufstätig sind, hat sich das allgemeine Bild der «modernen Frau» grundlegend verändert. In den Familienserien ist an die Stelle der archetypischen

Mutter und Ehefrau der fünfziger Jahre die emanzipierte «Superfrau» getreten, eine Mischung aus unvereinbaren Gegensätzen: Sie ist sexy, stark, fürsorglich und leidenschaftlich. Sie strahlt kompetente Gelassenheit aus, hat schlanke Beine, ungeheuer viel Energie und eine Frisur, die vierundzwanzig Stunden am Tag perfekt sitzt. Ihr Badezimmer ist makellos sauber, sie hat zwei Kinder, ihre eigene Kreditkarte und einen gutaussehenden, aufgeschlossenen, einfühlsamen, reichen, liebevollen Ehemann, der sich auch im Haushalt betätigt. In ihrer Freizeit geht sie interessanten Hobbies nach, etwa Bergsteigen und Fotografieren.

Frauen sind nicht mehr auf die Rolle der Hausfrau beschränkt; man erwartet nicht mehr von uns, daß wir nur dem Ideal des Hausmütterchens entsprechen – jetzt sollen wir alles gleichzeitig sein, eine Superfrau, eine Amazone in elegantem Geschäftskostüm. Frauen müssen zwei Welten miteinander vereinbaren – die Familie und den Beruf –, und mühsam versuchen sie herauszufinden, was sie wollen und was sie glücklich macht. Wir beanspruchen die Freiheit, selbst dafür verantwortlich zu sein, daß wir Erfüllung finden, und nicht darauf zu warten, daß uns jemand anderes das Glück in den Schoß legt.

Es ist eine aufregende Zeit – auf der gesellschaftlichen wie auch auf der individuellen Ebene durchleben wir ungeheure Veränderungen. Wir lernen, uns selbst und die anderen Frauen in einem neuen Licht zu sehen: als Menschen, die etwas wert sind, als Menschen, die Unabhängigkeit und Autonomie verdienen. Aber dieses Ringen um Selbst-Bestimmung ist kein leichtes Unterfangen.

Berufstätige Frauen in einflußreichen Positionen stehen unter einem enormen Erwartungsdruck. Diese Frauen erobern in der Geschäftswelt neues Territorium – sie sind Vorkämpferinnen, die sich vorgenommen haben zu beweisen, daß Frauen in Spitzenpositionen kommen können. Manche dieser Frauen, die versuchen, sich selbst einen Platz zu sichern, schneiden dabei ihren «Schwestern» die Kehle durch. Sie fühlen sich von anderen Frauen bedroht. Es ist, als würden sie sich krampfhaft an einem hohen Ast festkrallen und nach jeder Frau treten, die ihnen zu nahe kommt. Das sind die Chefinnen à la Eva.

Frauen in Machtstrukturen

In den siebziger Jahren untersuchte die Soziologin Rosabeth Moss Kanter die Erfahrungen und Verhaltensweisen der Angestellten eines großen internationalen Konzerns, dem sie den Namen INDSCO gab (Kanter 1977; die folgenden Zitate stammen aus dieser Studie). Damals fingen Frauen gerade erst an, in die Chefetagen des Managements aufzusteigen, aber die Erfahrungen von Managerinnen und Chefinnen haben sich seither nicht grundsätzlich geändert.

Kanter bemerkte, daß alles, was die Managerinnen taten, mit «zusätzlichen symbolischen Konsequenzen» befrachtet war. «Sie vertraten ihr ganzes Geschlecht, nicht nur sich selbst. Manchen Frauen wurde ganz direkt gesagt, daß ihre Leistung die Aussichten anderer Frauen im Betrieb beeinflussen könne... Frauen wurden oft an zwei Ellen gemessen: zum einen danach, wie gut sie *als Frauen* ihre Rolle im Handel oder Management ausfüllten, und zum zweiten danach, inwieweit sie *als Managerinnen* dem Idealbild der Frau entsprachen.»

Die Arbeit der Frauen wurde nicht nur danach beurteilt, wie sie sich auf das Unternehmen auswirkte, sondern auch als Ausdruck dessen, was Frauen allgemein in der Berufswelt leisten. Frauen galten als Repräsentantinnen des «Frauenstandpunkts».

Eine Folge dieser symbolischen Funktion ist, daß eine Frau in leitender Funktion sich zwar nicht besonders anstrengen muß, um sich von ihren Kollegen abzuheben (sie fällt allein schon deswegen auf, weil sie eine der wenigen Frauen in einem vorrangig männlichen Arbeitsumfeld ist), aber sie muß sich ungeheuer ins Zeug legen, damit ihre Leistungen registriert werden. Die Tatsache, daß sie sich körperlich von den anderen unterscheidet, überschattet ihre beruflichen Erfolge: «Die Frauen mußten sich doppelt anstrengen, damit ihr... Können bemerkt wurde, und sie sagten, sie arbeiteten zweimal so hart, um ihre Kompetenz zu beweisen.»

Viele Frauen sehen inzwischen, daß sie zu einer schwierigen Gratwanderung aufgebrochen sind: Sie müssen beweisen, daß sie eine Posititon im Management verdienen – aber sie dürfen nicht besser sein als die Männer. Frauen «mußten einen Balanceakt vollbringen zwischen ‹gut genug› und ‹zu gut›». Einer der Männer bei INDSCO meinte: «Es ist ganz in Ordnung, daß die Frauen diese Jobs bekommen, solange sie *mich* nicht links überholen.»

Diejenigen, die die Fäden in der Hand haben, die Mitglieder der firmeninternen Männerbünde, wollen noch immer *ihre* Leute in die Konferenzsäle lancieren. Frauen sehen sie lieber nur im mittleren Management. In allen Berufssparten machen Frauen diese Erfahrung: Sie erreichen einen bestimmten Punkt, an dem es keine Aufstiegschancen mehr für sie gibt – an dem sie fortan zuschauen müssen, wie ihre männlichen Kollegen in die Chefetagen ziehen und mit dem Geschäftswagen nach Hause brausen.

Alibifunktionen

Artikel 7 des *Civil Rights Act* lieferte in den USA die Grundlage für eine neue Antidiskriminierungspolitik in der Arbeitswelt. Das Gesetz wurde 1964 verabschiedet und 1974 überarbeitet. Es führte dazu, daß Unternehmen anfingen, «gezielt nach vielversprechenden Anwärterinnen für Beförderungen und Aufstiegsmöglichkeiten zu suchen. Der Begriff der ‹Alibifrau› war geboren» (Hardesty/Jacobs 1986, S. 105).

Um dieser Regierungsdirektive zu entsprechen, förderten viele Unternehmen Frauen zu stark, hoben sie in Stellungen, in denen sie aufgrund mangelnder Erfahrung unmöglich erfolgreich sein konnten. Wenn diese Frauen dann versagten, deutete die Geschäftsleitung mit dem Finger auf sie: «Da seht ihr es ja, wir haben eine Frau befördert, und sie kann gar nicht damit umgehen.» Solche Fehlschläge lieferten den Unternehmen den Vorwand, die hohen Posten nicht mit Frauen besetzen zu müssen.

Carolyn Wall, Vizepräsidentin des Fernsehsenders Channel 5, meint: «Wenn sich ein Arbeitgeber an den Ergebnissen orientiert, wird die Geschlechtszugehörigkeit zweitrangig. Das Entscheidende ist dann, ob jemand die gewünschte Leistung erbringt. Die Frauen versuchen, die Schlacht des Jahrhunderts zu schlagen und sich gleichzeitig in einem Job zu behaupten. Ich glaube, das geht so nicht. Ich glaube, wir schlagen die Schlacht, indem wir unseren Job machen.»

Aber auch Chefinnen, die sich Stufe für Stufe nach oben gearbeitet haben, sind nicht vor den belastenden Auswirkungen der Alibifunktion geschützt. Shannon, Managerin in der Werbeindustrie, beschrieb uns das Problem, die einzige Frau am Konferenztisch zu sein: «Immer, wenn jemand den Vorstand ansprach, sagten sie: ‹Meine Herren und Shannon.› Dadurch hatte ich jedesmal das Gefühl, ich habe eine Sonderstellung, ich bin anders als die anderen. Und immer, wenn es darum ging, einen Werbespot zu analysieren, und sie den ‹Frauenstandpunkt› hören wollten, schauten alle mich an, als wäre ich die Vertreterin der gesamten weiblichen Bevölkerung.»

Viele Frauen in leitenden Positionen machen, wie erwähnt, die Erfahrung, daß ihre Arbeit nicht einfach nur nach ihrer Qualität beurteilt, sondern als beispielhaft für die berufliche Leistungsfähigkeit von Frauen überhaupt angesehen wird. Nach Kanter «steigert dies unter Umständen die Befangenheit von Frauen, sie zweifeln an ihrem Auftreten und an ihrem Engagement, und es kann sein, daß ihre Entscheidungen dadurch beeinflußt werden. Entscheidungen darüber, was man anzieht oder neben wem man beim Mittagessen sitzt, sind keineswegs nebensächlich.»

Deborah, Broker für eine Aktien- und Wertpapiergesellschaft, meinte, sie fühle sich bei der Arbeit sehr unter Druck, dauernd etwas zu unternehmen, «um ‹dazuzugehören›. Die Männer gingen am Wochenende gemeinsam los und spielten eine Runde Golf und lernten sich dabei besser kennen. Oft kam ich am Montag ins Büro und stellte fest, daß außer mir sämtliche Broker auf dem Golfplatz gewesen waren. In der entspannten Atmosphäre auf dem Rasen, in der Sonne wurden viele wichtige Entscheidungen getroffen. Sie fragten mich nie, ob ich mitkommen wollte, weil sie gar nicht auf die Idee kamen, daß eine Frau gern Golf spielen könnte. Und ich habe dazu ja auch wirklich keine Lust.»

Frauen merken, daß sie anders behandelt werden, wenn es um gemeinsame Freizeitgestaltung geht oder auch nur um ein Arbeitsessen. «Wenn einer meiner Kollegen mich zum Mittagessen einlädt, dann sieht das immer ein bißchen komisch aus», meint Nancy, die eine leitende Position in der Kundenwerbung hat. «Normalerweise ist es so, daß zwei oder drei Männer aus unserem Büro mich gemeinsam fragen, ob ich nicht mitkommen wolle. Aber es kommt oft vor, daß zwei Männer miteinander weggehen. Und wenn wir auf Geschäftsreisen sind, finde ich es immer peinlich, allein mit einem Mann auf seinem Hotelzimmer zu arbeiten. Meistens schlage ich vor, wir könnten etwas trinken gehen oder uns im Foyer des Hotels treffen.»

Frauen in leitenden Positionen werden sich immer als Außenseiterinnen fühlen – bis genug Frauen so viel Macht haben, daß die wichtigen Entscheidungen auf der Damentoilette getroffen werden oder auf dem Tennisplatz, während eines Damendoppels. Eine Frau, die als einzige unter lauter Männern einen hohen Posten hat, kann sich aus mehreren Gründen sehr verunsichert fühlen:

1. Sie hat nie gelernt, daß es ihr zusteht, über Macht zu verfügen.
2. Sie hat vielleicht das Gefühl, übermäßig gefördert worden zu sein, und glaubt daher, ihre Machtposition nicht verdient zu haben.
3. Alles, was sie tut und leistet, wird als exemplarisch für Frauen im allgemeinen angesehen.
4. Sie fühlt sich in der etablierten Männergemeinschaft als Außenseiterin.

Wie stark sind denn die Seilschaften der Männer?

Wie bereits erwähnt, zwang das Antidiskriminierungsgesetz die Unternehmen in den USA, Frauen ihre Pforten zu öffnen. Als Ergebnis stieg die Zahl der Frauen in spezialisierten technischen und ähnlichen Berufen zwischen 1960 und 1970, so das Statistische Bundesamt, um 142 Prozent an. Die Zahl der weiblichen Manager, Beamten und Geschäftsinhaber verdoppelte sich. Die Gesamtzahl der weiblichen Arbeitnehmer in Angestelltentätigkeit stieg um 117 Prozent. Die Zahlen für das nächste Jahrzehnt waren sogar noch beeindruckender. Nach einem Bericht in der *New York Times* vom 25. November 1984 verdoppelte sich zwischen 1972 und 1983 die Zahl der weiblichen Manager auf 3,5 Millionen; die der Frauen in Führungspositionen stieg um 143 Prozent. Das Magazin *Time* schrieb: «Ein neues Heer von Managerinnen drängt in den amerikanischen Betrieben nach oben.» Sarah Hardesty und Nehama Jacobs zitieren in ihrer Untersuchung «Success and Betrayal: The Crisis of Women in Corporate America» den Wirtschaftswissenschaftler James P. Smith, der für die Rand Corporation arbeitet. Seiner Meinung nach sind die Frauen inzwischen «auf der Schiene des mittleren Managements. Es ist unvermeidlich, daß nach zwanzig Jahren Berufserfahrung viele dieser Frauen ganz oben sein werden» (Hardesty/Jacobs 1986, S. 11).

Aber es scheint, daß Frauen auf dieser Schiene steckengeblieben sind und nicht mehr weiterkommen. 1985 waren von 1362 Spitzenmanagern, die von dem Institut Korn/Ferry International erfaßt wurden, nur 2 Prozent Frauen. 1987 waren 62 Prozent aller Frauen berufstätig, und Experten sagen voraus, daß 1995 nur etwa eine von sieben Frauen unter 45 ausschließlich Hausfrau sein wird (Cohen 1990). Aber trotz der Tatsache, daß die überwältigende Mehrheit der Frauen entweder arbeitet oder aktiv nach Arbeit sucht, haben Frauen zum gegenwärtigen Zeitpunkt nur 4 Prozent der 12000 Direktorenposten in führenden amerikanischen Unternehmen inne, und von den 6500 staatlichen Unternehmen in den USA werden nur fünfzehn von Frauen geleitet, wobei die meisten den Posten von einem Familienmitglied übernommen haben (Hardesty/Jacobs 1986, S. 12).

Frauen sind in der Arbeitswelt mit zwei zentralen Problemen konfrontiert: 1. Sie können davon ausgehen, daß ihre Aufstiegschancen beschränkt sind. 2. Selbst wenn sie eine Machtposition erringen, werden sie sehr häufig als Alibifrauen oder als symbolisch für *die* Karrierefrau gesehen.

Die bestehenden Machtstrukturen prägen die Art, wie Frauen miteinander konkurrieren. Es ist schwierig für sie, überhaupt Macht zu erlangen. Die Folge ist, daß sie sich um die paar Stellen, die ihnen zugestanden werden, prügeln müssen, und das führt oft dazu, daß sie sich gegenseitig in den Rücken fallen.

Konkurrenz: Zwei Modelle

In ihrem Artikel «The Ideology of Competition» entwirft Helen E. Longino zwei Konkurrenzmodelle. Das erste wird mit einem Hundertmeterlauf verglichen. Die Teilnehmer starten alle gemeinsam auf ein Signal hin und laufen zu der hundert Meter entfernt gespannten Ziellinie. Sieger ist, wer als erster das Band berührt. Es gibt eigentlich keinen Grund, weshalb nicht alle Läufer das Band genau gleichzeitig berühren sollten. Dennoch kommt dies so gut wie nie vor, weil alle Leute verschieden sind, und diese Ungleichheiten (auch wenn sie noch so partiell oder situationsgebunden sind) sorgen dafür, daß es Sieger und Verlierer gibt.

Das andere Konkurrenzmodell ist ein Spiel, dessen Regeln es unmöglich machen, daß es mehr als einen Sieger gibt. Es funktioniert nach dem K. o.-System, und danach richten sich die Unternehmen. Bei einem Spiel wie Baseball hat die Mannschaft gewonnen, die nach neun Runden die meisten Punkte gemacht hat. Bei einem Unentschieden geht das Spiel so lange weiter, bis eine Mannschaft sich durchsetzt. Dieses Modell sieht also von vornherein Sieger und Verlierer vor.

In jedem Unternehmen ist die Zahl der Führungsposten begrenzt, und deshalb kann auch nur eine begrenzte Zahl von Angestellten befördert werden. Im Klartext heißt das: Wenn *ich* die Macht habe, kannst *du* sie nicht haben. Es läuft also auf ein K. o.-System hinaus. Für Frauen sind in den meisten Unternehmen noch weniger Stellen vorgesehen, was dazu führt, daß sie unter sich darum kämpfen, eine dieser Stellen zu bekommen. Für zwei Frauen mit etwa den gleichen Qualifikationen gibt es häufig nur eine adäquate Position. Es ist also nicht überraschend, daß weibliche Vorgesetzte sich von Frauen stärker bedroht fühlen als von Männern, weil sie genau wissen, daß junge Aufsteigerinnen nur zu gern ihren Platz einnähmen. Außerdem würden viele Frauen es vorziehen, von einem Mann ersetzt zu werden statt von einer Frau.

Mimi Lieber, Teilhaberin der Firma Temple, Barker & Sloan und seit acht Jahren Mitglied des Board of Regents, kommt aus der von Frauen dominierten Branche der Marktforschung. «Ich habe mit... [einer Gruppe von Frauen] zu tun, die alle lieber von einem Mann ausgestochen würden als von einer Frau. Sie würden sich ohne Gegenwehr von irgendeinem Mann abservieren lassen, weil das der natürlichen Ordnung der Dinge entspricht – wir leben eben in einer sexistischen Gesellschaft.»

Unsere Gesellschaft ist ein System der Herrschaft und Unterordnung, in dem die Männer die Oberhand haben, weil sie über Geld und Macht verfügen. Obwohl Frauen anfangen, ihren Anteil für sich zu beanspruchen, haben viele das Modell von Herrschaft und Unterordnung völlig verinnerlicht und nehmen es als «naturgegeben» hin. Dabei ist in der feministischen Literatur längst der Beweis geliefert, daß dieses System keineswegs natürlich ist, sondern einfach nur die Ordnung, an die wir gewöhnt sind. Frauen sind daran gewöhnt, von Männern dominiert zu werden, und deshalb sind sie auch bereit, sich von einem Mann aus dem Feld schlagen zu lassen.

Eine der Folgen des Kampfes um Berufschancen für Frauen ist, daß Frauen als homogene Gruppe gesehen werden. Die Frauenbewegung spricht von *den Frauen* als von einer Einheit, mit einer einzigen, gemeinsamen Zielsetzung. Unterschiede zwischen Frauen werden übertüncht, weil sie sich unter einem gemeinsamen Banner zusammenschließen. Dadurch haben manche berufstätige Frauen das Gefühl, daß sie sich auf ein Wettrennen mit anderen Frauen einlassen, die ihnen völlig ebenbürtig sind. Sie glauben, daß die, die mit ihnen in den Startlöchern kauern, genauso sind wie sie selbst, und sie denken, daß die schnellste von ihnen gewinnen wird. Die künstlichen und echten Unterschiede (Geld, Verbindungen, Erfahrung) sehen sie gar nicht. Wenn der Startschuß fällt, glauben sie, alle hätten die gleichen Chancen, und wenn sie verlieren, sind sie fest davon überzeugt, daß sie einfach schlechter waren als die anderen. Sie merken nicht, daß eine Konkurrentin vielleicht bessere Ausgangsbedingungen hatte. Für sie hat die tüchtigste Frau gewonnen.

Aus zwei Gründen ist es daher für eine Frau sehr viel schlimmer, wenn sie von einer anderen Frau übertrumpft wird: 1. Der Kampf verläuft oft besonders erbittert, weil Frauen «sich um eine oder zwei Alibistellen prügeln, die das Unternehmen als Belohnung für eine qualifizierte Frau vorgesehen hat» (Hardesty/Jacobs 1986, S. 229); 2. Frauen nehmen es persönlich, wenn sie einer anderen Frau unterliegen. Sie glauben, daß die Niederlage ein Zeichen ihrer Unzulänglichkeit ist, weil sie gar nicht erkennen, daß die Konkurrentin beim Start vielleicht viel bessere Voraussetzungen hatte.

Diese Faktoren bringen viele Frauen in leitenden Positionen dazu, sich an ihre Stelle zu klammern und sich von Frauen, die nach oben kommen wollen, existentiell bedroht zu fühlen. Sie «bewachen eifersüchtig ihr Terrain und sind weniger bereit, den Frauen, die nach ihnen kommen, zu helfen» (ebd., S. 119).

Es ist bezeichnend, daß Frauen in leitenden Positionen, die sich von anderen Frauen bedroht fühlen, ihre Stellung zu schützen versuchen, indem sie sich weigern, Verantwortung abzugeben, und ihre Angestellten über wichtige Managemententscheidungen im unklaren lassen. Sie wollen ihre Machtposition dadurch sichern, daß sie ihre Untergebenen machtlos halten. Aber das wiederum verringert deren Möglichkeiten, gute Arbeit zu leisten, verdirbt die Arbeitsmoral im Büro und belastet die Vorgesetzte mit Aufgaben, die eigentlich unter ihren Mitarbeitern aufgeteilt werden sollten. Fast immer bricht die Vorgesetzte schließlich unter dem Druck, die ganze Arbeit allein machen zu müssen, zusammen, und der gesamte Betrieb leidet darunter, daß die Angestellten nicht genügend Informationen und Direktiven bekommen haben, an die sie sich halten könnten. Die folgenden

Geschichten zeigen, wie Eva–Chefinnen ihren Untergebenen und letzlich auch sich selbst das Wasser abgraben, weil sie zu sehr davon besessen sind, ihr Terrain zu schützen. Das sind die possessiven Evas.

In unserem ersten Beispiel geht es um eine junge Frau, die ihrer Chefin auf ruhige und professionelle Art entgegengetreten ist.

Marsha arbeitete in einer kleinen gemeinnützigen Einrichtung. Als die Begründerin dieser Institution starb, wurde sie zur Leiterin ernannt. In der Stadt war durch zunehmende Teenager-Schwangerschaften und eine sehr aktive Anti-Abtreibungsbewegung eine explosive Situation entstanden, und Marsha fühlte sich völlig überfordert, weil sie an unüberschaubar vielen Sitzungen in den Schulen, den Familienplanungsstellen und den verschiedenen Krankenhäusern teilnehmen und außerdem noch mit den Abtreibungsgegnern verhandeln mußte, die die Eingänge von Kliniken blockierten, in denen Schwangerschaftsabbrüche vorgenommen wurden.

Marsha fühlte sich persönlich dafür verantwortlich, bei sämtlichen Sitzungen alles im Griff zu haben. Aber ihre Organisation war so strukturiert, daß es einzelne Abteilungen gab, deren Leiterinnen eigentlich für die Zusammenarbeit mit den jeweiligen Institutionen zuständig waren.

Schließlich wies die Abteilungsleiterin, die die Schulprogramme unter sich hatte, darauf hin, daß die Finanzierung eines neuen Heims für schwangere Minderjährige so gut wie gesichert sei. Aber weil die Chefin immer und überall und auf jeder Sitzung mit sämtlichen Verhandlungspartnern gesehen worden sei, wisse man nicht so recht, ob man ihre Organisation mit der Leitung dieses neuen Heims betrauen könne. Der Träger, der das Heim finanzieren wolle, sei daran gewöhnt, mit der Leiterin der zuständigen Abteilung zu verhandeln, nicht mit der Chefin. Dadurch, daß Marsha an allen Sitzungen mit den Abteilungsleiterinnen teilnehme, entstehe der

Eindruck, daß sie ihre Organisation umkrempeln, das Personal entlassen und mit einer neuen Gruppe von Jasagerinnen die Macht an sich reißen wolle.

Als Marsha direkt auf dieses Problem angesprochen wurde, war sie im Grunde erleichtert, denn sie begriff, daß die Organisation unter ihrem Perfektionszwang litt, und die beiden Frauen arbeiten nun schon seit fünf Jahren sehr erfolgreich zusammen.

Man sollte sich immer wieder klar machen, daß nicht alle Chefinnen darauf aus sind, ihre Untergebenen in die Pfanne zu hauen. Wenn Sie den Verdacht haben, daß Ihre Chefin Sie sabotiert, und der Meinung sind, daß sie gravierende Fehler begangen und sich unfair verhalten hat, ist es am besten, sie direkt darauf anzusprechen. Je mehr Sie sich quälen, auszuweichen versuchen oder nur mit anderen darüber sprechen, desto unmöglicher wird es Ihnen vorkommen, die Schwierigkeiten wirklich anzugehen. Es erfordert Mut, einer Vorgesetzten direkt gegenüberzutreten. Man muß auf negative Konsequenzen gefaßt sein. Aber Sie werden in eine Sackgasse geraten, wenn Sie nicht auch bereit sind, ein Risiko einzugehen. Konflikte erfolgreich zu lösen gehört zu den wichtigsten Anforderungen, die man in einer gehobenen Position erfüllen muß. Wir können und müssen diese Fähigkeit erwerben.

Possessives Verhalten

Melissa, eine Investment-Bankfrau, hatte eine Chefin, die sich durch die Anwesenheit einer anderen Frau derart bedroht fühlte, daß Melissa nach sorgfältiger Analyse der Situation für sich zu einem klaren Entschluß kam. Sie kündigte.

«Mir wurde eine Stelle im Bankgeschäft mit Lateinamerika

angeboten. Es ging dort um Lateinamerika-Obligationen, ein Nebenmarkt. Der Abteilungsleiter machte mir ein Angebot, stellte aber die Bedingung, daß ich während der ersten drei Monate in die Abteilung gehen müßte, die dem Handel zuarbeitete, und dann erst in den eigentlichen Handel einsteigen würde. Ich bat darum, mir die Vereinbarungen schriftlich zu geben, aber ich bekam keinen Vertrag. Ich bekam nur den Job.

Schon am ersten Tag wurde mir klar, daß ich in eine schwierige Situation geraten war. Es gab vier Wertpapierhändler, drei Männer und eine Frau. Die Frau war forsch und bestimmt, und sie gab sich nur mit Männern ab.

Sie war mit keiner der Frauen in der Abteilung befreundet. Dauernd machte sie Bemerkungen in der Richtung, daß sie die einzige Wertpapierhändlerin sei und es auch bleiben werde. Um ihre Macht zu sichern, sorgte sie dafür, daß ich an ihren Transaktionen mitarbeitete und sie so im Grunde als meine Vorgesetzte fungierte.

Ich merkte, daß meine Lage aussichtslos war. Ich hätte mit dem Abteilungsleiter sprechen können, aber ich glaubte, das würde nichts bringen. Also verließ ich die Bank und suchte mir eine andere Stelle.»

Melissas Vorgesetzte ist ein klassisches Beispiel für eine possessive Eva. Sie sagte es ganz deutlich, indem sie sich als «die einzige Wertpapierhändlerin» bezeichnete. Warum zog sie es nicht vor, noch eine Frau im Team zu haben, um aus der Rolle der Alibifrau herauszukommen? Hardesty und Jacobs schreiben (S. 117): «Trotz der Isolation und der Einsamkeit gaben einige [der Alibifrauen] zu, daß es erhebliche psychologische, wenn nicht finanzielle Vorteile bringt, die einzige Frau im Management zu sein.» Dadurch, daß sie die einzige Frau ist, hat Melissas Vorgesetzte das Gefühl, ein leuchtendes Erfolgssymbol zu sein. Wenn noch eine Frau zu dem Team stieße, käme sie sich nicht mehr einmalig vor. Auch diese Eva verläßt sich nicht auf ihre eigene Tüchtigkeit, sie glaubt nicht an ihre Fähigkeiten und ihre Berufserfahrung, denn sonst müßte sie wissen, daß sie, auch wenn eine weitere Frau mitarbeitete, immer noch hochqualifiziert und erfolgreich wäre.

Diese Eva hat mit Sicherheit eines mit vielen Frauen in leitenden Positionen gemein, die ihr Territorium fanatisch verteidigen – sie hat keine Freundinnen. Solche Frauen haben Angst, «wenn sie sich mit anderen Frauen zusammentun, dann könnten sie in der Achtung der männlichen Hierarchie sinken... Würden sie sich mit anderen Frauen zusammenschließen und sie tatkräftig unterstützen, hätten sie das Gefühl, sich bei einem Tennis-Doppel, bei dem die Gegenspieler Männer sind, von vornherein einen schwachen Partner zu wählen» (Hardesty/Jacobs 1986, S. 117, 120).

Solche Frauen glauben, daß ihnen die Männer am Arbeitsplatz helfen werden, weil sie ja die meiste Macht besitzen. Von Frauen fühlen sie sich bedroht; schließlich könnte sich ja herausstellen, daß sie genauso gut oder vielleicht sogar besser sind als sie selbst.

Im Grunde gehen sie nicht davon aus, daß sie einzigartig und für das Unternehmen von Wert sind. Sie befürchten, eine Rivalin könnte sie verdrängen, und deshalb versuchen sie, andere Frauen daran zu hindern, in ihren Bereich einzudringen. Indem sie diese Frauen sabotieren, sichern sie sich ihren Platz im Rampenlicht, aber sie haben sich dafür auch mit Haut und Haar der Ideologie des männlichen Machtestablishments verschrieben: Nur nicht zu viele Frauen hochkommen lassen!

Das K. o.-System

Wie wir bereits gesehen haben, sind Unternehmen nach einem K. o.-System strukturiert, bei dem es nur eine begrenzte Zahl von «Trophäen» gibt. Die possessiven Chefinnen folgen diesem Konkurrenzmodell. Sie fallen anderen

Frauen in den Rücken, weil es in den Unternehmen nur eine ganz bestimmte Zahl von Jobs im mittleren und gehobenen Management gibt. Würden sie ihre Macht teilen oder Verantwortung delegieren, so glauben sie, büßten sie selbst Macht ein.

Aber so sieht die Wirklichkeit der Unternehmen gar nicht aus. Die Angestellten konkurrieren zwar tatsächlich um eine begrenzte Zahl von Stellen, aber wenn jemand einmal eine einflußreiche Position erreicht hat, wird diese Macht nicht dadurch verringert, daß die- oder derjenige anderen Leuten Macht überträgt. So wird zum Beispiel die Macht einer Vizepräsidentin nicht dadurch reduziert, daß sie ihren Managern die Befugnis gibt, interne Vereinbarungen mit Schwesterfirmen zu treffen.

Feministinnen propagieren die Teilung der Macht als Alternative zum K. o.-System. Stellt man sich Macht als einen Kuchen vor, der in Stücke zerschnitten wird, dann ist die Macht weg, wenn alle Stücke verteilt worden sind. Aber so verhält es sich nicht mit der Macht in einem Unternehmen. Der feministischen Idealvorstellung der Machtteilung liegt die Vorstellung zugrunde, Macht sei unbegrenzt. Eine Mutter erklärte uns das folgendermaßen: «Es ist wie mit der Liebe. Wenn du das erste Kind bekommst, liebst du dieses Kind von ganzem Herzen. Und wenn du ein zweites Kind bekommst, liebst du dieses Kind dann auch? Natürlich! Du sagst doch nicht zu dem zweiten Kind: ‹Tut mir leid, aber ich habe meine ganze Liebe dem ersten Kind geschenkt, und deshalb ist für dich nichts mehr übrig.› Je mehr man liebt, zu desto mehr Liebe ist man fähig. Und mit der Macht verhält es sich genauso.»

Eine possessive Eva glaubt, sie verliert einen Teil ihrer Macht, wenn sie einer Untergebenen irgendwelche Entscheidungsbefugnisse gibt. Melissas Chefin weigerte sich, ihr Verantwortung zuzugestehen, weil sie der Meinung war, sie würde dadurch Prestige einbüßen. Viele der Frauen, die wir befragt haben, berichteten davon, wie frustriert sie waren, wenn sie Vorgesetzte hatten, die ihre Macht nicht teilen und keine Verantwortung delegieren wollten.

Die folgende Geschichte erzählte uns eine junge Frau, die eine Stelle in einer sozialen Organisation annahm, weil sie gehört hatte, die medizinische Leiterin sei eine warmherzige und engagierte Persönlichkeit. Sie verließ die Organisation wieder, weil die Verwaltungsleiterin dem Personal und den Klienten gegenüber keinerlei Einfühlungsvermögen zeigte.

Serena hatte eine Chefin, die in ihr eine Eva sah. Sie weigerte sich, mit Serena oder irgendeiner anderen Angestellten zu kommunizieren. In einem Brief an ihre Chefin, den sie gleichzeitig mit ihrer Kündigung verfaßte (mit einem Durchschlag an den Verwaltungsrat), schrieb Serena: «Während der ganzen Zeit, die ich für die Organisation gearbeitet habe, hat sich niemand die Mühe gemacht, mir meine Aufgaben genau zu erläutern. Ich habe wiederholt darum gebeten, daß man mir die Prioritäten meines Aufgabenbereichs detailliert aufschlüsseln sollte. Meine Bitten wurden ignoriert.»

Serena meinte, die Verwaltungsleiterin sei sich ihrer selbst nicht sicher gewesen, mit der Folge, daß die Mitarbeiter überarbeitet waren und keine klaren Richtlinien hatten. Neben ihren Verwaltungsaufgaben wurde von den Mitgliedern der Organisation erwartet, daß sie sich um die Selbsthilfegruppen für die Patienten kümmerten, die sich von Operationen erholten. Aber keiner wußte, welcher Bereich Vorrang hatte.

«Wir hätten unbedingt wissen müssen, wo wir die Prioritäten setzen sollten, aber unsere Chefin gab uns keinerlei Direktiven. Selbst als wir ein Treffen mit ihr vereinbarten und sie darum baten, die Gewichtung des Aufgabenbereichs festzusetzen, überging sie unsere Forderungen einfach. Wir begriffen schließlich, daß sie anderen Frauen kein Vertrauen entgegenbrachte. Indem sie uns im dunkeln tappen ließ, hielt sie uns unter Kontrolle.

Ich wußte, daß ich in einer solchen Atmosphäre nicht überleben konnte. Eines Tages spitzte sich die Lage dann noch zu. Ich telefonierte gerade mit einer Frau, die in einem nahegelegenen Krankenhaus eine Selbsthilfegruppe starten wollte. Ich verwies sie an unsere Referentin für klinische Angelegenheiten. Meine Chefin hörte, was ich sagte. Sie knallte ihre Papiere auf meinen Schreibtisch – ich war noch am Telefon – und brüllte: ‹Die Referentin für klinische Angelegenheiten ist viel zu beschäftigt, um sich mit solchen Fragen abzugeben!›

Das schlug dem Faß den Boden aus. Ich nahm noch am selben Tag meinen Hut, aber ich beschwerte mich beim Verwaltungsrat, und innerhalb von drei Monaten reichte die Leiterin ihr Rücktrittsgesuch ein.»

Serenas Chefin wollte «totale Kontrolle». Sie hatte Angst, sie würde ihre Macht vermindern, wenn sie eine ihrer Mitarbeiterinnen mit Verantwortung betraute. Warum glauben so viele Frauen, nach dem K. o.-System vorgehen zu müssen?

Die Minoritätenmentalität

Vivian Horner, früher bei der Kindersendung «The Electric Company», ist Vorsitzende des Verwaltungsrates des Bank Street College und Geschäftsführerin der Firma Jack Horner Productions. Sie hat eine Theorie, warum Frauen sich dem K. o.-System unterwerfen. Ihrer Meinung nach haben Frauen, auch wenn sie in gehobenen Positionen sind, immer noch eine Minderheitenmentalität:

«Sehen Sie sich irgendeine Minderheit an – Frauen sind zwar eine Mehrheit, aber sie denken und fühlen wie eine Minderheit, die nun in die Machtapparate vordringt. Wenn man lange hungrig war und plötzlich ein Stück vom großen Kuchen abbekommt, dann geht oft der Impuls flöten, mehr anzustreben. Man ist so glücklich, überhaupt etwas erreicht zu haben, daß man eifersüchtig darüber wacht. Dauernd denkt man, es könnte jemand kommen und es einem wieder wegnehmen. Das ist bei jeder Minorität, die das erste Mal in das System eindringt, ein sehr verbreitetes Symptom. Wenn man sich die Geschäftswelt anschaut und sich überlegt, welche Rolle Frauen da spielen, dann sieht man, daß eigentlich die gegenwärtige Generation die erste ist, der sich echte Möglichkeiten auftun.

Es gibt nur sehr wenige große Konzerne, die von Frauen geleitet werden, und meistens haben diese Frauen die Unternehmen entweder gegründet oder geerbt. In der Regel findet man ein paar Frauen mit eindrucksvollen Titeln, aber ohne wirkliche Macht.»

Frauen, die in der Managementberatung arbeiten, vertreten die Ansicht, daß die Minoritätenmentalität vor allem bei den Frauen anzutreffen ist, die auf der Karriereleiter nach oben geklettert sind. Selbst wenn sie leitende Stellungen einnehmen, fühlen sie sich immer noch wie Assistentinnen, weil sie es sich nicht zutrauen, wirkliche Autorität auszuüben.

Rosabeth Moss Kanter beschrieb als erste den Teufelskreis der Machtlosigkeit, der unsichere Managerinnen dazu bringt, ihre Macht panisch zu bewachen. Sie war früher Professorin an der School of Organization and Management in Yale und unterrichtet jetzt an der Harvard Business School. Sie weist darauf hin, daß Frauen in leitenden Positionen nicht angemessen kommunizieren, nicht delegieren und die Leute, die für sie arbeiten, nicht richtig einweisen.

«Wer Macht hat», schreibt sie, «kann es sich leisten, mehr zu riskieren und den anderen ihre Freiheit zu lassen. Die bürokratische Maschinerie moderner Unternehmen bringt es mit sich, daß es nur sehr wenige Personen gibt, die wirklich mächtig sind... Und Frauen in großen hierarchischen Organisationen sind besonders häufig im Teufelskreis der Machtlosigkeit gefangen.»

Ironischerweise sehen die possessiven Evas oft andere Frauen als Evas an – sie glauben, daß ihre Kolleginnen es auf ihre Macht abgesehen haben und ihnen ihren Job wegnehmen wollen.

Jackie, die als Einkäuferin für die Modeabteilung von Bloomingdale's arbeitet, meinte, ihre possessive Chefin sehe in jeder Frau eine potentielle Eva und helfe deswegen niemandem. Sie gibt keine Informationen weiter und greift nie jemandem unter die Arme. Ihre Angestellten haben diesen Arbeitsstil übernommen, und das Klima ist inzwischen sehr angespannt, unfreundlich und unnötig stark auf Konkurrenz ausgerichtet. Alle sind so damit beschäftigt, ihr eigenes Schäfchen ins trockene zu bringen, daß sie gar nicht merken, was mit den anderen los ist. Jackies Chefin hat eine Arbeitsatmosphäre geschaffen, in der Frauen sich nicht gegenseitig in ihrem beruflichen Werdegang unterstützen.

Leider ist es so, daß die Verhaltensweisen, die eine possessive Eva bei ihren Angestellten als Eva-Eigenschaften wahrnimmt, genau die Qualitäten sind, die eine gewissenhafte Anfängerin haben sollte. Ihre «Fehler» sind:

- ❑ möglichst viel über den Job lernen zu wollen;
- ❑ Interesse an beruflichem Weiterkommen zu zeigen;
- ❑ Überstunden zu machen, um eine Arbeit abzuschließen;
- ❑ anderen Angestellten zu helfen;
- ❑ von der Betriebsleitung für gute Leistungen gelobt zu werden.

Jüngere Frauen ahnen oft nicht, wie bedrohlich ihre Anwesenheit für ältere Frauen sein kann. Sie wirken ehrgeizig und rücksichtslos. Für Frauen, die, nur ein paar Jahre älter als die Neulinge, in den sechziger und siebziger Jahren für die Gleichberechtigung der Frau gekämpft haben, hat es den Anschein, als würdigten die jungen Frauen von heute ihren Einsatz gar nicht mehr, als wollten sie von ihren Idealen nichts mehr wissen. Statt dessen sind sie ihrer Meinung nach nichts als raffgierig, egoistisch und nur darauf aus, nach oben zu kommen.

Aber es gibt noch andere Gründe, warum ältere Frauen sich von jüngeren bedroht fühlen: Die jüngeren sind bei weitem in der Überzahl, und es treten, wie die Statistiken zeigen, immer mehr Frauen in den Arbeitsprozeß ein. Untersuchungen deuten darauf hin, daß im Jahr 2000 Frauen zwei Drittel der Zuwachsrate der arbeitenden Bevölkerung ausmachen werden.

Außerdem haben viele der Frauen, die nun auf den Arbeitsmarkt strömen, einen Hochschulabschluß. Trotz ihrer Jugend beanspruchen die Frauen mit qualifizierter Ausbildung eine bevorzugte Behandlung – ganz ähnlich wie die jungen Männer, die vor zwanzig Jahren von den Wirtschaftshochschulen kamen und von Anfang an besser bezahlt wurden als Kollegen, die zehn Jahre damit verbracht hatten, sich hochzuarbeiten.

Possessive Chefinnen haben Angst davor, daß diese jungen Senkrechtstarterinnen sie ausstechen, wenn sie ihnen auch nur einen Bruchteil ihrer Macht abgeben oder sie sonst in irgendeiner Weise fördern. Folglich versuchen sie, ihre jüngeren Angestellten im Zaum zu halten, indem sie sie im dunkeln tappen lassen und sich weigern, ihnen Verantwortung abzugeben. Andere Evas, die schon berühmt sind, hindern ihre jüngeren Kolleginnen daran, ins Rampenlicht zu treten: Sie halten sie zurück oder verbannen sie hinter die Kulissen.

Die hinterhältige Diva

Kiri Te Kanawa, die berühmte Operndiva, hat eine sehr wirksame Technik, mit Konkurrenz umzugehen: sie vertreibt sie. In einem exklusiven Artikel für die *New York Times* berichtete Will Crutchfield von einer jungen südkoreanischen Sopranistin namens Hei-Kyung, die aus Kiri Te Kanawas Premierenbesetzung herausgenommen wurde – offensichtlich ein Akt typischer «Primadonnen-Eifersucht». «Wenn Kiri eine schöne junge Sängerin mit natürlichem Charisma und auffallender Stimme entdeckt, fühlt sie sich bedroht», schreibt Crutchfield. «Sie glaubt ganz instinktiv, ihre Position schützen zu müssen.»

Germaine Greer und der Neid

Als Marcia Cohen ihr Buch «The Sisterhood: The True Story of the Women Who Changed the World» schrieb, befragte sie Betty Friedan, Kate Millett und Gloria Steinem. Dann fuhr sie nach Italien, um ein Interview mit Germaine Greer zu machen, die sie seit der Lektüre ihres Buches «Der weibliche Eunuch» sehr verehrte. Es war das erste Buch über die Frauenemanzipation gewesen, das Cohen gelesen hatte.

Aber als Cohens Buch herauskam, fühlte sich Greer von ihrer Darstellung angegriffen und schrieb in *Vanity Fair* eine vernichtende Kritik. Unter anderem behauptete sie, daß «der größte Teil des Buches, beispielsweise die Beschreibung meiner Person als ungepflegter, heruntergekommener, halbnackter und BH-loser Erscheinung, völlig unzutreffend und frei erfunden ist».

«Als ich die Kritik gelesen habe», erzählt Marcia Cohen, «war ich völlig fertig. Ich fand es seltsam, daß *Vanity Fair* eine Frau, die selbst Thema des Buches war, eine Kritik darüber schreiben ließ. Im Grunde war ich mehr darüber schokkiert, daß Germaine die Kritik geschrieben hatte, als über den eigentlichen Inhalt. Germaine ist eben Germaine.

Der junge Mann, der ihr half, ihre Arbeiten zusammenzustellen, meinte, er möge und verehre Germaine sehr, aber er habe gemerkt, daß sie nicht fähig sei, Freundschaften mit Frauen aufrechtzuerhalten, weil sie immer im Mittelpunkt stehen und der Star sein müsse. Vielleicht sind wir ja alle auf Konkurrenz ausgerichtet, wir Frauen, aber außer mit Germaine habe ich eigentlich solche Erfahrungen mit Frauen bisher nicht gemacht. Frauen wie Joni Evans, meine Lektorin, haben mich echt unterstützt. Ich glaube, Germaine wollte einfach zu verstehen geben, daß sie alles besser kann.»

Noch Jahre später war Vivian sichtlich aufgebracht, als sie uns von ihrer Zeit an der Warwick University in England erzählte, wo sie bei Germaine Greer studierte.

«Ich kann mich an einen Vorfall mit Germaine Greer erinnern, der die vielleicht größte Enttäuschung war, die ich je mit einer anderen Frau erlebt habe», meint Vivian, immer noch deprimiert. «Ich hatte Unterstützung erwartet, aber ich bekam keine. Ich hatte Germaine immer gemocht und bewundert, und ich dachte, wir würden gut miteinander auskommen.

Meine Examensnote wurde von einem dreiköpfigen Komitee beschlossen – von zwei Männern und einer Frau. Die Frau war Germaine Greer. Als sie mit der Beurteilung an der Reihe war, ließ sie mich durchfallen – obwohl die beiden Männer meine Leistung gut gefunden hatten und mich die Prüfung bestehen lassen wollten. Vielleicht war es ja so, daß sie als Frau mehr von mir erwartete, und vielleicht habe ich die guten Noten von den beiden anderen im Grunde gar nicht verdient. Aber ich fühle mich bis heute von ihr verraten.»

Vivian ist mittlerweile eine der bedeutendsten Musikkritikerinnen Europas. Sie schreibt Bücher und veröffentlicht Artikel in angesehenen Zeitschriften.

Aber die eigentlich Mächtigen in den meisten Arbeitsbereichen sind auch heute noch Männer. Ein Mann in einer führenden Position kann sich im Sitzungszimmer seine männlichen Kollegen anschauen und sich in seiner Stellung bestätigt sehen – er glaubt, daß er sie verdient hat und daß seine Macht eine Belohnung für harte Arbeit und berufliches Engagement ist. Eine Frau in der gleichen Position sieht sich ihre männlichen Kollegen an und hat dabei das Gefühl, erst einmal *beweisen* zu müssen, daß sie ihre Macht verdient hat; sie muß ihren Erfolg rechtfertigen.

Sklaventreiberinnen

Einige Frauen haben uns Horrorgeschichten über Chefinnen erzählt, die ihrer Meinung nach richtige Sklaventreiberinnen waren. Gewöhnlich sind solche Chefinnen davon besessen, permanent ihre Kompetenz unter Beweis stellen zu müssen. Sie tun alles, um zu zeigen, daß sie die Besten sind, und oft verlangen sie von ihren Angestellten den gleichen zwanghaften Arbeitseifer.

Laurie wußte einiges darüber zu berichten, was es heißt, eine Sklaventreiberin als Chefin zu haben. Sie arbeitete als kaufmännische Kraft in der Seventh Avenue.

«Meine Chefin ist jung, Mitte dreißig, sehr begabt und sehr erfolgreich. Sie delegiert überhaupt keine Verantwortung, weil sie so von ihrer Arbeit besessen ist, daß sie gar keine Zeit hat, uns Anleitungen zu geben.

Das Arbeitsklima bei uns ist sehr ungesund. Alle murren vor sich hin. Mein Chefin hat neben der Arbeit überhaupt kein Privatleben, und sie erwartet, daß alle anderen genauso besessen sind wie sie. Sie macht nie Urlaub. Am liebsten hätte sie es, wenn unsere Freizeit auch noch ihr gehören würde. Damit bestraft sie uns, wenn wir einen Fehler machen. Sie beansprucht unsere Freizeit. Sie sieht nicht, daß wir Familien und ein Leben außerhalb der Arbeit haben.

Eine Kollegin erwartete Zwillinge. Als sie im Büro einen Blasensprung hatte und Fruchtwasser verlor, stand meine Chefin da und drohte ihr mit dem Finger: ‹Daß Sie mir aber in zehn Tagen wieder zurück sind!›»

Lauries Sklaventreiber-Chefin ist eine Frau, die sich ihrer Macht so unsicher ist, daß sie dauernd das Gefühl hat, Höchstleistungen erbringen zu müssen. Um das zu schaffen, muß sie alles aufgeben – außer ihrem Job. Sie stellt unrealistische Anforderungen an ihre Untergebenen, ein Zeichen für mangelnde Führungsqualitäten.

Wenn sie sich ihrer Position sicherer wäre, würde sie Verantwortung delegieren und ihre Angestellten fair und einfühlsam behandeln. Dadurch entstünde ein besseres Betriebsklima, und ihre Angestellten würden bessere Arbeit leisten. Manche wären sicher auch bereit, bei speziellen Projekten Überstunden zu machen, weil sie das Gefühl hätten, wirklich zum Team zu gehören. Aber dadurch, daß sie übertriebene Anforderungen stellt, schadet die Sklaventreiberin ihren Mitarbeiterinnen und letztlich auch sich selbst.

Viele Frauen in leitenden Positionen haben das Gefühl, ständig ihr Bestes geben zu müssen. Sie arbeiten zuviel, weil sie die ganze Verantwortung auf sich nehmen und ihren Angestellten nicht gestatten, einen Teil der Last – und damit auch einen Teil der Kontrolle – zu übernehmen. Manchmal müssen solche Chefinnen nur ganz direkt auf das Problem angesprochen werden und sehen dann rasch ein, daß ihr Verhalten destruktiv und ungesund ist.

Trotz des Ärgers, den viele jüngere Frauen empfinden, wenn sie über ihre unmöglichen Chefinnen sprechen, würden sie doch im Grunde alle der Psychologin Faye Crosby vom Smith College zustimmen, die meint: «Frauen in solchen

Positionen sind ungeheuren Anforderungen ausgesetzt. Untersuchungen zeigen, daß eine Frau, die sich hervortut, sehr viel Aufmerksamkeit auf sich lenkt; und alles, was sie tut, wird als symptomatisch für ‹die Frau› ausgelegt. Das heißt, auf Frauen, die so allein dastehen, lastet ein enormer Druck.

Jeder weiß, daß es genauso schwierig ist, wenn man der einzige Mann in einer Gruppe von Frauen ist», fährt sie fort. «Oder der einzige Farbige in einer Gruppe von Weißen oder sonst irgend etwas.» Und sie schließt mit den Worten: «Allein an der Spitze ist man sehr einsam.»

4
WERDEN SIE KEINE MARGO

In dem Film «Alles über Eva» tut Eva Harrington so, als bewundere sie Margo Channing, die auf dem Höhepunkt ihrer Laufbahn als Schauspielerin steht, über alle Maßen. Margo ist gerade vierzig geworden, was damals (1950) für eine Schauspielerin ein tödliches Alter war. Sie nimmt sich des «armen Schäfchens» an – aber sie läßt sich im Grunde von den Schmeicheleien der jüngeren Frau und von ihrer Bereitwilligkeit blenden, alles für sie zu tun. Eva schmeichelt sich bei Margos Freunden und Kollegen ein und versucht, Margos jüngeren Liebhaber, einen hochbegabten Dramatiker, für sich zu gewinnen. Joseph Mankiewicz, der das Drehbuch schrieb und Regie führte, erläutert in seinen Erinnerungen «More About All About Eve»: «Eva ist im Grunde das typische junge Mädchen, das – beim Theater, bei *Harper's Bazaar*, *Vogue*, IBM oder sonstwo – rücksichtlos nach oben drängt. Es geht ihr nicht unbedingt darum, die Männer einzufangen; das kommt sogar eher selten vor. Ein bestimmter Mann oder vielleicht auch eine ganze Reihe von Männern – oder Frauen – kann ihr als Mittel zum Zweck dienen, aber sie sind nie das eigentliche Ziel. Das Ziel, auf das Eva so fanatisch zustrebt, ist hoch gesteckt: Sie will nichts weniger als alles haben, was zu haben ist.»

Eine Eva ist eine Jägerin. Sie späht ihr Opfer aus, und dann greift sie an. Eine Margo ist ihr Opfer. In der Natur werden manche Tiere getötet, weil sie zur falschen Zeit am falschen Ort sind – ein Kaninchen hoppelt über eine Wiese, auf der sich gerade ein Fuchs in der Sonne ausruht. Andere kommen um, weil sie nicht genügend auf ihre Umgebung achten – sie trinken gerade, sie schlafen oder spielen. Manche verlieren ihr Leben, weil sie schwächer sind als der Rest der Herde und nicht schnell genug davonlaufen können, wenn sie angegriffen werden. Aus den gleichen Gründen können Frauen zu Margos werden – weil sie zur falschen Zeit am falschen Ort sind, weil sie sich nicht genügend umsehen, weil sie andere Frauen unterschätzen, weil sie Sabotageakten schutzloser ausgeliefert sind als andere Frauen.

Zum Glück gibt es verschiedene Möglichkeiten, wie Sie sich dagegen schützen können, eine Margo zu werden. Es gibt natürlich keine garantiert sichere Methode, wie Sie verhindern können, zur falschen Zeit am falschen Ort zu sein. Aber Sie können dafür sorgen, daß Sie nicht zum Opfer werden. *Wenn Sie die folgenden Ratschläge lesen, lernen Sie, wie Sie sich besser gegen Verrat schützen können.* Sie werden alle Taktiken kennenlernen, die nötig sind, um sich gegen Übergriffe zu wappnen.

Schutzmaßnahme Nr. 1: Meiden Sie Bürofreundschaften und Tratsch

Bürofreundschaften machen Sie sehr viel anfälliger für Verrat. Frauen, die von Freundinnen hintergangen wurden, haben uns erzählt, wie tief verletzt sie waren, als sie von dem Verrat erfuhren. Ratschlag Nr. 1 lautet also, am Arbeitsplatz keine intensiven Freundschaften zu knüpfen. Hier geht es um die Karriere, nicht um Ihr gesellschaftliches Leben.

Frauen begreifen zwar die Logik, die hinter diesem Ratschlag steht, aber die meisten richten sich nicht danach. Warum? Weil Freundschaften am Arbeitsplatz für Frauen ungeheuer wichtig sind. Wir wollen uns einmal genauer anschauen, warum Frauen Freundschaften mit ihren Kolleginnen schließen und warum sie deshalb potentiellen Sabotageakten stärker ausgeliefert sind.

In ihrem Buch «Unfinished Business» schreibt die Psychologin Maggie Scarf: «Es ist die der Frau inhärente interpersonelle, auf Gegenseitigkeit und Zusammenschluß ausgerichtete Charakterstruktur – ihre Zuwendungsfähigkeit und ihre Orientierung auf andere Menschen hin –, die ihrer wesentlich größeren Verwundbarkeit zugrunde liegt.»

Weil wir auf zwischenmenschliche Beziehungen angewiesen sind, um uns selbstbewußt und mit uns selbst identisch zu fühlen, setzen wir uns der Gefahr aus, an eine Eva zu geraten, die dieses Vertrauen mißbraucht. In ihrem Buch «Among Women» beschreibt Louise Berkinow die Unterschiede zwischen Männerfreundschaften und Frauenfreundschaften. «Männerfreundschaft hat mit Kampf zu tun und wird durch Kampf begründet... Die Fähigkeit, der Freund eines anderen Mannes zu sein, ist die grundlegende Qualität des antiken Helden... Dabei geht es um ‹Wert› – die Wertschätzung eines Mannes durch einen anderen, eine Beziehung unter Gleichberechtigten, basierend auf Respekt» (Berkinow 1980, S. 116f).

Diese Definition von Männerfreundschaft spiegelt die Interaktionen kleiner Jungen wider. In ihrer Kindheit und frühen Jugend neigen Jungen zu Spielen, die durch ein Regelsystem strukturiert sind. Sie spielen, um zu gewinnen, gleichgültig, ob ihr bester Freund nun in ihrer oder in der Gegenmannschaft mitmacht. Wenn Unstimmigkeiten auftreten, lösen die Jungen die Konflikte untereinander, indem sie auf

Regeln des Spiels verweisen. Mädchen spielen traditionellerweise in kleineren und intimeren Gruppen. Sie machen nur selten Spiele, die sich an Regeln orientieren und auf Einzelsiege hinauslaufen. Ihre Spiele und Beziehungen sind mehr durch Vertrauen und Gemeinsamkeit bestimmt (Bools/Swan 1989, S. 119).

Auch im Erwachsenenalter weisen die Freundschaften zwischen Männern gegenüber denen zwischen Frauen große Unterschiede auf – Berkinow beschreibt diesen Unterschied sehr poetisch (S. 119): «Das Baseballspiel. Männer in Gruppen. Freunde, die gemeinsam ihren Spaß haben. Sie kippen ein paar Halbe und brüllen den Spielern auf dem Feld etwas zu. Kameradschaft. Ihr Blick ist nach vorn gerichtet, wie der Blick von Männern, die in den Krieg ziehen; sie schauen nicht einander an, sondern das, was vor ihnen liegt. Schulter an Schulter. Freundinnen schauen sich oft gegenseitig in die Augen. Es ist das ‹Wir›, das zählt, wir beide – und in dieser völlig anderen Konstellation liegt die ganze Tiefe und das Glück unserer Freundschaften.»

Die Tatsache, daß wir einander anschauen – daß wir unsere Freundinnen sehen, uns selbst sehen –, ist der Grund dafür, daß Freundschaften zwischen Frauen so stark sein, aber eben auch mit so tiefen Verletzungen enden können. Wenn wir eine Freundin mit offenem, vertrauensvollem Blick anschauen, fällt es schwer zu glauben, daß sie uns heimlich in den Rücken fallen könnte. Die meisten Frauen, mit denen wir gesprochen haben, waren zutiefst enttäuscht und gekränkt durch solche Erfahrungen und erzählten wütend und verwirrt davon. Wir können uns nicht vorstellen, daß eine Freundin, der wir vertrauen, uns hintergeht. Leider kommt es aber vor, wie das folgende Beispiel zeigt.

Jane ist eine junge Cellistin. Ihre Geschichte spielte sich ab, als sie in New York an der Juilliard School of Music studierte.

«Ich habe Marianna nach einem Konzert in Chicago kennengelernt. Sie wartete vor dem Umkleideraum auf mich und sagte, sie hätte gelesen, daß ich nur als Gast im Symphonieorchester mitspielte und noch in New York studierte. Sie werde demnächst auch nach New York kommen, erzählte sie, ob sie mich da besuchen dürfe. Irgendwie wirkte sie so zerbrechlich und bedürftig – wie hätte ich da nein sagen können? Sie war ein bißchen wie ich. Wir hatten sogar die gleichen glatten langen schwarzen Haare und trugen beide Nikkelbrillen. Zwischen uns gab es so etwas wie eine Seelenverwandtschaft.

Fast ein Jahr lang hörte ich nichts von Marianna. Dann stand sie plötzlich vor meiner Tür. Sie sagte, sie habe so viel geübt, um an der Juilliard School angenommen zu werden, daß sie gar keine Zeit gehabt habe, mich mal anzurufen. Ich tat mein Bestes, daß sie sich wohlfühlte. Sie entschuldigte sich dauernd, und ich stellte sie allen Leuten vor, ohne mir viel dabei zu denken. Irgend etwas an ihr kam meinem Bedürfnis nach Bestätigung sehr entgegen. Sie blickte zu mir auf, als wäre ich schon eine arrivierte Cellistin – als wäre ich ihre Mentorin.

Als sie kam, hatte ich mich schon entschlossen, das nächste Semester auszusetzen und in Paris zu studieren, um dort in einem kleinen Ensemble zu spielen. Obwohl ich so lange nichts von ihr gehört hatte, schien es ihr jetzt auf einmal sehr dringlich mit unserer Freundschaft, weil ich bald nach Paris aufbrechen würde. Marianna wollte gleich meine Freunde kennenlernen, meine Lehrer, alle Leute, die ich so kannte. Sie wollte Teil meines Lebens werden und die ganze Zeit mit mir zusammensein. Sie erzählte mir, sie habe wie verrückt geübt, um ihr Cello so zum Singen zu bringen wie ich meins – sie wollte so sein wie ich.

Sich für ein Semester rauszulösen, die Freundschaften zu bewahren, die Beziehung zu meinem Freund, zu Leuten, die mir Engagements verschafften – so manches Mal drehte sich alles in meinem Kopf. Marianna hat mir in dieser Zeit sehr geholfen. Sie sorgte dafür, daß alles klappte, und bot sich sogar an, während meiner Abwesenheit meine Wohnung zu übernehmen, die Miete zu zahlen und sich um alles zu kümmern. Ich weiß nicht so recht, warum, aber den Vorschlag lehnte ich ab. Ich glaube, ich hatte einfach den Wunsch, bei meiner Rückkehr alles wieder so vorzufinden, wie ich es verlassen hatte. Na ja – es kam sowieso alles ganz anders.

Paris war anstrengend bis zur Erschöpfung, es herrschte dort ein enormer Konkurrenzdruck. Ich hatte sehr wenig Zeit, Briefe zu schreiben und meine Kontakte zu pflegen. Schließlich konnte ich es nicht abwarten, endlich nach New York zurückzukommen und wieder in meinem alten Quintett zu spielen. Ich teilte Marianna mit, wann ich ankommen würde, aber sie reagierte überhaupt nicht. Sie rief auch nie zurück. Das machte mir sehr zu schaffen. Während ich weg war, trennte sich mein Freund von mir. Und als ich zurückkam, fand ich heraus, daß ich wegen Marianna auch meinen Platz im Quintett verloren hatte – sie hatte ihn bekommen. Und ich hatte auch viele meiner Freunde verloren. Wie auf ein Signal hin hatten sie mich fallenlassen! Niemand redete mit mir darüber. Meine Clique von der Musikhochschule war jetzt Mariannas Clique. Mir gegenüber benahmen sich alle ganz komisch. Ich war total geschockt und verletzt. Nach den Gründen habe ich nie gefragt. Wo sie sich mir gegenüber so verhielten, konnte ich mir nicht vorstellen, daß sie die Wahrheit sagen würden, wenn ich sie direkt darauf anspräche. Marianna hatte alles erreicht, was sie sich gewünscht hatte. Sie hat unsere Freundschaft ausgenutzt und in gewissem Sinne sogar mißbraucht. Und außerdem hatte sie meinen Platz in einem kleinen, aber erfolgreichen New Yorker Streichquintett.

Zum Glück hatte ich Freunde aus anderen Bereichen, die zu mir hielten – gute Freunde, vor allem Frauen. Wie hat sich das alles auf mich ausgewirkt? Ich bin supervorsichtig geworden, manchmal bin ich sogar richtig mißtrauisch. Aber meine Mentorin war eine Frau. Irgendwann werde ich auch wieder fähig sein, anderen zu helfen. Vielleicht warte ich noch, bis meine Position gesicherter ist», schloß Jane nachdenklich.

Jane redete zuviel und ließ eine Frau, die ihr Vertrauen nicht verdiente, zu schnell und zu nah an sich herankommen. Sie wurde auf klassische Weise hintergangen – ganz ähnlich wie Margo Channing im Film. Wenn wir vor Leuten, mit denen wir zusammenarbeiten, zuviel ausplaudern und uns mit ihnen anfreunden, kann das zu Schwierigkeiten führen, und manchmal hat es verheerende Folgen, wie die Geschichten von Carola und Sarah zeigen.

Carola ist Projektleiterin bei einer Sanierungsfirma, die für die Stadtverwaltung von Philadelphia arbeitet. Auch sie machte die Erfahrung, daß es Kolleginnen gab, die in ihr eine Eva sahen. «Die Frauen verhielten sich mir gegenüber ganz neutral – das heißt, bis sich herausstellte, daß ich befördert werden sollte. Die Assistentinnen waren sehr nett zu mir, aber ich entdeckte bald, daß meine Freundinnen nicht meine Freundinnen waren.

Als ich befördert wurde, war eine der Frauen, die schon länger da war als ich, aber eine ähnliche Position innehatte, so empört, daß sie protestierte. Sie sagte, sie finde nicht, daß ich das Recht habe, auf gleicher Stufe zu stehen wie sie. Ich weiß inzwischen, daß es mein Fehler war, denn ich habe einfach zuviel mit ihr geredet. Jedesmal, wenn ich eine Besprechung mit einem der Vorgesetzten hatte, fragte sie mich hinterher: ‹Na, wie ist es gelaufen? Erzähl mir alles.› Und das habe ich auch gemacht. Ich habe ihr zuviel erzählt. Ich habe auch oft mit ihr getratscht. Als sie von meiner Beförderung erfuhr, ging sie zu meinem Chef und tischte ihm die ganzen Tratschgeschichten auf, die sie von mir gehört hatte. Sie sagte, ich sei viel zu klatschsüchtig, um andere Frauen anweisen zu können oder um Verantwortung sinnvoll zu delegieren. Dabei war nichts von dem, was ich je gesagt hatte, ein Geheimnis. Es war alles allgemein bekannt.»

Carola lernte ihre Lektion: Im Geschäftsleben ist niemand dein Freund. «Ich passe jetzt genau auf, was ich sage», meint sie nun. «Wenn ich merke, daß irgend etwas nicht ganz korrekt läuft, gehe ich zu einem meiner Vorgesetzten. Ich bespreche es nicht mit einer Kollegin.»

Neid spielte in Carolas Fall sicher eine wichtige Rolle, aber sie hatte es sich teilweise selbst zuzuschreiben. Dadurch, daß sie tratschte, schuf sie ein Klima des Argwohns, das sich im ganzen Büro negativ auswirkte. Sie fühlte sich von ihrer Freundin hintergangen, aber sie merkte gar nicht, daß sie eigentlich keine Freundin war, sondern eine *Kollegin*. Die Erfahrung zeigt, daß es besser ist, Privatgespräche für die Zeit außerhalb des Büros aufzusparen, selbst wenn man eine echte Freundin am Arbeitsplatz hat. Erfolgreiche Frauen haben uns erzählt, daß die Frauen, die sie am meisten unterstützten, entweder anderswo arbeiteten oder überhaupt nicht berufstätig waren. Auf lange Sicht erwiesen sie sich als die besten Freundinnen.

Die Engländerin Audrey Slaughter, früher Redakteurin der Frauenseite der *London Times* und Begründerin der Zeitschrift *over 21*, erzählte: «Ich wußte gar nicht, wieviel Neid aufkommt, wenn Frauen Erfolg haben – bis ich bei *Working Women* arbeitete. Wir nahmen ganz normale Frauen für das Titelblatt und stellten ihre Geschichte in der Zeitschrift vor. Wir suchten Frauen aus, die gar nicht unbedingt besonders toll oder attraktiv waren. Zum Beispiel wählten wir eine Frau, die arbeitslos war, oder eine, die sich gerade hatte scheiden lassen. Ein Jahr später interviewten wir diese Frauen noch einmal. Da erfuhren wir, daß ihnen andere Frauen durch gehässige Bemerkungen das Leben schwer gemacht hatten. Die Männer waren auch nicht gerade zimperlich, aber es sind vor allem Frauen gewesen, die ihnen zugesetzt haben.»

Sarah, eine junge Lektorin, kehrte in ihr Büro zurück, schloß die Tür hinter sich ab und brach an ihrem Schreibtisch in Tränen aus. Sie konnte nicht fassen, was gerade passiert war. Ihre Karriere war ruiniert.

Eine halbe Stunde zuvor war Sarah in die wöchentliche Redaktionssitzung gegangen, um von einem Projekt zu erzählen, das ihrer Meinung nach mit Sicherheit ein Bestseller werden mußte und ihr den großen beruflichen Durchbruch bringen würde. Seit vier Jahren träumte sie von einer solchen Buchidee, und nun war sie wie durch ein Wunder darauf gestoßen.

Aber zu Beginn der Woche hatte Sarah in ihrer Begeisterung einer jungen Mitarbeiterin von ihrer Idee erzählt. Die beiden kannten sich schon seit Jahren. Evelyn hatte großes Interesse an dem Projekt gezeigt, Sarah über alle Einzelheiten ausgefragt und sich alles genau gemerkt. Sarah hatte sich nichts dabei gedacht. Schließlich war es ja ihr Projekt, und Evelyn war ihre Freundin.

Man kann sich vorstellen, wie überrascht Sarah war, als sie in die Sitzung kam, um ihre Kollegen mit ihrem Plan in Erstaunen zu versetzen – und dann erfuhr sie, daß Evelyn darum gebeten hatte, die Besprechung mit ihrem «großen Coup» eröffnen zu dürfen. Sarah war nun gezwungen, die Anerkennung für das Buch, das tatsächlich, wie sie vorausgesagt hatte, ein Bestseller wurde, mit Evelyn zu teilen. Sarah hatte in der Vergangenheit bereits vier kleinere Bestseller an Land gezogen. Wie war ihr das gelungen? Sie hatte ihre Verhandlungen für sich behalten, bis die Konzeptionierung und der Vertrag abgeschlossen waren. Aber in diesem Fall hatte sie geglaubt, ihrer Freundin vertrauen zu können. Als Sarah die Ereignisse mit ihrem Mann besprach, hatte der gleich einen Kommentar parat: «Hilf nicht deiner Konkurrenz. Du hast zuviel gequatscht.»

Sarah hatte zwei Impulse in sich gespürt, die sich schlecht vertrugen. Ihr gesunder Geschäftssinn hatte ihr gesagt: Keine Informationen herausrücken, bis die Sache unter Dach und

Fach ist. Aber andererseits wollte sie unbedingt mit ihrer Freundin Evelyn die Freude über die Neuigkeit teilen. Daß Sarah ihrer Freundin mehr vertraute als ihrem beruflichen Instinkt, ist typisch für die meisten Frauen: Freundschaft ist ihnen wichtiger als Geschäftslogik. Warum ist das so?

Julia Kagans «Survey of Work in the 1980's and 1990's» für die Zeitschrift *Working Women* (April 1983) zeigte, daß Frauen stärker an «immateriellem Gewinn», etwa an guten Arbeitsbeziehungen, interessiert waren als an «Geld, Macht und Karriereaussichten». Indem Sarah Evelyn alles erzählte, stellte sie ihren immateriellen Gewinn über ihr berufliches Know-how.

Die Tatsache, daß viele Frauen ihren Freundschaften größere Bedeutung beimessen als der Logik der Geschäftswelt, ist nicht verwunderlich, wenn wir uns vergegenwärtigen, daß Frauen ihr Identitätsgefühl aus den Verbindungen und Unterschieden zwischen sich und anderen Frauen beziehen. Frauen wie Sarah glauben, daß sie ihre Ängste am ehesten überwinden und ihre Erfolge am besten auskosten können, wenn sie mit einer Freundin darüber sprechen. Eine Freundin verhilft ihnen zu einer umfassenderen Wahrnehmung ihres Erfolges – und dadurch fühlen sie diesen Erfolg selbst erst wirklich. Die Glückwünsche einer Freundin – oder auch ihr Neid – geben ihnen viel mehr Befriedigung als das kühl berechnende Lob eines Vorgesetzten.

Männer werden durch ihre Sozialisation darauf vorbereitet, um Geld, Macht und Beförderungen zu konkurrieren. Sie setzen sich hundertprozentig ein, auch wenn ihre Freunde die Konkurrenten sind. Sie klopfen sich gegenseitig auf die Schulter, um sich zu gratulieren, sie reichen sich hilfreich die Hand, aber ihr Blick bleibt dennoch nach vorn gerichtet, sie verlieren ihr Ziel nicht aus den Augen. Die meisten Frauen schauen sich dauernd um und suchen Unterstützung und Bestätigung von anderen, vor allem von anderen Frauen, die ihnen weniger bedrohlich erscheinen als die Männer.

Michelle Paludi vom Hunter College sagt: «Frauen reden mit anderen Frauen viel mehr, als Männer es untereinander tun. Das liegt an ihrer Sozialisation. Aber später im Beruf werden ihnen Vorwürfe gemacht, wenn sie genau das tun, was sie zwanzig, dreißig Jahre gelernt haben. Das schafft für viele Frauen eine sehr konfliktbeladene Ambivalenz.»

Frauen haben das Bedürfnis, mit anderen Frauen zu reden, doch ihr Geschäftssinn sagt *«Nein!»* Aber meistens ist die Ambivalenz nicht so stark wie das Verlangen, den Beziehungen am Arbeitsplatz zu vertrauen – gegen jeden professionellen Verstand.

Frauen gehen zur Arbeit und erwarten, dort Freundschaft, Loyalität und Verständnis zu finden; sie hoffen, am Arbeitsplatz ein soziales Netz knüpfen zu können. Männer dagegen schaffen sich ihr soziales Netz außerhalb ihrer Berufswelt, beim Sport, bei gemeinsamen Unternehmungen. Dabei reden sie mehr über berufliche Fragen als über persönliche Angelegenheiten. Sie liefern sich nicht aus. Frauen sind viel eher bereit, ihre Ängste und ihre Verletzlichkeit zuzugeben.

Es ist also gar nicht erstaunlich, daß Sarahs Mann ihr vorhält, sie hätte «zuviel gequatscht». Vermutlich stellt er selbst die geschäftlichen Aspekte über die Freundschaften am Arbeitsplatz und ist sich immer der Konkurrenz bewußt.

Eine Frau, die wir interviewten und deren Geschichte wir gleich erzählen wollen, wurde zur Margo, weil sie sich so über die Aussicht freute, mit einer engen Freundin zusammenarbeiten zu können, daß sie zuviel redete und schließlich von dieser «Freundin» ausgebootet wurde.

Cathy war begeistert. Man hatte ihr einen Traumjob als Leiterin der Marketing-Abteilung einer pharmazeutischen Firma angeboten, wo ihre beste Freundin Nan arbeitete. Als Cathy Nan anrief, um ihr von der Stelle zu erzählen, meinte diese: «Toll, das wird bestimmt lustig, wenn wir im selben Unternehmen arbeiten.»

Am nächsten Morgen rief Cathy bei der Firma an, um Bescheid zu sagen, daß sie den Job annehmen werde. Aber da wurde ihr plötzlich mitgeteilt, die Stelle sei nicht mehr frei. Cathy war am Boden zerstört. Sie hatte fest mit der Anstellung gerechnet. Gegen Abend erhielt sie einen Anruf von ihrem Freund Rick.

«Mein Gott», sagte Cathy. «Ich kann es nicht fassen, daß ich den Job nicht bekommen habe.»

«Ich weiß», erwiderte Rick. «Deswegen rufe ich dich auch an. Nan hat um diese Stelle gebeten und sie auch bekommen.»

«Was?» Cathy traute ihren Ohren nicht. «Nan hat die Stelle genommen? Aber sie ist doch meine Freundin.»

«Nan ist niemandes Freundin, Cathy», erklärte Rick. «Sie denkt nur an ihren eigenen Vorteil. Der Job war für sie ein Schritt nach oben, und sie wollte nicht, daß du ihn kriegst.»

Nan war eine Eva. Cathy hatte ihr vertraut. Wenn Frauen anderen Frauen von positiven Aussichten erzählen, kann sie das in Schwierigkeiten bringen, und in Cathys Fall war es so, daß ihr eine gute Stelle durch die Lappen ging, weil sie den Mund nicht halten konnte.

Leider gibt die Struktur der Arbeitswelt den Arbeitnehmern nicht den gesicherten Bereich, in dem sie echte Freundschaften aufbauen könnten. Der Arbeitsprozeß orientiert sich am männlichen Wettbewerbsprinzip, das davon ausgeht, daß jeder ganz nach oben will und dabei nach Kräften mit jedem konkurriert, ob Freund oder Feind. Genau wie Männer arbeiten zwar auch Frauen, um ökonomisch unabhängig zu sein, aber wenn es um die Definition des höchsten Arbeitszieles geht, unterscheiden sie sich von den Männern. «Die Bedeutung eines Jobs und die Frage, ob sie sich in ihm wohl fühlt, beurteilt eine Frau nicht nur nach dem Gehalt und dem Titel, sondern – wenn sie sich selbst gegenüber ehrlich ist – nach einem viel tiefergehenden, spezifisch weiblichen Maß der

Befriedigung. Eine Frau bemißt ihren Erfolg daran, wieweit ihr die Erfahrung weiterhilft und sie bereichert» (Hardesty/Jacobs 1986, S. 35).

Frauen fühlen sich bereichert, wenn sie enge Beziehungen zu anderen Frauen knüpfen können. Leider ist das ein typisch weibliches Vergnügen, und die Struktur der Betriebe ist von männlichen Formen der Befriedigung geprägt. «Männer beschreiben sich selbst als ‹Einheiten› oder ‹Inseln› innerhalb eines Betriebs, während Frauen sich in ein Netz aus Beziehungen eingebunden fühlen. Diese Verbindungen sind so kompliziert gewoben wie ein flämischer Gobelin und befriedigen eine Reihe verschiedener Bedürfnisse und Ansprüche, ohne die für die meisten Frauen die Arbeit im Betrieb bedeutungslos würde» (ebd., S. 37).

Frauen, die im Berufsleben die höchste Stufe des Erfolgs erreicht haben, erzählten uns, daß sie sich in der Regel von ihren Untergebenen und auch von ihren Kollegen fernhalten. Freundschaften bedeuten persönliches Engagement, sie entwickeln sich langsam und müssen gepflegt werden.

Freundlichkeit hingegen ist in Arbeitsbeziehungen unerläßlich. Die sozialen Netzwerke, die mit Hilfe von Freundlichkeit entstehen, helfen einem, über die Runden zu kommen. Freundlich sein ist so etwas wie gute nachbarliche Beziehungen zu pflegen. Wenn wir unsere Kollegen als freundliche Nachbarn sehen und nicht als intime Freunde, ist es möglich, harmonische und produktive Arbeitsbeziehungen aufzubauen.

Schutzmaßnahme Nr. 2: Achten Sie auf verräterische Verhaltensweisen

Mit etwas Aufmerksamkeit können Sie lernen, bestimmte Indizien dafür, daß sich eine Eva einschleichen möchte, sofort zu entdecken. Wenn Sie Augen und Ohren offen halten, können Sie sich davor schützen, eine Margo zu werden.

Die beste Art, eine potentielle Eva abzuwehren, ist, sie ausfindig zu machen, ehe sie etwas anrichten kann. Es empfiehlt sich, genau zu beobachten, wie Ihre Mitarbeiterinnen untereinander reden, und sich zu überlegen, wie ehrlich sie tatsächlich sind.

Wenn Sie eine Mitarbeiterin haben, die eine der in Test Nr. 2 vorgeführten Verhaltensweisen zeigt, müssen Sie auf der Hut sein. Halten Sie Distanz. Diese Mitarbeiterin ist eine potentielle Eva. Seien Sie vorsichtig, aber bleiben Sie fair. Wenn eine Mitarbeiterin der Beschreibung entspricht, muß das noch nicht heißen, daß sie tatsächlich zur Sabotage greift. Aber es ist trotzdem besser, wenn Sie besondere Vorsicht walten lassen.

Test Nr. 2:
Deuten Äußerungen Ihrer Mitarbeiterinnen auf ein Eva-Verhalten hin?

Bei den folgenden sechs Fragen geht es um Hinweise auf ein Eva-Verhalten. Doch selbst wenn Sie alle Fragen mit Ja beantworten können, seien Sie vorsichtig mit voreiligen Schlüssen. Sie sollten auch sich selbst fragen: «Gibt es irgend etwas in meinem eigenen Verhalten, was ein Eva-Verhalten fördert?»

1. Gibt es eine Mitarbeiterin, die Ihnen überschwengliche Komplimente in bezug auf Ihren Geschmack und Ihren Kleidungsstil macht, und zwar aus Gründen, die nicht so sehr mit Ihrer Kleidung zu tun haben, sondern mit Ihrer beruflichen Position?
2. Gibt es eine Mitarbeiterin, die sich in extremem Maße dafür interessiert, wie es kommt, daß Sie so begabt, erfolgreich und leistungsstark sind? Schmeichelt sie bewußt der Eitelkeit ihrer Kolleginnen?
3. Hören Sie von einer Mitarbeiterin häufiger Äußerungen wie «Machen Sie sich deswegen keine Sorgen – ich erledige das schon für Sie», obwohl das, was sie Ihnen abnehmen will, eigentlich nicht in ihren Aufgabenbereich fällt?
4. Gibt es eine Mitarbeiterin, die andere häufig dazu auffordert, ihr Geheimnisse anzuvertrauen, ihr «alles» zu erzählen?
5. Kommt es vor, daß Sie mitkriegen, wie eine Mitarbeiterin negative Dinge, die andere über eine Kollegin geäußert haben, weiterträgt?
6. Gibt es eine Mitarbeiterin, an der Ihnen öfter eine seltsame Art der Kommunikation auffällt, etwa weil sie Entschuldigungen vorbringt, die eigentlich gar keine sind (zum Beispiel: «Aber ich habe es Ihnen doch gesagt, erinnern Sie sich nicht?» oder «Tut mir leid, ich bin davon ausgegangen, daß es so in Ordnung ist»)?

Schutzmaßnahme Nr. 3: Sprechen Sie alles direkt an

Um Ihre Mitarbeiterinnen daran zu hindern, Ihnen als Chefin in den Rücken zu fallen, sollten Sie präzise und offen sagen, was Sie von ihnen erwarten. Indem Sie genaue Richtlinien für den Arbeitsprozeß festlegen, geben Sie zu verstehen, daß Sie den Überblick haben und keine Manipulationen dulden. Durch solch sicheres Auftreten verhindern Sie die meisten Angriffe, die eine Eva planen könnte. Außerdem räumen Sie mögliche Mißverständnisse von vornherein aus dem Weg, wenn Sie Ihre Erwartungen klar formulieren, und Probleme wie die, die Maryanne uns schilderte, können vermieden werden:

Maryanne hatte große Schwierigkeiten, die vierzehn Frauen des Schreibbüros, dem sie zuvor selbst angehört hatte, effizient zu leiten. Viele ihrer Freundinnen fanden es nicht einfach, sie in ihrer neuen Stellung zu akzeptieren. Die Frauen hatten völlig unrealistische Erwartungen, was Maryannes neue Rolle betraf, und dadurch, daß sie sich ihr gegenüber so verhielten, als gehörte sie noch zu ihnen, untergruben sie auf subtile Art Maryannes berufliches Fortkommen.

Maryanne gelang es, nicht in die Margo-Rolle zu rutschen: Sie legte Arbeitsrichtlinien fest, die detailliert beschrieben, was von jeder Frau erwartet wurde, und die sie den Angestellten ausführlich erläuterte. Sie hatten die Wahl, diese Direktiven zu akzeptieren oder zu kündigen. Zwei der Frauen entschieden sich schließlich dafür zu gehen.

Maryanne mußte eine schwierige Entscheidung treffen: Sollte sie ihre Position als Vorgesetzte gefährden, indem sie ihren Freundinnen gestattete, sie weiterhin auszunutzen, oder sollte sie ihre Freundschaften aufs Spiel setzen und riskieren, als «Drache» zu gelten, wenn sie ihnen mitteilte, daß sie ihr Verhalten nicht länger hinnehmen würde?

Maryanne traf die richtige Entscheidung. Wenn Sie Ihren Freundinnen erlauben, von Ihrer Machtposition zu profitieren, werden Sie selbst letztlich die Leidtragende sein. Als Chefin ist es Ihre Aufgabe, die Arbeit der Angestellten zu überwachen. Wenn Sie Nachlässigkeit zulassen, sind Sie eine schwache Vorgesetzte. Es ist nicht fair von Ihren Freundinnen, Sie in diese Lage zu bringen. Dadurch, daß Sie Ihren Angestellten erklären, was Sie von Ihnen erwarten, überlassen Sie ihnen die Entscheidung, ob sie sich dementsprechend verhalten oder lieber kündigen wollen. Aber wenn Sie sich von den anderen ausnutzen lassen, gefährden Sie Ihren eigenen Job. Es ist schwierig, zu Leuten, bei denen Sie das Gefühl haben, sie respektieren Sie und Ihre Stellung nicht, eine Freundschaft oder auch nur eine gute Arbeitsbeziehung aufrechtzuerhalten.

Bedauerlicherweise fällt es vielen Frauen schwer, anderen genaue Vorschriften zu machen. Frauen lernen durch ihre Sozialisation, Vorschriften zu *akzeptieren*, nicht, sie durchzusetzen. Sie sind nicht die Rolle der Gesetzgeber gewohnt, sondern die der Untertanen.

Ruth Schlesinger war früher für die Leitung psychiatrischer Symposien am New Yorker Medical College zuständig. Als Fakultätsmitglied plant und organisiert sie jetzt nationale und internationale Projekte zu Themen wie Streß und Krankheit, Psychiatrie und Gesetzgebung und psychologische Probleme am Arbeitsplatz. «Frauen müssen sehr klar und entschieden auftreten, um etwas durchzusetzen», meint Ruth. «Wenn eine Frau zu nett und zu nachgiebig ist, wird auf ihr herumgetrampelt. Ich bin erfolgreich. Ich habe Macht. Natürlich gibt es verschiedene Methoden, wie Frauen Erfolg haben können, je nach den Bedingungen; aber letztlich kommt es, genau wie bei Männern auch, auf die Persönlichkeit an. Mit manchen Frauen arbeite ich schon mehr als acht Jahre zusammen. Ich erkläre ihnen genau, wie ihr Arbeitsbereich aussieht, was von ihnen erwartet wird und warum. Man muß mit den Leuten, die für einen und mit einem arbeiten, positive Beziehungen aufbauen. Ich habe kein Problem damit, zu den Leuten, die mit mir zusammenarbeiten, zu sagen: ‹Ich bin aggressiv, ich bin direkt. Ich habe keine verborgenen Pläne.› Aus dem Grund funktioniert mein Team immer sehr gut.»

Ruth legt die Karten offen auf den Tisch. Es gibt keine Unklarheiten. Und sie hat recht – es ist tatsächlich einfacher für eine Frau, mit anderen Frauen zu arbeiten, wenn die Rollen von Anfang an klar definiert sind. Ruth teilt ihren Mitarbeiterinnen gleich zu Beginn mit, welche Art von Arbeitsbeziehung sie sich vorstellt und was die Mitarbeiterinnen ihrerseits von ihr zu erwarten haben.

Man kann davon ausgehen, daß Ihre Mitarbeiter, wenn Sie direkt sind, Ihnen gegenüber ebenfalls direkt und offen sein werden. Und geben Sie ihnen Anlaß zu mangelndem Respekt, werden sie sich auch dementsprechend verhalten. Wenn Sie es zulassen, daß man Sie wie eine schwache Person behandelt, dann werden Sie auch eine schwache Person. Stark sein bedeutet mit Nachdruck zeigen, was man wünscht, erwartet und erhofft. Und diese Stärke macht es weniger wahrscheinlich, daß Sie hintergangen werden. Aber Frauen haben Angst davor, stark zu sein und klar Position zu beziehen.

Thomas H. Delimitros aus Dallas hat die Harvard Business School mit Auszeichnung abgeschlossen. Er ist Investmentunternehmer und besitzt Firmenanteile in den Vereinigten Staaten und in Großbritannien. Seiner Meinung nach fehlen vielen Frauen die Fähigkeiten, um in der Investmentbranche erfolgreich zu sein (Fähigkeiten, die Frauen in jedem geschäftlichen Zusammenhang brauchen).

«Frauen sind vor allem auf Beziehungen bedacht. Sie wollen immer mit Untergebenen und mit Vorgesetzten über ihre Gefühle reden. Oft glauben sie, wenn sie nein sagen, dann mag man sie nicht mehr. Vielen fällt es schwer, aggressiv zu sein und ihre Position mit Nachdruck zu vertreten. Sie müssen begreifen, daß es völlig okay ist, wenn sie aggressiv sind, solange sie dabei nicht zu scharf und fanatisch sind. Frauen müssen lernen, bei geschäftlichen Fragen eine Gegenposition zu beziehen und es nicht persönlich zu nehmen, wenn sie überstimmt werden, vor allem in kleineren Unternehmen. Diese Fähigkeiten werden ihnen helfen, sowohl mit Männern als auch mit Frauen produktiv zusammenzuarbeiten.» Und sich gegen Intrigen zu schützen, fügen wir hinzu.

Schutzmaßnahme Nr. 4: Achten Sie darauf, Ihre Arbeit zu dokumentieren

Wir haben bereits gesehen, daß Frauen dazu erzogen werden, immer nett und freundlich zu sein, vor allem im Umgang mit anderen Frauen. Daher erwarten wir von einer Frau eine fürsorglichere, einfühlsamere Reaktion als von einem Mann, auch wenn diese andere Frau unsere Vorgesetzte ist.

Ein perfektes Beispiel dafür, wie negativ sich solche Erwartungen in eine Frau als Chefin auswirken können, zeigt der Film «Die Waffen der Frauen». Tess glaubt, ihre Vorgesetzte werde ihr allein schon deswegen helfen, weil sie eine Frau ist. Als sie merkt, daß sie betrogen wurde, ist sie völlig geknickt, weil sie sich darauf verlassen hat, daß Katharine sie fair behandeln würde. Wie hätte Tess sich dagegen schützen können, sabotiert zu werden?

Tess hätte ihre Ideen schriftlich festhalten, eine Gesprächsnotiz oder ein Dankschreiben anfertigen sollen, jeweils mit einer Kopie für sich selbst. Ein solcher Text sollte kurz und sachlich abgefaßt, etwa folgendermaßen lauten: «Hiermit danke ich Ihnen, daß Sie sich die Zeit genommen haben, mit mir meinen Vorschlag für einen neuen Aktienbezugsrechtsplan mit dem Unternehmen XYZ zu erörtern. Wie ich Ihnen erzählte, habe ich seit mehreren Monaten Artikel zu diesem Thema gesammelt, und ich freue mich, daß Sie meiner Idee gegenüber so aufgeschlossen sind.»

Etwas schriftlich festzuhalten ist eine gute Methode, Sabotageakte zu verhindern. Es ist eine Taktik, nach der Sie am Arbeitsplatz im Umgang mit Ihren Vorgesetzten, Kollegen, Assistenten und Sekretärinnen vorgehen können. Die folgende Geschichte macht deutlich, wie eine Frau sich dagegen hätte schützen können, zur Margo zu werden, wenn sie ihre Forschungsarbeit dokumentiert hätte.

Elaine Resnick ist Mitglied einer medizinischen Fakultät und vor allem in der Forschung tätig. Sie ist mit dem Chef ihrer Abteilung verheiratet und leitet das Forschungsteam. Als überzeugte Feministin war es für sie selbstverständlich, ihre Studentinnen zur fachlichen Weiterbildung zu ermutigen. Als eine von ihnen sie hinterging, leugnete sie es vor sich selbst – bis diese Frau in einer Talkshow im Fernsehen auftrat und Elaines Forschungsergebnisse als ihre eigenen ausgab.

«Ich habe Probleme mit Konkurrenz», sagt Elaine. «Meine Vorstellung von Erfolg schloß immer ein, daß ich andere Leute mitziehe. Wenn sich mir eine Chance bot, versuchte ich immer, meine Kolleginnen daran teilhaben zu lassen, vor allem solche, für deren Ausbildung ich direkt zuständig war.

Die Eva in meinem Leben war eine meiner Studentinnen, eine junge Frau namens Maura. Ich vermittelte ihr viele berufliche Kontakte. Wurde ich eingeladen, um auf einer Konferenz zu sprechen, fragte ich sie, ob sie mitkommen wolle. Wenn ich ein Projekt hatte, fragte ich sie, ob sie mit mir gemeinsam daran arbeiten wolle. Sie war immer einverstanden. In puncto klinischer Erfahrung hinkte Maura zehn, fünfzehn Jahre hinter mir her. Deshalb fühlte ich mich als ihre Mentorin. Maura sagte oft zu mir: ‹Meine Güte, was bist du für eine tolle Lehrerin! Ich habe schon so viel von dir gelernt.›

Ich betrachtete meine Unterstützung als Selbstverständlichkeit und wertete das, was ich ihr zu bieten hatte, oft eher ab.

Als Anfang der siebziger Jahre der Kokainkonsum zuzunehmen begann, erstellte unser Team die erste demographische Studie über Kokainmißbrauch und die Auswirkungen auf die Bevölkerung. Mein Gebiet war damals die demographische Untersuchung von Leuten, die Kokain nahmen, was bis dahin noch nicht gemacht worden war. Wir interviewten über vierhundert Personen. Maura führte einen großen Teil der Interviews durch. Ich präsentierte zwar unsere Ergebnisse auf mehreren akademischen Konferenzen, bei denen sie oft mit dabei war, aber ich stellte das Material nie zu einer Veröffentlichung zusammen.

Dann wandte sich der Freund einer Patientin aus unserer Klinik an meinen Mann mit dem Vorschlag, gemeinsam mit ihm ein populärwissenschaftliches Buch über Kokain zu schreiben. Als ich das ganz beiläufig Maura gegenüber erwähnte, wurde sie richtig starr und meinte: ‹Paß lieber auf. Ich würde mich nicht darauf einlassen. Ich habe Informationen über diesen Autor, die ich nicht weitergeben darf. Laß besser die Finger von ihm.›

Ich versicherte Maura, daß mein Mann kein Interesse daran habe, ein Buch über Kokain zu schreiben, schon gar nicht mit jemandem aus dem Patientenkreis. Jedesmal, wenn wir uns unterhielten, brachte sie das Gespräch wieder auf dieses Thema, und ich mußte ihr versichern, daß wir nichts mit diesem Autor zu tun haben wollten.

Und warum der ganze Zirkus?

Maura hat selbst einen Vertrag mit dem Mann ausgehandelt. Mit seiner Hilfe und unter Verwendung unserer Forschungsergebnisse schrieb sie ein Buch über Drogensucht. Sie trat in sämtlichen großen Talkshows auf. Die Grundlagenforschung, die sie verwendete, stammte von mir, aber sie brachte es noch nicht mal fertig, meinen Namen in der Danksagung zu erwähnen.

Ich will noch erklären, warum mich das so tief getroffen hat. Maura und ich waren befreundet. Unsere Kinder wuchsen gemeinsam auf, wie Geschwister, die gleiche Spielgruppe, der gleiche Kindergarten. Maura und ich wurden sogar gleichzeitig das zweite Mal schwanger.

Als die Sache mit dem Buch passierte, verschwand sie plötzlich aus meinem Leben.»

Hätte Elaine ihre Forschungsergebnisse schriftlich fixiert und sich als Leiterin des Projekts Geltung verschafft, dann hätte sie eine juristische Handhabe gegen Maura gehabt. Aber ohne Dokumentation hatte sie keinen Beweis für ihre Arbeit. Also kann sie sich nur noch die folgenden Ratschläge zu Herzen nehmen:

1. Machen Sie sich klar, daß Ihre Freundin eine Eva ist, weil sie sich unsicher fühlt. Wie wir bereits gesehen haben, greift eine Eva zur Sabotage, weil sie sich von anderen Frauen bedroht glaubt oder weil sie sich nicht vorstellen kann, daß sie beruflich vorwärtskommen könnte, ohne etwas Unkorrektes zu tun. Eine Eva will vor allem etwas für sich selbst erreichen. Ihre Handlungen beruhen nicht darauf, daß sie auf andere wütend ist – sie ist wütend auf sich selbst.

2. Stellen Sie die Saboteurin zur Rede. Frauen fällt es schwer, jemanden, der sie angreift, direkt darauf anzusprechen. Auf Grund unserer Sozialisation sind wir eher bereit, ungerechte Behandlung hinzunehmen. Um Ihre Wut zu besänftigen, müssen Sie Ihre Rechte durchsetzen, Ihre Empörung zum Ausdruck bringen und sich eingestehen, daß Sie verletzt wurden. Wenn Sie alles hinunterschlucken, unterdrücken Sie Ihre eigentlichen Gefühle, und diese Gefühle werden sich schließlich auf andere, destruktivere Art bemerkbar machen. Außerdem wird eine Eva, wenn sie nicht zur Rede gestellt wird, auf ihrem Weg nach oben auch wei-

terhin anderen Frauen Knüppel zwischen die Beine werfen. Wird sie aber gezwungen, sich mit ihrem Verhalten auseinanderzusetzen, überlegt sie es sich vielleicht das nächste Mal.

3. Lernen Sie, sich mit Hilfe der Ratschläge, die wir in diesem Kapitel gegeben haben, gegen potentielle Evas zu schützen.

Ghostwriter haben manchmal Schwierigkeiten, Anerkennung für ihre Arbeit zu finden. Susan Block, die gemeinsam mit Toni Grant an dem Buch «Being a Woman» (deutschsprachige Ausgabe: «Die Chance, eine Frau zu sein») arbeitete, wurde nicht einmal auf der Titelseite erwähnt. Susans Version der Geschichte zufolge, so wie sie sie uns und einem Reporter des *Herald Examiner* in Los Angeles erzählte, hat Toni Grant sie dafür benutzt, den größten Teil zu schreiben, sie aber sofort fallenlassen, als sie darum bat, in dem Buch genannt zu werden.

Susan meinte, der eigentlich unangenehme Teil der Geschichte habe sich gegen Ende zugetragen, als Toni sie einlud, bei ihr zu Hause den Film «Alles über Eva» anzuschauen. «Ich vermute, das war ihre Art, mir mitzuteilen, ich solle mich zurückhalten.» Susan wurde nach allen Regeln der Kunst ausgebootet – sie sagt, sie sei nicht einmal zur Verlagsparty eingeladen worden.

Für Susan war Toni Grant immer eine Freundin gewesen. «Wir waren uns in vielerlei Hinsicht so ähnlich. Ich habe ihr vertraut.»

Wahrscheinlich verhinderten gerade dieses Vertrauen und der Glaube an ihre Freundschaft, daß Susan einen Vertrag aushandelte, der ihr die Nennung ihres Namens als Ko-Autorin des Buches garantiert hätte. Bei zukünftigen Gemeinschaftsarbeiten wird Susan dafür sorgen, daß ihr Vertrag genau spezifiziert, wo sie namentlich erwähnt wird.

Eine alte Regel lautet: «Mache nie Geschäfte mit

Freunden.» Aber wenn Sie mit einer Freundin oder einem Freund ein geschäftliches Verhältnis eingehen, dann sollten Sie sämtliche Vereinbarungen sorgfältig schriftlich fixieren. Das sichert letztlich auch den Bestand Ihrer Freundschaften. Und indem Sie sich juristisch gegen mögliche Intrigen schützen, verhindern Sie auch, daß Sie zu einer Margo werden.

5
WIE MARGOS MIT VERRAT UMGEHEN

Auch eine Feministin kann zur Eva werden

Da die Frauenbewegung die schwesterliche Solidarität unter Frauen auf ihre Fahnen geschrieben hat, vertrauen viele von uns darauf, daß sie von Feministinnen keine heimtückischen Attacken zu befürchten haben. Wie jedoch die beiden nächsten Geschichten zeigen, kann es durchaus passieren, daß auch eine erklärte Feministin einer anderen Frau in den Rükken fällt. In beiden Fällen wäre die jeweilige Margo geschützt gewesen, wenn sie darauf geachtet hätte, ihre Arbeitsleistung durch Unterlagen zu dokumentieren.

Auch Lorraine Dusky, Co-Autorin des Buches «The Best Companies for Women», mußte erkennen, daß ein feministischer Anspruch Frauen nicht zwangsläufig davon abhält, in die Rolle der Eva zu schlüpfen: «Schon in der Anfangsphase eines Projekts merkte ich, wie eine Feministin, mit der ich zusammenarbeitete, die Arbeit mehr und mehr auf mich abwälzte. Sie war ihrer Aufgabe nicht gewachsen, aber niemand hatte dafür gesorgt, daß sie gehen mußte. Warum? Weil sie krank war. Als das Projekt beendet war, beanspruchte sie prompt den Löwenanteil der Anerkennung für sich, obgleich ich zwei Drittel der Arbeit geleistet hatte. Sie mochte sich verbal als Feministin geben, aber im Grunde war es ihr gar nicht wichtig, sich anderen Frauen gegenüber fair zu verhalten. Es war ein Schock für mich, als ich das erkennen mußte.»

Dennoch ist Lorraine Dusky auch weiterhin von der Wichtigkeit der Frauenbewegung überzeugt. «Ich helfe jungen Frauen gern», sagt sie. «Ich glaube daran, daß wir uns als Mentorinnen betätigen müssen. Wenn wir denen, die nach uns kommen, nicht helfen, die Leiter emporzuklimmen, was soll dann die ganze Frauenbewegung?»

Eine New Yorker Publizistin, die nicht namentlich genannt werden will, berichtet: «Ich begann in den frühen siebziger Jahren, mich innerhalb der Frauenbewegung zu betätigen, und bekam auch gleich den ersten Vorgeschmack davon, was es heißen kann, sich beruflich in dieser Richtung zu engagieren.

Ich hatte die PR-Arbeit für die First Women's Investment Bank and Trust Company übernommen. Geld war dabei nicht drin, nur meine Unkosten. Es ging darum, daß die Angestellten der benachbarten Banken ihre Solidarität mit der Ersten Frauenbank bekunden sollten. Das war natürlich ein Riesen-Presseereignis. Der Tag kam, und es war einer von der Sorte, für die Noah seine Arche gebaut hatte. Eine Sintflut brach über uns herein. Kein Mensch kam mehr irgendwohin. Die Fotografin, die ich angeheuert hatte, traf mit zwei Stunden Verspätung ein, aber sonst kam niemand. Da standen wir unter der Markise mit ein paar Vorstandsmitgliedern wie Betty Friedan, die es geschafft hatte zu kommen, weil sie in der Nähe wohnte. Von der Presse tauchte niemand auf. Die Fotografin hatte zwei Stunden lang auf der überschwemmten Stadtautobahn im Stau gesteckt. Aber die Frauen schoben mir die Schuld in die Schuhe.

Sie meinten, ich hätte ihr Leben ruiniert und verstünde nichts von meinem Job. Sie redeten mit mir, als wäre ich ihre Putzfrau. Das war mir eine Lehre. Von da an habe ich nicht mehr unbezahlt gearbeitet. Man wird so gut behandelt, wie man bezahlt wird!

Die Art, wie sie damals mit mir umgesprungen sind, hat bei mir ziemliche Narben hinterlassen. Ich habe noch an Ort und Stelle beschlossen, nie mehr für eine Frauengruppe zu arbeiten – höchstens vielleicht für leprakranke Frauen!»

Die vehemente Abkehr dieser Publizistin von allem, was mit Frauenbewegung zu tun hat, ist sicherlich nicht gerechtfertigt, weil das Verhalten der Vorstandsfrauen ja nicht repräsentativ für die Ziele und Ideale des Feminismus ist. Aber ihre Feststellung «Man wird so gut behandelt, wie man bezahlt wird» ist richtig. Wer sich selbst achtet, achtet auch die eigene Arbeit. Wer die eigene Arbeit achtet, erwartet dafür auch eine angemessene Entlohnung. Viele Frauen verzichten jedoch auf Bezahlung, weil sie denken: «Das ist doch nichts Großartiges, was ich da mache. Dafür braucht mich keiner zu bezahlen.» Warum empfinden sie so?

Frauen verrichten seit Jahrhunderten unbezahlte Hausarbeit. Außerdem ist es eine Tradition unter Ober- und Mittelschichtsfrauen, sich ehrenamtlich zu betätigen, und vor diesem Hintergrund neigen wir dazu, es normal zu finden, auch für harte Arbeit kein Geld zu fordern.

Wenn Sie wirklich die Absicht haben, Ihre Zeit und Energie für einen guten Zweck gratis zur Verfügung zu stellen, sollten Sie sorgsam darauf achten, daß Sie sich sofort zur Wehr setzen, wenn jemand Sie respektlos behandelt. Auch wenn Sie umsonst arbeiten, sind Sie deshalb noch lange keine Sklavin. Sie verdienen genausoviel Achtung und Höflichkeit wie jede bezahlte Kraft.

Und verkaufen Sie sich, gerade bei anstrengenden und zeitraubenden Arbeiten, nicht zu billig. Viele Organisationen haben besondere Fonds für spezielle Anlässe. Schützen Sie sich davor, ausgenommen zu werden, indem Sie dafür sorgen, daß Ihnen alles, was Sie an Arbeit leisten, vergütet wird – sei es finanziell oder in Form höflicher Behandlung und eines gelegentlichen Dankeschöns. Gehen Sie nicht darüber hinweg, wenn jemand Sie herablassend behandelt. Bestehen Sie darauf, daß man Ihnen die Achtung entgegenbringt, die Sie verdienen.

Was bedeutet die Erfahrung, verraten zu werden?

«Frauen leben innerhalb eines Netzes von Beziehungen und erfahren sich selbst durch diese Beziehungen» (Berkinow).

Solche Beziehungsnetze können Frauen Auftrieb geben, indem sie ihren Sinn für ihre Identität stärken, ihnen ein Gefühl der Verbundenheit vermitteln und sie stützen. Aber sie können Frauen auch herunterziehen, wenn sie in ihnen das Gefühl wecken, unzulänglich, bedroht oder gefangen zu sein. Diese Frauen, die sich in ein bedrohliches Geflecht aus Unsicherheiten eingesponnen fühlen, sind die potentiellen Evas.

Eine Frau, die von einer anderen hereingelegt wurde, hat das Gefühl, als hätte diese ein Loch in ihr Sicherheitsnetz geschnitten und sie abstürzen lassen. Aber wenn ihr Freundinnen und Kolleginnen beistehen und sie stützen, wird sie merken, daß ihr Netz stark und widerstandsfähig ist. Sie wird wieder hochgezogen werden, ihr Netz wird sich flicken lassen, und sie wird ihr positives Verhältnis zu anderen Frauen wiederfinden. Ist ihr Netz aber schwach oder erlebt sie mehrere Bauchlandungen nacheinander, kann es passieren, daß es den Evas gelingt, sie in ihr graues Gespinst einzugarnen. Sie wird ihren Kolleginnen so sehr mißtrauen und sich von ihnen so sehr bedroht fühlen, daß sie schließlich aus Unsicherheit selbst zum Angriff übergeht. Sie wird ihr eigenes Netz zerschneiden, die Bande der Freundschaft und des Vertrauens zu anderen Frauen durchtrennen. Sie wird selbst zur Eva werden und das Eva-Syndrom perpetuieren. Wir wollen uns nun näher ansehen, wie diese Verwandlung einer Margo in eine neue Eva vor sich geht.

Wir haben gefunden, daß die Frau, die von einer anderen verraten wurde, nach einem der folgenden drei Muster reagiert:

1. Sie ist verletzt und wird vorsichtiger, ist aber dennoch weiter bereit, anderen Frauen zu vertrauen und zu helfen.
2. Sie zieht sich aus ihrem Beziehungsnetz heraus, isoliert sich von anderen Frauen und leidet oft unter streßbedingten körperlichen Symptomen. Häufig sabotiert sie sich durch ihre Isolation am Ende selbst.
3. Sie zieht sich zurück und leidet unter Gesundheitsstörungen, ist aber darüber hinaus so tief verletzt und Frauen gegenüber so mißtrauisch, daß sie auf geradezu zwanghafte Weise ständig bestrebt ist, sich gegen mögliche Sabotageakte abzusichern. Sie kann nicht mehr als Teil eines Teams fungieren, weil sie ihren Teamgefährtinnen nicht traut. Einen solchen inneren Zustand bezeichnen wir als Angst vor Verrat. Diese Angst wird über kurz oder lang dazu führen, daß die Frau aus ihrem Gefühl des Bedrohtseins heraus selbst anderen Frauen in den Rücken fällt.

Wir wollen uns jetzt ein paar Margo-Geschichten aus dem Berufsleben ansehen, die diese drei typischen Reaktionsmuster illustrieren.

Eine wichtige Lernerfahrung

Regina Josephs ist Nachrichtenredakteurin bei der NBC. Sie bekam 1986 ihren ersten «Emmy Award» für einen herausragenden Lokalnachrichtenfilm. Ihrer ersten Eva begegnete sie gleich zu Beginn ihrer beruflichen Laufbahn. «Und ich bin froh darüber», sagt sie. «Ich weiß jetzt, welchem Frauentyp ich für den Rest meines Lebens aus dem Weg gehen muß. Ihr verdanke ich es, daß ich diesen Typ jetzt kenne.»

Regina wurde gleichzeitig mit einigen anderen Frauen neu für die Nachrichtenredaktion eingestellt. Da in ihrer Abteilung insgesamt nur wenige Frauen arbeiteten und es für Regina selbstverständlich war, feministisch zu denken, baute sie darauf, daß sich ein kameradschaftlicher Zusammenhalt entwickeln würde. Ein Irrtum, wie sich herausstellte.

«Bald wurde ich zur Aufnahmeleiterin ernannt», erzählt sie. «Ich nehme an, meine Kollegin war neidisch. Sie hatte zwar immer den Eindruck vermittelt, daß sie furchtbar hilfsbereit war – sie war so eine Obertüchtige –, aber die ‹Hilfe›, die sie mir dann hat angedeihen lassen, hätte mich beinahe meine Karriere gekostet.

Wir waren im Studio, und irgend etwas lief schief. Noch ehe ich eine Chance gehabt hatte dahinterzukommen, wo das Problem lag, sagte sie: ‹Ich mach das schon.› Sie marschierte rüber zum Monitor und machte genau das, was man *nie, nie, nie* tun darf. Sie drückte aufs Knöpfchen und schaltete uns ab.

Ich stand hilflos daneben. Sie sagte nur ‹Huch› und verschwand. Da ich die Verantwortliche war, mußte ich dafür geradestehen. Sie hat genau gewußt, was sie tat, aber formal war ich verantwortlich. Ich dachte, meine Vorgesetzten würden mir die Hölle heißmachen, aber sie reagierten zum Glück sehr nett und verständnisvoll. Nach dieser Geschichte schwor ich mir, nie wieder so vertrauensvoll zu sein.

Aber dann kam eines Tages eine junge Frau aus einer anderen Abteilung zu mir und sagte, sie wolle unbedingt weiterkommen. Sie wollte mir helfen. Ich war zuerst sehr reserviert, aber ich merkte auch, daß eine Menge in ihr steckte. Sie war konzentriert, verläßlich, geradlinig, ehrlich. Sie wollte von mir keine Unterstützung während der Arbeitszeit, sondern nur nach Feierabend, wenn sie ihren Job gemacht hatte und ich meinen. Von daher gab es also keinen Konflikt. Sie erwies sich als vertrauenswürdig, weil sie nie von mir erwartete, daß ich irgendwelche Regeln brach, um ihr zu helfen, und weil sie mir immer ehrlich zeigte, wer sie war und was sie wollte. Sie war von Anfang an geradeheraus, und dafür respektierte ich sie. Es machte mir Freude, ihr weiterzuhelfen.»

Durch die schlechte Erfahrung lernte Regina, bei ihren Mitarbeiterinnen sehr genau auf Anzeichen für Eva-typische Verhaltensweisen zu achten. Vorsicht schützt und braucht uns doch nicht daran zu hindern, anderen Frauen zu helfen. Nachdem die Kollegin sich als vertrauenswürdig erwiesen hatte, war Regina nur zu gern bereit, ihr zu helfen. Regina ist klar geworden, daß sich eine Kollegin, nur weil sie eine Frau ist, noch nicht unbedingt «schwesterlich» verhalten wird. Aber vielen Frauen ist tatsächlich daran gelegen, ein freundschaftliches Bündnis mit anderen Frauen einzugehen und ein Netz von Beziehungen zu knüpfen, um einander zu unterstützen. Für Regina war die Erfahrung, sabotiert zu werden, eine wichtige und letztlich hilfreiche Lernerfahrung.

Mißtrauen und Streß

Laura arbeitete bei einem bekannten Design-Studio, hatte aber noch keine eigenen Kunden. Nach vielen Monaten harter Arbeit kam sie mit einem jungen Ehepaar in Kontakt, das sich seine neue Eigentumswohnung einrichten lassen wollte. Als die beiden sich für Lauras Pläne entschieden, war sie überglücklich. Sie brachte viele Stunden damit zu, den jungen Leuten die Details zu erörtern, arrangierte eigens Treffen mit ihren Eltern (die ihnen bei der Finanzierung der Einrichtung unter die Arme griffen) und vermittelte sogar einen Handwerker, der bei der Installierung einer modernen Küche, die in dem Apartment noch fehlte, helfen sollte.

Kurz bevor der Vertrag abgeschlossen werden sollte, legte sich Laura mit einer Grippe ins Bett. Ihre Chefin Vivian, eine sehr renommierte und gut verdienende Innenarchitektin, erkannte die Gelegenheit und ergriff sie beim Schopf. Innerhalb eines Nachmittags hatte sie den jungen Leuten nicht nur die Unterschrift abgeluchst, sondern auch eine deftige Provision, angeblich für Laura. Als Laura wieder zur Arbeit kam und mit Entsetzen feststellte, was Vivian getan hatte, erklärte ihr diese nur achselzuckend, es käme nicht darauf an, wer wieviel Arbeit in ein Projekt investiert habe; das einzige, was zähle, sei der Abschluß: Wer den Vertrag unter Dach und Fach bringe, kassiere die Provision, und wenn ihr das nicht passe, könne sie ja gehen.

Nach diesem Vorfall setzten Lauras Grippesymptome wieder ein, und sie mußte für zwei weitere Wochen zu Hause bleiben. Als sie wieder ins Büro kam, nahm sie all ihre Geschäftsunterlagen und Kundenlisten an sich, um sie gesondert aufzubewahren. Sie brachte sogar ein Schloß an ihrem Schreibtisch an, damit niemand heimlich in ihren Unterlagen stöbern konnte.

Sie suchte nicht mehr die Auseinandersetzung mit Vivian, zog sich aber in der Firma von allen zurück und nahm auch nicht mehr an den gemeinsamen Mittagessen teil. Jede Woche fand eine Besprechung statt, bei der die Projekte erörtert wurden, an denen die einzelnen arbeiteten. Wenn eine Mitarbeiterin einen Kunden hatte, dessen Wünsche eher auf der Linie einer der anderen Kolleginnen lagen, kam es öfters vor, daß man sich auf einen Tausch oder eine Gemeinschaftsarbeit einigte. Da Laura sich bei diesen Besprechungen jedoch so verschlossen zeigte, fiel sie aus diesem Austauschprozeß heraus, was dazu führte, daß sie weniger Aufträge hatte.

Bei Laura hinterließ die Erfahrung, verraten zu werden, ein so großes Mißtrauen, daß sie nicht mehr fähig war, im Team zu arbeiten. Statt Vivian zur Rede zu stellen, unterdrückte sie ihren Zorn und ihre Enttäuschung, was sich prompt auf ihre körperliche Verfassung auswirkte. Laura sabotierte sich schließlich selbst.

«Narben fürs Leben»

Louisa ist eine künstlerisch veranlagte ältere Frau, die eher durch Zufall im Immobiliengeschäft landete. «Die Firma wollte mich haben», erklärt sie, «weil ich einen Blick für Innengestaltung habe. Alle möglichen Leute haben immer zu mir gesagt: ‹Du solltest in die Immobilienbranche gehen. Du bist in der Lage, eine Scheune zu verkaufen und dem Käufer zu erzählen, wie er daraus ein *Schöner-Wohnen*-Objekt machen kann.›» Und achselzuckend sagt sie: «Naja, das habe ich dann wohl auch getan.

Wenn ich ein Haus verkaufe, versuche ich immer, herauszufinden, ob es in der Nachbarschaft Kinder gibt oder Babysitter. Das sind so Sachen, die die Leute interessieren. Weil ich ein Gespür für solche Dinge habe, war ich von Anfang an erfolgreich. Ich habe so viele Häuser verkauft, daß ich gar nicht mehr wußte, was ich mit dem ganzen Geld anfangen sollte. Weshalb ich dann jetzt aussteige? Wegen der hinterlistigen, konkurrenzwütigen Frauen.

Der Tropfen, der das Faß zum Überlaufen brachte, war diese Geschichte mit dem Sechshunderttausend-Dollar-Haus, das ich zu vermitteln versuchte. Ein junges Paar war wohl ein dutzendmal dagewesen, um es zu besichtigen, aber dann hörte ich wochenlang nichts mehr von ihnen. Das Haus stand einfach herum. Nichts rührte sich.

Und dann passierte etwas, was jeder nachfühlen kann, der je mit Immobilien zu tun gehabt hat. Eines Nachmittags, fünf Wochen später, kommt mein junges Pärchen in unser Büro spaziert. Der Mann winkt mit dem Scheckbuch und sagt: ‹Wir wollen es kaufen!› Ich war so aufgeregt, daß ich rausgegangen bin und zu den anderen Frauen gesagt habe: ‹Ich glaube, meine Europa-Reise im Sommer ist gesichert.› Wir haben alle gelacht.

Aber während ich beim Kopierer war, hat eine junge Frau, die neu in der Firma war, einen ihrer Kunden angerufen und ihn wissen lassen, daß das Haus kurz vor dem Verkauf stand. Sie wußte, wie hoch der Preis war, und nannte ihn dem Kunden, und der machte prompt ein höheres Angebot. Ihr Kunde bekam das Haus. Mir ging meine ganze schöne Provision durch die Lappen, und sie sackte statt dessen ihren Anteil ein, einfach nur weil sie mich ausgebootet hatte!»

Louisa entwickelte in der Folge ein fast schon krankhaftes Mißtrauen und eine tiefsitzende Verbitterung gegenüber allen anderen Frauen im Immobiliengeschäft. Sie wurde schließlich so paranoid, daß ihre Gesundheit zu leiden begann, und wenn ihr die junge Kollegin begegnete, die ihr das Geschäft weggeschnappt hatte, mußte sie gegen den Drang ankämpfen, ihr physisch etwas anzutun. «Ich fing an, mir auszumalen, wie ich mich an ihr rächen könnte», erzählt sie. «In meiner Phantasie machte ich vor nichts Halt.»

Erst als ihre Freundinnen ihr klar machten, daß sie ihrer Widersacherin genau das gleiche antun wollte, was sie selbst als so unfair empfunden hatte, gewann sie ein Stückchen Abstand. Sie sprach mit ihrem Mann, der ihr gestand, daß auch er in letzter Zeit an ihr eine deutliche Veränderung zum Negativen bemerkt hatte. Da sie wußte, wenn sie in der Firma blieb, würde sie eines Tages etwas tun, was sie bereuen müßte, gab sie ihren Job auf.

«Das Schmerzlichste an der ganzen Sache war, daß ich dieser jungen Kollegin soviel von meiner Zeit gewidmet hatte. Ich hatte sie vor der erbitterten Konkurrenz gewarnt, die in dieser Branche herrscht, und ihr geraten, sich immer an das zu halten, was für alle Beteiligten gut ist – für den Käufer, den

Verkäufer, die Kolleginnen und Kollegen. Und dann geht sie einfach hin und legt mich in dieser Weise rein. Was sie getan hat, ist einfach unmoralisch.»

Louisa brauchte lange, um von dem Haß auf die junge Kollegin loszukommen, und es dauerte noch länger, bis sie wieder den Impuls spürte, in die Immobilienbranche einzusteigen. Sie hat es schließlich getan – aber diesmal allein.

«Das war für mich die einzige Möglichkeit», erklärt sie rückblickend. «Diese Geschichte hat bei mir Narben fürs Leben hinterlassen.»

Bei Louisa führte die Erfahrung, hintergangen zu werden, zur *Angst vor Verrat*. Sie wurde extrem mißtrauisch und körperlich krank und war von dem Gedanken besessen, sich an der Verräterin zu rächen. Zum Glück hatte sie ein stabiles Netz von Freundschaftsbeziehungen zu Frauen außerhalb ihres Berufslebens, und das bewahrte sie davor, sich von einer Margo in eine neue Eva zu verwandeln. Trotzdem hegt sie immer noch ein heftiges Mißtrauen gegenüber anderen Frauen, und sie hält sich beruflich von ihnen fern. Ein trauriges Resultat, weil Louisa glaubt, eine Lektion fürs Leben gelernt zu haben: Frauen kannst du nicht trauen. Aber das stimmt so mit Sicherheit nicht.

Eine Margo sollte zwar lernen, künftig vorsichtiger zu sein, aber Louisas Geschichte zeigt, wie wichtig es gerade nach solchen Erfahrungen ist, sich andererseits doch klar zu machen, daß viele Frauen durchaus vertrauenswürdig sind. Eine Frau, die gar keine stützenden Beziehungen zu Frauen mehr hat, wird sich oft sehr einsam und isoliert fühlen. Deshalb ist es wichtig, daß betroffene Frauen sich mit ihrer Angst vor Verrat auseinandersetzen, damit sie wieder lernen können, produktive Beziehungen zu anderen Frauen einzugehen.

Kaum eine Frau wird sich gern eingestehen, daß sie sich von anderen Frauen bedroht fühlt oder daß sie bestimmte Abwehrmechanismen entwickelt hat, um sich im Berufsleben vor möglichen Sabotageakten von Kolleginnen zu schützen. Aber es ist wichtig, sich solche Tendenzen in sich selbst bewußt zu machen, weil sie die eigenen Möglichkeiten, effektiv mit anderen Frauen zu kommunizieren, ganz erheblich einschränken können.

Test Nr. 3: Haben Sie Angst vor Verrat?

Fast jede von uns dürfte schon Zeiten erlebt haben, in denen sie auf den Verdacht hin, jemand hintergehe sie, Dinge getan hat, die sie nicht einmal sich selbst eingestehen mag. Erinnern Sie sich daran, wie schwer es war, irgend jemandem – selbst einer engen Vertrauten – zu erzählen, wie Sie sich in den Büschen vor dem Haus Ihrer besten Freundin auf die Lauer gelegt haben, als Sie sie im Verdacht hatten, daß sie Ihren Freund zum Schulaufgabenmachen zu sich einlud? Irgendwie war zwar nichts dabei, einem Jungen hinterherzuspionieren, aber einem anderen Mädchen, einer anderen Frau – das erscheint uns falsch. Ist es schon vorgekommen, daß Sie einer Frau an Ihrem Arbeitsplatz mißtraut haben? Die folgenden neun Fragen sollen Ihnen helfen abzuschätzen, inwieweit Sie bereits in den Sog des Eva-Syndroms geraten sind.

1. Werden Sie mißtrauisch, wenn Sie merken, daß Ihre Sekretärin, Assistentin oder Kollegin etwas in eigener Regie erledigt hat, ohne Ihnen Bescheid zu sagen?
2. Wird Ihnen unbehaglich zumute, wenn Sie mitbekommen, wie zwei Frauen miteinander reden, ohne Sie in das Gespräch einzubeziehen?
3. Kommt es vor, daß Sie Unterlagen oder Notizen auf dem Schreibtisch anderer Frauen lesen, wenn diese nicht da sind, weil Sie wissen wollen, ob sie etwas gegen Sie aushecken?

4. Sind Sie – obwohl Sie sie gar nicht mögen – übertrieben freundlich zu Frauen, die Sie «in die Pfanne hauen» könnten?
5. Essen, trinken oder rauchen Sie mehr als sonst, wenn Sie sich von jemandem bedroht fühlen?
6. Haben Sie Schuldgefühle wegen Ihres Mißtrauens, obgleich Ihnen eine innere Stimme sagt, daß da etwas Verdächtiges im Gange ist?
7. Suchen Sie manchmal vertrauliche Gespräche mit Ihrer Sekretärin, Ihrer Assistentin oder einer anderen Mitarbeiterin, weil Sie befürchten, daß eine Eva in ihrem Umkreis ist?
8. Sind Sie bei der Arbeit übervorsichtig geworden?
9. Arbeiten Sie wesentlich länger als andere, um Ihre Tüchtigkeit zu beweisen?

Wenn Sie mehr als zwei Fragen mit ja beantwortet haben, macht Ihnen zur Zeit die Angst vor Verrat ziemlich zu schaffen. Was können Sie dagegen tun? Wenn Sie wirklich glauben, daß eine Frau an Ihrem Arbeitsplatz Sie zu hintergehen versucht, wird es nicht leicht sein, dem zu begegnen. In solchen Situationen läuft man nämlich Gefahr, auf manipulatives Verhalten selbst mit manipulativen Mitteln zu reagieren. Es ist schwer, eine Eva daran zu hindern, einem in den Rücken zu fallen, ohne ebenfalls mit verdeckten Karten zu spielen, aber es ist sehr wichtig, dieser Versuchung zu widerstehen. Wenn Sie sich auf zwielichtige Praktiken einlassen, werden Sie das Problem nicht lösen, sondern nur selbst daran mitstricken – und Ihre Kolleginnen würden, wenn Sie scheitern, am Ende sagen: «Das geschieht ihr recht.»

Um sich ganz aus dem Sog des Eva-Syndroms zu befreien, müssen Sie sich mit Ihrer Angst vor Verrat auseinandersetzen.

6 STRATEGIEN FÜR DAS ÜBERLEBEN IM BERUF

Bei einer Medien-Konferenz im März 1989 fragte Betty Friedan den Journalisten Allen Neuharth von *USA Today*, ob er meine, daß Frauen das Spiel der Männer mitspielen müßten, um es beruflich zu etwas zu bringen. Neuharth antwortete: «Das hängt davon ab, ob sie ganz nach oben kommen wollen. Einfach nur nett und damenhaft zu sein, reicht nicht in der Wirtschaft. Eine Frau wird nicht vorankommen und es bis in die obersten Etagen schaffen, wenn sie nicht bereit ist, zu intrigieren und Komplotte zu schmieden wie die Männer. Die Frage ist, wohin sie kommen will. Wenn sie ganz nach oben will, muß sie tun, was jeder tun muß, um dorthin zu kommen. Bei *USA Today* oder jeder anderen Zeitung oder Fernsehgesellschaft oder Großfirma, die ich kenne, muß man sich mit Klauen und Zähnen durchkämpfen, wenn man zur Spitze strebt.»

Von diesem eigenartigen Rat («intrigieren und Komplotte schmieden wie die Männer») ausgehend, wollen wir uns einmal die unterschiedlichen Grundhaltungen ansehen, mit denen Männer und Frauen dem gängigen Klischee zufolge an ihren Berufsalltag herangehen. Wenn auch zwischen diesem Klischee und dem tatsächlichen Verhalten von Frauen und Männern im Arbeitsleben ein so tiefer Graben zu klaffen scheint, ist es doch für Frauen weiterhin wichtig, sich dieser herkömmlichen Auffassungen bewußt zu sein, wenn sie vorankommen und gerade auch in die oberen Etagen vordringen wollen. Die Vorurteile gegen Frauen im Berufsleben sind alt und tiefverwurzelt, und wir werden nur gegen sie ankommen, wenn wir uns ihrer bewußt sind und ihnen sofort begegnen können, sobald wir auf sie stoßen.

Der Rat einer Karrierefrau

Willa Armstrong, Direktorin einer Public-Relations-Firma in Manhattan, stimmt uns zu – natürlich gibt es Vorurteile gegen Frauen im Berufsleben –, doch sie meint, diese Probleme rührten zum Teil auch daher, daß viele Frauen selbst nicht genau wissen, ob sie wirklich beruflich ganz nach oben kommen wollen.

«Frauen müssen auch zeigen, daß es ihnen mit der Karriere wirklich ernst ist», sagt sie. «So viel Zeit ist noch nicht ins Land gegangen, daß Frauen sich schon ganz darauf hätten ausrichten können, es bis an die Spitze der Firmenhierarchien zu schaffen. Aber wenn sie die Leitern tatsächlich hinaufsteigen wollen, muß zweierlei passieren. Zum ersten müssen sie begreifen, daß es nicht alle Frauen bis ganz nach oben schaffen können. Da ist einfach nicht soviel Platz. Das hat nichts mit Geschlechtszugehörigkeit zu tun – es sind schlicht die mathematischen Gesetze des Geschäftslebens.

Und zum anderen müssen sich die Frauen dafür entscheiden, ihrer Karriere wirklich die Priorität zu geben. Sie können sich nicht die Möglichkeit offenhalten, auszusteigen, zu Hause zu bleiben, Kinder zu kriegen und dazusitzen und zuzugucken, wie sie heranwachsen. Viele Generationen lang sind die Kinder auch groß geworden, ohne daß ihre

Mütter dabei zugeguckt haben. Männer halten sich diese Option nicht offen. Sie streben es gar nicht an. Und sie scheinen es nicht zu vermissen. Frauen müssen einfach auch sagen: ‹Mein Beruf ist mein Leben, und mein Leben ist mein Beruf.›

Eine Frau, die beruflich erfolgreich sein will, muß sich diesem Ziel mit Haut und Haar verschreiben und sich die Karriere zur Lebensaufgabe machen. Das ist es, was sie tut. Sie arbeitet.»

Als positive Merkmale typisch «weiblichen» Verhaltens gelten im allgemeinen eine gewisse lebensbezogene Weisheit und Menschlichkeit.

Aber wenige Männer – und wenige Vorgesetzte – begegnen dem weiblichen Bedürfnis nach einer Atmosphäre der Wärme und Fürsorglichkeit mit Verständnis oder wirklicher Wertschätzung.

Warum? Das Problem liegt weniger bei den Frauen als in der Struktur der Arbeitswelt. Tatsache ist: die Arbeitswelt ist keine ideale Welt – und daran hat auch die feministische Revolution bislang wenig geändert, obgleich eines ihrer großen Ziele die «Feminisierung» oder «Humanisierung» der Arbeitswelt war. Aber es beginnt sich, wenn auch langsam, etwas zu verändern:

- ❑ In einer Zeit, da die Betriebstreue von Angestellten und Arbeitern aufgrund der harten Konkurrenz für die Firmen von entscheidender Wichtigkeit ist, verweigern immer mehr qualifizierte Arbeitskräfte die Beförderung oder Versetzung auf andere Posten, wenn ihnen dadurch weniger Zeit für die Familie bleibt.
- ❑ Familienfreundlich ausgerichtete Firmen verzeichnen drastische Verbesserungen hinsichtlich Betriebstreue, Arbeitsmoral und Fehlzeiten.

Baila Zeitz und Lorraine Dusky führen in ihrem Buch «The Best Companies for Women» eine ganze Reihe von Firmen auf, die sich durch solche familienfreundlichen Programme auszeichnen. Aber diese Umgestaltung der Arbeitswelt geht nur sehr langsam vor sich. Deshalb haben viele Frauen, so auch Willa Armstrong, beschlossen, es – mit allen Konsequenzen – den Männern gleichzutun.

«Manieren machen den Mann»

Für Frauen ist es wichtig zu begreifen, daß sie nicht ihre Grundhaltung ändern müssen. Sie müssen sich nur der Tatsache bewußt sein, daß ihre Kollegen mit großer Wahrscheinlichkeit dazu neigen werden, ihr beobachtbares Verhalten vor dem Hintergrund der gängigen geschlechtsspezifischen Stereotypen zu bewerten. Deshalb sollten Frauen lernen, sich im Berufsleben eine gewisse «Tarnung» zuzulegen.

Interessanterweise operieren auch Männer mit einem solchen Tarnverhalten. Etliche Manager meinen, daß man bei näherem Hinsehen unter den Top-Leuten in der Wirtschaft durchaus Persönlichkeiten entdecken würde, die viele jener mit Sensibilität assoziierten Eigenschaften besitzen, wie man sie gewöhnlich Frauen zuspricht. So erwarb sich etwa Merck den Ruf einer besonders familienfreundlichen Firma, weil im Top-Management Männer saßen, die das Familienleben genauso wichtig nahmen wie Frauen. Merck & Co. genießt in Wirtschaftskreisen großen Respekt wegen ihrer familienfreundlichen Konzepte. Sie gewährt ihren Beschäftigten großzügigen Mutterschaftsurlaub sowie Vergünstigungen für Väter und Adoptiveltern, und sie stellt auch Betreuungseinrichtungen zur Verfügung.

Ein Geschäftsmann aus Chicago meint, daß ein Mann, um im Wirtschaftsleben erfolgreich zu sein, mehr mitbringen muß als männlichen Schwung. Er ist davon überzeugt, daß viele Firmen ihren Erfolg Top-Managern verdanken, die «weibliche» Intuition mit üblicher geschäftsmännischer Tüchtigkeit verbinden. Selbst aus der Marine kommend, hat er bemerkt, daß Männer mit ausgeprägter Business-Attitüde sich oft schwer damit tun, sich auf eine sensible Art und Weise Geltung zu verschaffen, und daß sie, wenn es ihnen gelingt, eine gewisse persönliche Flexibilität zu kultivieren, viel eher erfolgreiche Strategien entwickeln. Er erklärt, es sei an der Zeit, daß Männer und Frauen zu einer echten Kooperation fänden.

Andere sind der Ansicht, daß Frauen, was das Verhalten im Berufsleben betrifft, von den Männern noch viel lernen müßten. So gibt es Karrierefrauen, die meinen, Männer hätten die besseren Geschäftsmanieren. Andere mögen dem widersprechen, aber Tatsache bleibt, daß Männer noch immer der Maßstab sind, an dem Frauen in gehobenen Stellungen gemessen werden.

Interessanterweise haben die beruflichen Umgangsformen der Männer kaum je mit persönlicher Aufmerksamkeit oder Großzügigkeit zu tun. So sind es zum Beispiel eher die Frauen in Vorgesetztenpositionen, die mit ihren Untergebenen einfühlsam umgehen. Männer mögen zwar einen Umtrunk für die gesamte Belegschaft spendieren, wenn ein wichtiger Abschluß unter Dach und Fach ist, aber es sind gewöhnlich Frauen, die der Assistentin oder Sekretärin ein kleines Geschenk mitbringen, wenn diese einen wichtigen Beitrag zu einem Projekt geleistet hat. Im normalen Arbeitsalltag sind unserer Meinung nach die Frauen den Männern in puncto Umgangsformen überlegen, aber wenn es um Strategien geht, die dem persönlichen Fortkommen dienen, sind die Männer in der Regel gewiefter.

Die meisten Männer in der Geschäftswelt handeln prompt, wenn sich die Möglichkeit bietet, jemandem, der ihnen beruflich weiterhelfen kann, einen Gefallen zu tun oder Glückwünsche zukommen zu lassen. Sie tun es ganz selbstverständlich, ohne Rücksicht auf ihre persönlichen Gefühle und daher auch ohne Scheu davor, möglicherweise für Heuchler gehalten zu werden. Frauen lassen sich dagegen oft durch ihren eigenen Aufrichtigkeitsanspruch lähmen. Wenn sie jemanden nicht leiden können, gratulieren sie ihm auch nicht. Bei einer Person, von der sie sich eingeschüchtert fühlen, wollen sie sich nicht «anbiedern». Wenn sie eifersüchtig und unsicher sind, kommen ihnen gewöhnlich Worte des Lobes schwer über die Lippen.

Die Management-Beraterin Marjorie Blanchard meint, daß Frauen lernen müssen, sich gegenseitig mehr Anerkennung zu zollen. «Wird beispielsweise im Betrieb publik gemacht, daß eine Frau befördert wurde oder irgendeine herausragende Leistung vollbracht hat, dann finde ich es enttäuschend, wenn die anderen Frauen in der Firma ihr nicht gratulieren.

Anerkennung bekommen Frauen fast immer nur von Männern. Männer haben einfach die besseren Manieren, wenn es darum geht, anderer Leute Erfolge zu würdigen.»

Vielleicht sind es auch einfach nur die besseren Strategien, und man sollte sich von ihnen nicht darüber hinwegtäuschen lassen, daß männliches Berufsgebaren oft genug auch sehr taktlos sein kann. Manieren sind letztlich eine Sache der individuellen Persönlichkeit und nicht des Geschlechts.

Frauen neigen in besonderem Maß dazu, innerlich davon auszugehen, daß sich die Menschen in ihrer Umgebung und insbesondere Männer in Autoritätspositionen anständig und gerecht verhalten werden. In Wirklichkeit können jedoch auch die erfolgreichsten und mächtigsten Männer falsch, hinterlistig und egoistisch sein. Sie werfen einander oft skrupellos Knüppel zwischen die Beine und zögern nicht, sich (manchmal mit unfairsten Mitteln) zu erkämpfen, was sie haben wollen.

Eine Wissenschaftlerin mußte vor einiger Zeit entdecken, daß der Leiter des Informationsbüros ihrer Universität einen von ihr verfaßten Artikel für sich vereinnahmt hatte. Er hatte ihren Kollegen gegenüber erklärt, der größte Teil des Textes stamme von ihm, während er in Wahrheit nur ein einziges Mal mit ihr darüber geredet hatte. Als sie einer guten Freundin und deren Mann davon erzählte, brach sie in Tränen aus, weil sie sich so übel hintergangen fühlte. Sie berichtet:

«Lisas Mann, Direktor eines großen Konzerns, sagte zu mir: ‹In Big Business-Kreisen wird nicht geweint. Wenn bei uns jemandem so etwas passiert, wird er den Übeltäter einfach für sich streichen. Wenn es jemand ist, mit dem man gezwungenermaßen weiter zu tun hat, arbeitet man neben ihm her, aber nie mit ihm zusammen. Wenn er für einen arbeitet, wirft man ihn raus. Man läßt sich von ihm nicht weiter tangieren, weil er für einen gar nicht mehr existiert.›»

Frauen neigen dazu, es persönlich zu nehmen, wenn sie hintergangen werden, und sich eher einen anderen Job zu suchen als «sich durchzuboxen». Männer hingegen scheinen in einem solchen Fall weniger leicht zurückzuweichen und den Betrug eher als ein Zeichen der Schwäche des anderen zu deuten. Darum werden Männer mit schlechten beruflichen Manieren (und mit einer noch übleren Berufsmoral) rasch aus dem System eliminiert.

Von Männern lernen

Das Eva-Syndrom betrifft beide Geschlechter. Frauen nehmen aber solche Sabotageakte persönlicher und neigen dazu, als Konsequenz anderen Frauen ihre Unterstützung und Hilfsbereitschaft zu entziehen. Männer können Frauen helfen, sie können sie aber auch behindern. Frauen können sich gegenseitig helfen, indem sie sich nicht in das «Papas Liebling»-Spiel verstricken lassen. Evas, die als kleine Mädchen gelernt haben, Daddy um den Finger zu wickeln, gehen davon aus, daß in der Erwachsenenwelt die gleichen Regeln gelten. Den Chef um den Finger zu wickeln, selbst wenn es auf Kosten einer Kollegin geht, ist für erfolgssüchtige Frauen der schnellste Weg nach oben. Ein gefährlicher und einsamer Weg.

Was tun, wenn «Papa» oder ein Kollege Ihr Verhalten beeinflußt?

- ❑ Lassen Sie sich nicht auf Konkurrenzspiele ein, bei denen es darum geht, sich bei «Papa» lieb Kind zu machen.
- ❑ Lassen Sie sich nicht von einer Eva einreden, sie wisse, wie man den Chef oder einen anderen Vorgesetzten zu nehmen habe.
- ❑ Lassen Sie sich nicht auf das «Ele-mele-mu» ein, wer unter den Kolleginnen die Rolle der «Büro-Ehefrau» übernimmt.
- ❑ Betrachten Sie Ihren Chef nie als Vaterfigur.
- ❑ Bleiben Sie immer sachlich-professionell und schauen Sie hinter die Autoritätsfassade.
- ❑ Konzentrieren Sie sich auf Ihre Arbeit und nicht auf das Geschlecht der Menschen, mit denen Sie es zu tun haben.
- ❑ Bemühen Sie sich, Ihre Arbeit so gut Sie es können zu tun, ohne sich in Ihrem Verhalten von einem Mann bestimmen zu lassen.
- ❑ Machen Sie sich vor allem klar: Auch Männer spielen ihre Spiele, und es kann sehr wohl sein, daß Ihr Spiel Teil des Spiels eines anderen ist – eines Spiels, bei dem es nur Verlierer gibt.

7
WIE SICH DAS EVA-SYNDROM ENTFALTET

In den vorangegangenen Kapiteln haben wir die sozialen und politischen Einflüsse untersucht, die es begünstigen, daß Frauen sich im Berufsleben gegenseitig Fußangeln zu legen versuchen. Bislang haben wir uns aber noch nicht mit der Frage beschäftigt, welche psychologischen Faktoren bei den Frauen selbst solche destruktiven Verhaltensweisen fördern. Alle Frauen bringen bestimmte innere Konflikte mit, die sie offenbar dafür prädisponieren, mit ihren Geschlechtsgenossinnen in ein Rivalitätsverhältnis zu treten und ihnen manchmal sogar mit regelrechter Feindseligkeit zu begegnen. Diese Konflikte wurzeln, wie Psychologen festgestellt haben, vor allem in der komplexen und oft problematischen Beziehung zur eigenen Mutter.

Von Fachleuten und auch von Laien ist viel über diese Mutter-Tochter-Beziehung geschrieben worden. (Literaturhinweise zu diesem Thema finden Sie in der Bibliographie.) In diesem Kapitel möchten wir nur aufzeigen, inwiefern ein besseres psychologisches Verständnis der eigenen Beziehung zur Mutter Frauen dabei helfen kann, ihre Beziehungen zu anderen Frauen am Arbeitsplatz zu verbessern. Wenn wir erkennen, warum wir selbst und unsere Mitarbeiterinnen manchmal schwierig sind (was fast immer auch psychische Ursachen hat), gewinnen wir ein tieferes Verständnis menschlicher Verhaltensweisen und Motive, das uns hilft, mit den Kolleginnen weniger verurteilend und effektiver zu kommunizieren.

Mütter und Töchter

Mütter können für ihre Töchter Rollenvorbilder sein, denen sie nacheifern, aber auch destruktive Mächte, gegen die sie sich auflehnen. Im einen wie im anderen Fall identifizieren sich die meisten Töchter stark mit ihren Müttern.

Zwischen Müttern und Töchtern besteht nach Ansicht der New Yorker Psychoanalytikerin Esther Menaker eine tiefe Ich-Identifikation, weshalb es Frauen manchmal sehr schwer fällt, sich selbst zu akzeptieren. Wenn eine Mutter ihre Tochter zur Lebensstütze macht und diese Tochter aus der normalen kindlichen Abhängigkeit heraus ein Bild der Mutter internalisiert, in dem die Befriedigung der mütterlichen Bedürfnisse bestimmend ist, dann, so Esther Menaker, wird die Tochter *für die Mutter leben.* Wenn sie es nicht schafft, sich im Zuge des Erwachsenwerdens von der Mutter zu lösen oder von ihr akzeptiert zu werden, können die Folgen verheerend sein. Sie manifestieren sich in allen Bereichen des täglichen Lebens, am deutlichsten – und destruktivsten – jedoch in einem gespannten Verhältnis zu anderen Frauen, das sich, wie wir gesehen haben, sehr oft am Arbeitsplatz einstellt.

Untersuchungen zeigen, daß Frauen, die sich von ihren Müttern zornig, aber ohne emotionale Lösung abgewandt haben, im Berufsleben zumeist schwer zurechtkommen, weil sie andere Frauen als Mutterfiguren sehen und sich gegen sie auflehnen. Frauen, die sich dagegen gar nicht von den Müttern lösen konnten, haben Schwierigkeiten im Berufsleben, weil sie sich zu sehr bemühen, es ihren weiblichen Vorgesetzten recht zu machen, und viel zu abhängig von der Reaktion dieser anderen Frauen sind.

Im Verlauf unserer eigenen Studien konnten wir fünf Typen von Müttern identifizieren: die akzeptiernde, die abwesende, die konkurrierende, die dominierende und die unaufrichtige Mutter. Jeder dieser Muttertypen hatte die Töchter auf eine ganz eigene Weise geprägt und ihnen spezifische «wunde Punkte» mitgegeben, die sich im Berufsleben bemerkbar machten. Dagegen konnten wir nicht feststellen, daß der Muttertyp irgendeinen zwingenden Einfluß darauf hat, ob die Tochter im Beruf «gut» ist oder nicht. In jedem Fall wurden die konkreten Qualitäten jeder Frau ebenso durch ihre individuellen Persönlichkeitsmerkmale wie durch Herkunftsmilieu und Erziehung geprägt. Unter dieser Einschränkung können wir von den folgenden Generalisierungen ausgehen.

Töchter akzeptierender Mütter

Akzeptierende Mütter gestatten es ihren Töchtern, ihre eigenen Fehler zu machen und sich ihre Ziele selbst zu stecken. Töchter, die sich in dieser Weise von ihren Müttern angenommen und unterstützt fühlen, werden später im Beruf manchmal selbst eine Mentorinnenrolle gegenüber anderen Frauen übernehmen. Wenn sie mit Frauen konkurrieren, dann meist auf eine positive und konstruktive Weise.

Jennie Farley, Assistenzprofessorin für Wirtschaftswissenschaften mit dem Spezialgebiet Arbeitgeber-Arbeitnehmer-Beziehungen an der Cornell University, hatte eine solche akzeptierende Mutter. «Meine Mutter war sehr klug und sehr lustig und hat ihr Leben lang hart gearbeitet. Sie war sehr aktiv im sozialen Bereich und hat uns vier Kinder großgezogen. Vor ihrer Heirat war sie Sonderschullehrerin für behinderte Kinder. Dann hat sie sich aus dem Berufsleben zurückgezogen und uns allen durch ihre Erziehung eine Menge mitgegeben. Ich glaube, es geht auf ihren Einfluß zurück, daß ich heute schreibe. Sie hat mich schon als kleines Mädchen dazu ermutigt. Und irgendwann habe ich dann bei *Mademoiselle* angefangen.

Frauenzeitschriften sind für Frauen eine Chance. Sie sind auch so etwas wie Mütter für uns. Als ich bei der Presseabteilung in Cornell war, arbeitete ich für eine sehr nette Frau, von der ich gelernt habe, Mentorin für andere Frauen zu sein.»

Jennies Haltung ist in der Welt der Karrierefrauen wohl eher eine erfrischende Ausnahme. Dabei hat sie es nicht leicht gehabt. Sie mußte sich ihre Professur mühsam erkämpfen. Nachdem sie ihr zunächst verweigert worden war, blieb Jennie in Cornell, um auf einem anderen, aber immerhin fachverwandten Gebiet zu arbeiten, bis sie schließlich ihre Stelle bekam. Die von der Mutter übernommene freundliche Grundhaltung wirkte sich in ihrem Fall nicht hinderlich auf die Karriere aus, sondern half ihr sogar, anderen Frauen zu helfen.

Mütter, die ihre Kinder bedingungslos lieben, geben ihnen eine ganz besondere Gabe mit. Aber diese Gabe erweist sich für Frauen im Berufsleben nicht unbedingt als förderlich. Die Menschen, mit denen man bei der Arbeit zusammen ist, sind keine Familie. Der Chef ist kein Vater, die Chefin keine Mutter. Frauen, die akzeptierende Mütter hatten, sind oft nicht für die Konkurrenz und Aggressivität gerüstet, die das Berufsleben bestimmen. Wenn Sie zu diesen Frauen gehören, kann Ihnen vielleicht das zehnte Kapitel dieses Buches, in dem es um Voraussetzungen für den beruflichen Erfolg geht, dabei helfen, Ihre Fähigkeit, andere Menschen zu akzeptieren, in eine festere, professionelle Haltung umzuformen, die es Ihnen ermöglicht, effektiver mit Ihren Kolleginnen umzugehen.

Sally Eberhardt, Therapeutin und Leiterin eines Management-Trainingsprogramms, hatte, wie sie sagt, ebenfalls eine akzeptierende Mutter, aber deren Art, sie zu akzeptieren nahm offenbar eine andere Form an als bei Jennie Farleys Mutter.

«Meine Mutter hat mich immer ermutigt, mich als jemanden zu sehen, der arbeiten und etwas für die Gesellschaft leisten kann. Sie hat mich alle möglichen Dinge ausprobieren lassen, aber sie war trotzdem kritisch. Sie ist es immer noch, aber inzwischen bringt sie ihre Kritik in ausgewogener Form vor. Sie sagt: ‹Sally, du bist gescheit, aber chaotisch.› Sie ist kritisch, aber liebevoll. Problematisch wird es, wenn eine Mutter kritisch ist und ihrer Tochter vermittelt, daß sie sie nicht liebt.»

Und wie wird Sally im Berufsleben mit Kritik fertig? In einem ihrer Seminare war ihr klar, daß die Teilnehmer Kritik vorbringen würden. Statt sich selbst dieser Kritik auszusetzen, übertrug sie es einer anderen Frau, den kontroversen Teil der Veranstaltung zu bestreiten, während sie die Rolle der Moderatorin übernahm. Die andere Frau wußte vorher, daß sie in die Schußlinie geraten würde. Das war Sally wichtig, denn sie hatte von ihrer Mutter gelernt, immer offen zu den Leuten zu sein, mit denen sie zusammenarbeitete. Der Plan klappte tatsächlich. Es kam zwar zu einer Kontroverse, aber Sally blieb in der Rolle derjenigen, die das Gespräch steuerte, die die Situation in der Hand hatte und auf alles die richtige Antwort wußte. Obgleich in einem akzeptierenden Klima großgeworden, hat Sally gelernt, daß es auch wichtig ist, sich erfolgreiche Managementtechniken anzueignen, da Persönlichkeit allein oft nicht ausreicht, um sich in einer Autoritäts- und Machtposition zu halten.

Töchter abwesender Mütter

Es gibt viele Frauen, in deren Kindheit die Mutter aus irgendeinem Grund als Rollenvorbild nicht zur Verfügung stand. Wir haben im Zuge unserer Untersuchungen herausgefunden, daß solche Frauen in der Regel einen von zwei Wegen wählen, dieses Manko zu kompensieren: sie legen sich entweder mit der Zeit ihre eigenen Regeln zurecht (und gehen dann im allgemeinen eher etwas rücksichtsloser mit anderen Frauen um), oder aber sie suchen sich außerhalb der Familie eine verständnisvolle Mentorin.

Kinder abwesender Mütter – oder auch von Müttern, die ihnen nicht genügend emotionale Zuwendung geben konnten, weil sie krank, alkoholsüchtig oder chronisch depressiv waren oder aber starben, ehe sie bei der Tochter ein bleibendes Bild hinterließen – können es durchaus schaffen, ihr eigenes Leben positiv zu gestalten. Die Sozialarbeiterin Alicia Cohen hatte beispielsweise eine abwesende Mutter, die für sie dennoch ein exzellentes Rollenvorbild abgab. Alicias Mutter hatte, noch während ihre Kinder klein waren, ihr Studium wieder aufgenommen. Obwohl Alicia ihre Mutter vermißte, war sie ihr doch gleichzeitig ein so motivierendes Vorbild, daß sie später nach der Geburt ihres Kindes ebenfalls wieder an die Universität zurückkehrte und innerhalb eines Jahres ihr Examen ablegte. Dennoch hat die physische Abwesenheit der Mutter Alicias Fähigkeit beeinflußt, berufliche Beziehungen zu anderen Frauen einzugehen. «Es fällt mir schwer, darauf zu vertrauen, daß Frauen in meinem Beruf für mich eine Art Stützsystem sein können», sagt sie.

Wie viele Frauen in einer solchen Position hat Alicia einen starken Leistungsdrang. Deswegen übernimmt sie sich öfters. Das hat zur Folge, daß sie häufig unter Streß steht und ihre Kolleginnen sich durch ihren Ehrgeiz manchmal unter Druck gesetzt fühlen.

Grace Hechinger fand, anders als Alicia, an ihrer Mutter wenig Nachahmenswertes. Deshalb suchte sie sich andere Frauen als Rollenvorbilder.

«Meine Mutter war eine traditionelle Hausfrau und Mutter. Sie hat kaum je irgend etwas außer Haus gemacht, höchstens gelegentlich ein bißchen ehrenamtliche Arbeit. Ich hatte immer das Gefühl, daß ihr Leben leer war und sie selbst sehr unzufrieden. Ich beschloß, auf keinen Fall so zu werden. Ich sah mich nach anderen Frauen um, die ich mir zum Vorbild nehmen konnte. Und ich habe sie auch gefunden.»

Grace ist Hausfrau und Mutter und Autorin des Buches «How to Raise a Street Smart Child». Sie schrieb zunächst drei Bücher zusammen mit ihrem Mann, Fred Hechinger, einem auf Erziehungsfragen spezialisierten Kolumnisten der *New York Times*, ehe sie beschloß, sich an ein eigenes Werk zu wagen.

«Man muß sichergehen können, daß man bei der Arbeit nicht die Normen und Einstellungen der eigenen Mutter mit sich herumschleppt, sonst gibt es Probleme», sagte sie. «Ich glaube, wenn die Frauen sich dieses Konfliktes bewußt wären und sich klarmachen würden, daß es noch eine Menge anderer Möglichkeiten gibt, die Dinge zu sehen, als durch die Brille der Mutter, dann könnten sie auch anders damit umgehen, als immer nur so zu tun, als gäbe es das Problem gar nicht... Für Mütter ist es nicht üblich, sich zu fragen: ‹Was springt dabei für mich raus?› Aber wenn man im Berufsleben steht, wenn man selbst als Mentorin für andere Frauen fungiert, dann heißt das, daß man jemandem hilft und dafür auch etwas erwartet. Das Problem ist, daß Frauen dazu neigen, sich um andere zu kümmern, ohne davon auszugehen, daß sie dafür auch etwas kriegen. Natürlich wird man dann ausgenutzt – so sind die Menschen nun mal.»

Praktisch und resolut, wie Grace ist, suchte sie sich die Rollenvorbilder, die sie brauchte, anderswo. Sie wurde sich darüber klar, daß ihre Rolle nicht die ihrer Mutter ist, sondern ihre eigene, die sie sich selbst aussucht. Deshalb konnte sie die Probleme, die eine unangemessen mütterliche Haltung im Beruf für Frauen mit sich bringt, klarer sehen und für sich vermeiden.

Töchter konkurrierender Mütter

Töchter von Müttern, die ständig mit ihnen um die Zuwendung des Vaters konkurrierten, haben oft ein konfliktbeladenes Verhältnis zu anderen Frauen. Das kann sogar so weit gehen, daß sie von einem tiefsitzenden Groll gegen alle Frauen erfüllt sind. Eine solche Tochter wird anderen Frauen kaum jemals wirklich trauen, weil die Konkurrenzhaltung ihr in Fleisch und Blut übergegangen ist.

Jane S., Ex-Redakteurin von *Redbook*, ist jetzt Journalismus-Dozentin an der Columbia University. Sie hat am eigenen Leib erfahren, wie schwer es ist, mit einer Frau zusammenzuarbeiten, die in einem Konkurrenzverhältnis zu ihrer Mutter aufgewachsen ist.

«Ich hatte während meiner ersten Berufsjahre viel von der Frauenbewegung miterlebt und ging deshalb davon aus, daß Frauen sich gegenseitig solidarisch unterstützen können und müssen», erzählt sie. «Aber einmal hatte ich mit einer Frau zu tun, deren Mutter ihr beigebracht hatte, keiner anderen Frau über den Weg zu trauen – die alte Einstellung eben. Ich brauchte sechs oder acht Monate, bis ich richtig mit ihr arbeiten konnte. Sie war immer mißtrauisch bei allem, was ich tat. Das hat mir sehr zu schaffen gemacht. Ich war ihre Vorgesetzte. Aber eines Tages hat sie sich dann offenbar dazu durchgerungen, mir eine Chance zu geben.» Nach diesem Wendepunkt, so berichtet Jane, «wurde sie eine der besten Kräfte in unserer Abteilung».

Wenn Frauen am Arbeitsplatz anderen Frauen gegenüber grundsätzlich mißtrauisch sind, wurzelt diese Haltung sehr oft in der frühen Erfahrung mit einer Mutter, die aus dem Drang heraus, mittels der Leistungen der Tochter mit anderen Müttern zu konkurrieren, das Vertrauen des Kindes enttäuschte. Ebenso werden viele Frauen, die als Kinder mit der Mutter konkurrieren mußten, im Berufsleben sofort in ein Konkurrenzverhältnis mit jeder weiblichen Person eintreten, die sie in irgendeiner Weise «bemuttert». Solche Frauen können, wie das folgende Beispiel zeigt, für die nichtsahnende Mentorin zu einer ernsten Gefahr werden.

Karen konnte sich dank der von ihrer Mutter übernommenen Tüchtigkeit und Freundlichkeit eine besondere Stellung in einer sonst von erbarmungsloser Konkurrenz geprägten Werbeagentur an der Madison Avenue sichern. In einer Klosterschule erzogen, wo Uniformen zum Leben gehörten, legte sie sich in der eher schrillen Welt der Werbung einen uniformähnlichen Kleidungsstil zu. Sie trug grundsätzlich nur schwarze Strickkleider oder -kostüme mit klassisch-schlichtem Goldschmuck. Diesen Stil behielt sie über alle Wandlungen der Mode hinweg bei. «Ich glaube, daß mein Äußeres eine gewisse Verläßlichkeit suggeriert hat», meint sie. «Die Leute erkannten mich immer gleich wieder. Nach zehn Jahren galt ich einfach als jemand, der immer gut aussieht, Leistung bringt und im Notfall überall einspringen kann. Wenn junge Frauen in die Werbebranche einsteigen wollten, stellte man mich dafür ab, sie unter meine Fittiche zu nehmen.»

Die jungen Frauen beneideten und fürchteten Karen. Obwohl sie eher ein fürsorglicher Typ ist, sahen viele in ihr eine Figur, mit der es zu konkurrieren galt. Karen war für sie diejenige, die dem männlichen Machtzentrum am nächsten stand. Dabei wollte sie in ihrer mütterlichen Art ihren Schützlingen gern weiterhelfen. Aber in den meisten Fällen endeten diese Versuche damit, daß die jungen Frauen dem übermächtigen Konkurrenzdruck nicht standhielten und wieder ausstiegen.

«Die Tatsache, daß ich mich relativ sicher fühle und nicht so leicht Angst habe, jemand könnte mich von meinem Platz verdrängen, wäre mir einmal fast zum Verhängnis geworden», erzählt Karen. «Damals kam so ein unbedarftes junges Ding zu uns in die Firma, und der Chef bat mich, mich um sie zu kümmern. Er mochte sie und wollte, daß sie es zu etwas bringt. Das merkte ich. Wenn ich zu einem Geschäftsessen gehen wollte, meinte er: ‹Nehmen Sie sie mit. Sie ist ja noch ein halbes Kind. Da kann sie etwas lernen.› Manchmal fragte sie mich auf ihre unschuldige Art, ob sie mir einfach nur bei der Arbeit zusehen dürfte.

Aber dann erschien sie eines Tages genauso gekleidet wie ich. Das war mir suspekt. Ich weiß, daß manche Frauen es gern sehen, wenn Untergebene sie nachahmen, aber ich mag das überhaupt nicht. Am gleichen Nachmittag fand eine Besprechung statt, und ich mußte feststellen, daß sie bei einer Präsentation Material von mir verwandte. Als sie schließlich in die Kundenwerbung aufrückte, fing dann auch schon ihre Sekretärin an, sich auf meine Hilfe zu verlassen.

Den ersten Hinweis darauf, daß sie mit mir konkurrierte, bekam ich von einem Mann, einem alten Freund und Kollegen. Er rief mich an und fragte mich, warum ich ihr meine Kundenadressen überließ. Prompt stellte sich heraus, daß sie angefangen hatte, sich an meine Kunden heranzumachen, als würde ich demnächst in den Ruhestand treten! Sie wollte mich ausbooten. Ich reagierte sofort.»

Karen wurde klar, daß man zwar anderen Hilfestellung geben kann, sich aber gleichzeitig auch vor ihnen schützen muß. Hätte sie früher gewußt, daß der familiäre Hintergrund der jungen Kollegin durch eine intensive Konkurrenz mit der Mutter geprägt war, hätte sie wahrscheinlich schneller bemerkt, daß diese Frau, der sie half, darauf aus war, mit ihr zu konkurrieren – und letztendlich ihren Platz einzunehmen.

Obgleich dominierende Mütter sich durch eine starke und manchmal geradezu erdrückende Persönlichkeit auszeichnen, kommen ihre Töchter oft im Berufsleben unter anderen Frauen gut zurecht, weil sie gelernt haben, mit Manipulation und Machtspielen umzugehen.

Elise Formichella ist Dramatikerin. Vor kurzem wurde ein Stück von ihr am Players' Theater in Chicago aufgeführt. Lange Jahre witzelten Elise und ihre Schwestern über ihre kontrollierende und dominierende Mutter. Aber heute sieht es Elise als das Verdienst ihrer Mutter an, daß sie den Mut hatte, ihrer Vorgesetzten Paroli zu bieten, den Beruf zu wechseln und es zu schaffen, daß ihre Stücke mit Erfolg aufgeführt wurden.

«Meine Mutter hat sich lange Jahre in alles einzumischen versucht – wie ich mich kleidete und wie ich aussah», erzählt sie. «Sie wollte mir immer vorschreiben, wie ich mir die Haare schneiden lassen und was ich anziehen sollte, damit ich ihrem Geschmack entsprach. Als ich dann anfing, in einer Public-Relations-Agentur zu arbeiten, mußte ich feststellen, daß meine Chefin genauso kontrollsüchtig war. Nur daß meine Mutter es aus Liebe getan hatte, während es bei dieser Frau die reine Eifersucht war. Sie wollte mich unter Kontrolle haben, damit ich sie nicht von ihrem Platz verdränge. Diese Frau hat mir nie die Chance gelassen, selbständig zu denken. Sie hat meine Arbeit haarklein überwacht, damit ich nur ja nichts machte, was zu kreativ war. Dauernd hatte sie etwas an mir auszusetzen. Es war schwer für mich, mit einer kontrollierenden Frau umzugehen, die im Unterschied zu meiner Mutter gar nicht wollte, daß ich etwas erreichte. Mein Vater, ein sanfter, freundlicher Mann, der eine kleine Drogerie in New Haven hat, meinte zu mir: ‹Geh dort weg, das brauchst du dir nicht bieten zu lassen.› Aber ich ging nicht.

Nachdem meine Vorgesetzte mich in einer Woche gerade

besonders schlimm tyrannisiert hatte, war ich am Wochenende zu Hause in New Haven. Wir wollten alle zusammen zum Essen ausgehen, und als ich ins Auto stieg, sagte meine Mutter: ‹*Diese* Schuhe willst du anziehen?›

Normalerweise wäre ich nochmal reingegangen und hätte andere angezogen. Aber diesmal tat ich es nicht. Ich antwortete nur: ‹Genau das will ich.›

Meine Mutter war ein bißchen schockiert, aber sie ist eigentlich ein sehr liebevoller Mensch, und dieser Vorfall entpuppte sich als so eine Art Wendepunkt in unserer Beziehung. Und er war gleichzeitig auch ein Wendepunkt in meinem beruflichen Leben. Als ich wieder nach Chicago kam, war meine Chefin nicht da. Wir hatten gerade ein größeres Projekt laufen, das ein paar schnelle Entscheidungen verlangte. Ich traf die Entscheidungen, klärte sie nach oben hin ab, und das Projekt wurde angenommen.

Als meine Chefin zurückkam, war sie empört. Sie beschuldigte mich, ich hätte sie auf heimtückische Weise hintergangen und hätte es sowieso auf ihren Job abgesehen. Und da fand ich plötzlich den Mut, mich ihr gegenüber auf die Hinterbeine zu stellen, so wie ich es mit meiner Mutter gemacht hatte. Ich erklärte ihr, sie hätte kein Recht, so mit mir zu reden, und was ich getan hätte, sei nötig gewesen, um das Projekt unter Dach und Fach zu kriegen.

Sie gab klein bei, und ich fing an, mir Gedanken darüber zu machen, daß Frauen sich so oft den Werten und Erwartungen von Vorgesetzten und Müttern fügen. Ich schrieb ein Stück, ‹A Judge Romance›, über eine italienische Rechtsanwältin, die eine Beziehung mit einem Italiener aus ihrem alten Wohnviertel anfängt. Bei der Arbeit an diesem Stück habe ich mit vielen Frauen zu tun gehabt, und ich weiß, daß ich immer alles daransetzen werde, gute Arbeitsbeziehungen zu Frauen zu haben», meint Elise abschließend. «Das ist etwas, was ich von meiner Mutter gelernt habe.»

Aber kontrollierende Mütter können, wie das nächste Beispiel zeigt, auch ganz andere Auswirkungen auf ihre Töchter haben.

Sharon Zane ist Historikerin. «Meine Mutter war extrem dominant und herrschsüchtig», erklärt sie. «Sie hatte sehr ausgeprägte Vorlieben und Aversionen, auch was meinen Umgang und meine Freizeitbeschäftigungen anging. Sie machte es sehr deutlich, wenn ich ihren Vorstellungen nicht entsprach. Ich hatte immer das Gefühl, wenn ich nicht genügend Leistung erbrachte, würde sie mich nicht akzeptieren.

Ich glaube, daß sie mich auf diese Weise kontrolliert hat. Deshalb bin ich heute im Berufsleben starken Frauen gegenüber sehr vorsichtig. Mit einer Frau zusammenarbeiten zu müssen, die sehr dominierend ist, paßt mir gar nicht.»

Frauen wie Sharon sind im Berufsleben auf der Hut vor anderen Frauen, weil die Erfahrung sie schon früh gelehrt hat, daß der engere Umgang mit einer Frau schmerzhafte Folgen haben kann. Häufig werden sie überhaupt nicht bereit sein, für oder mit Frauen zu arbeiten.

Töchter unaufrichtiger Mütter

Unaufrichtige Mütter ziehen oft Töchter heran, die ihrerseits gnadenlose Ehrlichkeitsfanatikerinnen und unerbittliche Wahrheitssucherinnen sind. In ihrem Perfektionsdrang verlieren sie oft den Sinn für die Proportionen, im Privatleben wie im Beruf.

Faye Crosby, Psychologin am Smith College, erinnert sich: «Als ich klein war, entschwand mein Vater jeden Morgen in seinen eleganten Büroschuhen nach New York City. Er arbeitete von sieben bis sieben. Meine Mutter hatte ich dagegen den ganzen Tag vor Augen. Damals kamen wir Kinder auch noch in der Mittagspause nach Hause. Deshalb sah ich bei meiner Mutter sowohl die Fassade, die sie nach außen hin bot, als auch das, was sich dahinter abspielte.

Ich zottelte zum Beispiel hinter meiner Mutter her, wenn sie ein Abendessen, zu dem Gäste geladen waren, vorbereitete. Ich konnte sehen, daß sie den ganzen Nachmittag damit zu tun hatte, und dann hörte ich sie, wenn die Gäste kamen, sagen: ‹Ach, das war doch wirklich keine Mühe!› Solche Höflichkeitslügen brachten mich ganz durcheinander.

Ich kriegte verschiedene Formen solcher Höflichkeitslügen mit. Meine Mutter war nicht grundsätzlich verlogen, aber die Menschen sind nun einmal so, daß sie die Gefühle anderer nicht gern verletzen wollen. Einmal war unsere Nachbarin – nennen wir sie Joan – gerade krank gewesen. Sie sah schrecklich aus. Joan sagte zu meiner Mutter: ‹Ich fühle mich schrecklich, Andrée. Ich sehe bestimmt auch schrecklich aus.› Und meine Mutter antwortete aus Höflichkeit: ‹Aber nein, Joan, du siehst prima aus.›

Und kurze Zeit später kam dann Betty zu uns zu Besuch. Betty sagte zu meiner Mutter: ‹Du liebe Zeit, ich habe Joan gesehen. Die sieht ja schlimm aus.› Und meine Mutter antwortete: ‹Ja, wirklich schrecklich.›

Wenn das Kind vom Vater nichts mitbekommt, merkt es nicht, daß er die gleichen Höflichkeitslügen, die gleiche Art Unoffenheit praktiziert. Also kann Dad der große Held bleiben. Wenn mich heute ein Mann belügt, gehe ich (dank meiner Kindheitserfahrung) davon aus, daß es aus Versehen passiert ist oder nicht wirklich so gemeint war. Warum halte ich das einem Mann erst mal automatisch zugute, einer Frau aber nicht? Weil ich mit vier Jahren den ganzen Tag hinter einer Frau hergezuckelt bin und ihre Unaufrichtigkeit mitbekommen habe.

Wie oft haben wir das Sprichwort ‹Die Hand an der Wiege regiert die Welt› gehört. Deshalb hat man's leichter, wenn die Hand, die die Wiege schaukelt, nicht auch den Laden schaukelt, in dem man arbeitet, weil man sonst an seine kindliche

Abhängigkeit erinnert wird. Wenn mich ein Mann anschwindelt, tut er's aus Versehen. Wenn mich eine Frau anschwindelt, tut sie's, weil sie ein intrigantes Biest ist. Warum das? Weil ich mitbekommen habe, wie meine Mutter zu Betty sagte: ‹O ja, Joan sieht wirklich schrecklich aus›, nachdem sie fünf Minuten vorher zu Joan gesagt hatte: ‹Du siehst prima aus, Joan.›

Ich bin mir sicher, wenn ich meinem Vater in die Firma gefolgt wäre, hätte ich ihn die gleichen Höflichkeitslügen von sich geben hören. Ich habe es aber nicht gehört. Deshalb gehe ich an Männer nicht mit den gleichen Grundannahmen heran. Wenn sie sich haargenau so verhalten, wie ich es bei Frauen schrecklich finde, messe ich dem eine andere Bedeutung bei.

Irgendwo tief drinnen bin ich auch dankbar dafür, daß ich von meiner Mutter die Kunst der Höflichkeit und der Rücksichtnahme lernen konnte. Aber Höflichkeit hat für mich auch immer noch etwas Beunruhigendes. Wenn eine Frau mir etwas Nettes sagt, befürchte ich immer, daß es nicht aufrichtig gemeint ist.»

Töchter unaufrichtiger Mütter haben es im Berufsleben oft schwer, wenn es ihnen nicht gelingt, sich von ihrer Fixierung auf die volle Wahrheit – in jeder Situation und um jeden Preis – zu lösen. Wenn sie aber lernen, auch Takt walten zu lassen und vor allem über den Details nicht das Ganze aus dem Auge zu verlieren, werden sie im allgemeinen gut zurechtkommen. Manchmal sind Töchter unaufrichtiger Mütter aber auch durch ihre frühen Erfahrungen so geschädigt, daß sie es nicht aus eigener Kraft schaffen, sich diese beruflich notwendigen Fähigkeiten anzueignen. Ein Beispiel hierfür ist Dora.

Dora ist mit einer extrem unaufrichtigen Mutter aufgewachsen und wollte es daher im Berufsleben immer hypergenau wissen. Sie bombardierte ihre Vorgesetzten und Kollegen mit Fragen. «Warum machen Sie das so?» forschte sie ständig. Sie verlor mehrmals hintereinander ihren Job, weil sie meinte, permanent die Motive ihrer Vorgesetzten bis ins kleinste ergründen zu müssen, um sicherzugehen, daß sie ihr gegenüber ehrlich waren. Es lag eine tiefe Ironie darin, daß sie ausgerechnet im Public-Relations-Sektor tätig war, der ja davon lebt, nur die positivsten Aspekte der Dinge hervorzukehren.

Als Dora daran mitarbeiten sollte, ein PR-Konzept für die Stadtklinik zu entwickeln, freute sie sich zunächst darauf, sich für eine Institution einzusetzen, die Menschen half. Aber als sie dann erfuhr, daß das Krankenhaus es abgelehnt hatte, ein bestimmtes Medikament zu testen, das eine risikolosere Methode des Schwangerschaftsabbruchs ermöglichen sollte, begann sie wieder, ihre Vorgesetzte mit Fragen zu traktieren.

Doras Vorgesetzte hatte aber ebenfalls eine unaufrichtige Mutter gehabt und von ihr sehr gut gelernt, mit Geschäftspartnern taktvoll umzugehen. Sie bestellte Dora zu einem Gespräch und erklärte ihr, daß ihr Verhalten die Arbeit der Abteilung behindere und ihre ständige «Wahrheitssuche» vielleicht der Grund dafür sei, daß sie es nicht schaffe, einen Job länger zu behalten.

«Es läuft keine gerichtliche Untersuchung gegen diese Abteilung», erklärte sie und empfahl Dora schließlich eine Psychotherapie. Dora nahm den Rat an und begann, an ihren Problemen zu arbeiten.

Doras Fall ist allerdings eher untypisch. Wir konnten feststellen, daß Frauen, die unoffene Mütter hatten, im großen und ganzen sehr viel eher zu einer gesunden Einpassung ins Arbeitsleben finden als Frauen, die selbst zur Unaufrichtigkeit neigen. Die Erfahrung hat sie gelehrt, daß Unaufrichtigkeit Verwirrung und Schaden stiftet.

Rebellion gegen die Mutter

Indem Frauen gegen ihre Mütter rebellieren, schaffen sie oft etwas, von dem sie glauben, es sei eine bessere Welt. Aber möglicherweise ist das, was sie machen, nicht besser, sondern nur anders, und es bringt andere Probleme mit sich, gegen die dann *ihre* Töchter rebellieren. Doch wie auch immer – je mehr wir über uns und andere wissen, desto besser können wir abweichendes oder unsoziales Verhalten verstehen.

So schreibt Harriet Goldhor Lerner in ihrem Buch «Wohin mit meiner Wut?»: «Wir erben die ungelösten Probleme unserer Familie; was es auch immer sein mag, womit wir kämpfen, es hat eine Vorgeschichte in den Problemen vorangegangener Generationen. Wenn wir unsere Familiengeschichte nicht kennen, ist es viel wahrscheinlicher, daß wir vergangene Konfliktmuster wiederholen oder blind dagegen rebellieren... Das alte Sprichtwort ‹Was ich nicht weiß, macht mich nicht heiß› wird durch Untersuchungen über Familienstrukturen widerlegt. Im Gegenteil, gerade das Wissen um ‹heiße› Themen, das Mitteilen der eigenen und das Kennenlernen der Erfahrungen der anderen ist es, was uns von unseren Ängsten befreit und unsere Identität stärkt. Damit schaffen wir uns die Voraussetzungen, auch in allen anderen Beziehungen klarer und gelassener zu handeln.»

Paula Caplan zeigt in ihrem Buch «So viel Liebe, so viel Haß» einen besonders fatalen Aspekt der ungenügenden Beschäftigung mit der Mutter-Tochter-Beziehung auf: «... es ist bei der Beobachtung der Realität von Müttern und Töchtern schwer, dem Einfluß von Stereotypen zu entgehen... Ein Teil des besonderen Schmerzes zwischen Mutter und Tochter rührt von dem Gefühl, daß es Wut und Entfremdung in einer Mutter-Tochter-Beziehung nicht geben sollte. Unseren kulturellen Idealvorstellungen entsprechend sollte eine Mutter immer sanft und liebevoll sein – und ebenso ihre Tochter.»

Jo Lief, die als Therapeutin in Chicago Workshops für Frauen veranstaltet, in denen diese sich mit ihrem Verhältnis zu ihren Müttern auseinandersetzen, meint, daß Frauen kein Selbstgefühl entwickeln können, solange sie sich nicht mit ihren Müttern identifizieren. «Erst dann können wir uns von ihnen lösen», erklärt sie. «Solange Frauen diese Ablösung nicht schaffen und sich nicht klarmachen, daß sie jegliche Art Frau sein können, die sie sein wollen, egal, ob ihre Mutter damit einverstanden wäre oder nicht, stehen sie immer noch ein Stück weit unter dem Einfluß einer überkritischen oder einer überfürsorglichen Mutter. Zu einer solchen Ablösung sollte es zwar eigentlich so um das Alter von einundzwanzig kommen, aber oft bleibt sie ein ganzes Leben lang aus. Wenn eine junge Frau aber noch unter dem Einfluß der Mutter steht und zu ihr eine feindselige Abhängigkeitsbeziehung hat, dann kann es passieren, daß sie im Berufsleben feindselige Abhängigkeitsbeziehungen zu ihren weiblichen Vorgesetzten eingeht. Solange sie sich nicht weiterentwickelt, wird sie ihre Mutter überallhin mitschleppen. – Was wir lernen müssen: Mutter hatte *ihre* Art, die Welt zu sehen, und wir selbst vielleicht eine ganz andere. Alles hängt davon ab, wie wir selbst unser Leben gestalten wollen.

Test Nr. 4:
Guckt Ihnen Ihre Mutter bei der Arbeit über die Schulter?

War Ihre Mutter Ihnen eine liebevolle Mentorin, stehen Sie mit Frauen wahrscheinlich in guten Arbeitsbeziehungen, in denen Sie sich auch wohl fühlen. Wenn Ihre Mutter aber keine gute Mentorin war und Sie mit Ihren Arbeitsbeziehungen zu anderen Frauen unzufrieden sind, sollten Sie Ihr Verhältnis zu Ihrer Mutter doch einmal genauer überdenken. Die folgenden Fragen werden Ihnen helfen, die Proportionen zurechtzurücken.

1. Fragen Sie sich, bezogen auf Ihre Mutter:
   - Welche Eigenschaften bewundere ich an ihr am meisten / habe ich an ihr am meisten bewundert?
   - Welche Eigenschaften gefallen mir an ihr am wenigsten / haben mir an ihr am wenigsten gefallen?
   - Worin wäre ich ihr gern ähnlicher?
   - Worin wäre ich ihr gern weniger ähnlich?

2. Fragen Sie sich jetzt, bezogen auf Ihr Arbeitsumfeld:
   - Welche von den Frauen, mit denen ich bei der Arbeit zu tun habe, bewundere ich am meisten?
   - Welche Eigenschaften hat diese Frau?
   - Wäre ich ihr gern ähnlicher?
   - Ist sie mir eine Mentorin?
   - Welche von den Frauen, mit denen ich bei der Arbeit zu tun habe, mag ich am wenigsten?
   - Welche Züge an dieser Frau sind mir so zuwider?
   - Bin ich eifersüchtig auf sie?
   - Erinnert sie mich an meine Mutter?

3. Und jetzt zu Ihnen selbst:
   - Was gefällt mir an mir am besten?
   - Welche Eigenschaften bewundern meiner Meinung nach andere an mir am meisten?
   - Welche meiner Eigenschaften sollte, wenn es nach mir ginge, meine Tochter auch haben?
   - Welche Eigenschaften oder Angewohnheiten hätte ich lieber nicht?
   - Mache ich meine Mutter verantwortlich, wenn in meinem Leben etwas schiefläuft?
   - Wen hätte ich am liebsten als Mutter, wenn ich es mir aussuchen könnte?

Jetzt, da Sie sich die Probleme vor Augen geführt haben, können Sie darangehen, sich zu überlegen, wie sich die Verhaltensmuster durchbrechen lassen, mit denen Sie unglücklich sind. Identifizieren Sie den Typ, zu dem Ihre Mutter gehört, und fragen Sie sich, was Sie besser machen können als Ihre Mutter. Seien Sie sich der Gefahr bewußt, daß Sie leicht ins andere Extrem verfallen können, wenn Sie gegen Ihre Mutter rebellieren, statt Ihren eigenen Kurs abzustecken. Aber wie auch immer Ihre Beziehung zu Ihrer Mutter aussah – wenn Sie heute harmonische Beziehungen zu anderen Frauen haben, in denen Sie sich wohlfühlen, dann sind Sie an einen Punkt gelangt, wo Sie die Herausforderung angenommen haben, ein eigenständiger Mensch zu sein.

Gail McCarthy, Redakteurin der Zeitschrift *Parade*, überlegt: «Wenn in mehr und mehr Ehen beide Partner berufstätig sind, wird es zu einer gemeinsamen Zuständigkeit für häusliche Dinge kommen. Übernehmen die Männer aber einen größeren Teil der fürsorglichen Rolle und beteiligen sich an der Betreuung und Erziehung der Kinder, dann wird sich auch der Groll gerechter verteilen. Es gibt keine Mutter auf dieser Welt, die nicht eine Menge Vorwürfe von ihren Kindern abkriegen würde, aber wem sonst soll man denn auch Vorwürfe machen? Die gemeinsame Zuständigkeit für die Kinder wird die Probleme lösen, die Frauen am Arbeitsplatz haben, wenn sie als ‹Mama› herhalten müssen. Männer hassen es, Anweisungen von Frauen entgegenzunehmen, weil sie gegen ‹Mama› rebellieren, und das gleiche gilt auch für Frauen.»

Wenn Ihre Arbeitsbeziehungen zu Frauen problematisch sind

Wenn Sie mit sich unzufrieden sind und die Zusammenarbeit mit anderen Frauen Ihnen auch nach der Auseinandersetzung mit obigen Fragen weiterhin problematisch erscheint, werden Ihnen vielleicht die folgenden Tips helfen. Im zehnten Kapitel finden Sie dann noch weitere Hinweise für die erfolgreiche Bewältigung alltäglicher Konflikte am Arbeitsplatz, aber wenn Ihr Konflikt eher innerer als äußerer Natur ist – eher eine psychische Blockierung in Ihnen selbst, mit der Sie zu kämpfen haben –, dann wird es sich wahrscheinlich lohnen, es mit den folgenden Tips zu versuchen.

- ❑ Betrachten Sie Ihr Verhältnis zu Ihrer Mutter noch einmal genauer. Wenn Sie Möglichkeiten sehen, es in irgendeiner Weise zu verbessern – versuchen Sie es. Wenn Sie mit Ihrer Mutter nicht kommunizieren können – sei es, weil sie nicht mehr lebt oder zu alt ist oder sich dagegen sträubt –, dann *lassen Sie einfach los*. Gehen Sie Ihren Weg weiter. Machen Sie es wie Grace Hechinger – suchen Sie sich Ihre Rollenvorbilder selbst.

- ❑ Denken Sie noch einmal über Ihre Arbeitsbeziehungen zu Frauen nach. Glauben Sie, daß unter Ihren Kolleginnen eine Eva ist? Meinen Sie, es wird möglich sein, vernünftig mit ihr zu reden und auf sie einzuwirken? Wer könnte Ihnen helfen, sich einmal gründlicher mit der Situation auseinanderzusetzen, damit Sie es schaffen, Ihre Arbeitsatmosphäre friedlicher zu gestalten? Sehen Sie sich Ihre Arbeitssituation genau an und überlegen Sie sich, was Sie tun könnten, um besser mit den anderen Frauen auszukommen. Wenn es eine besonders problematische Beziehung gibt, versetzen Sie sich einmal in die Position der anderen Frau. Was an Ihrem eigenen Verhalten könnte zu den Spannungen beitragen? Wer von den Personen an Ihrem Arbeitsplatz könnte Ihnen helfen, die Differenzen zu klären und zu beseitigen?

- ❑ Lassen sich die Differenzen nicht beseitigen, ist es vielleicht an der Zeit, daß Sie sich nach einem neuen Job umsehen. Wenn Sie jedoch jedes Jahr in die Situation kommen, sich nach einer neuen Arbeitsstelle umschauen zu müssen, dann liegt das Problem vielleicht doch eher bei Ihnen selbst.

8
DIE KRITISCHE SITUATION DER BERUFSTÄTIGEN MUTTER

Die Mutterschaft ist für karriereorientierte Frauen ein Problem. Da bislang weder die Strukturen der Arbeitswelt noch die familienpolitischen Maßnahmen des Staates der Realität der berufstätigen Frauen gerecht werden, kommt auf die schwangere Frau eine schwierige Zeit zu. Oft genug muß sie um ihren Arbeitsplatz bangen, wenn nicht wegen der mütterfeindlichen Betriebspolitik, dann wegen der anderen Frauen, die danach trachten, ihren Platz einzunehmen. Der gesetzliche Schutz, den sie heute in den meisten Bereichen genießt, bewahrt sie nicht vor Versuchen von Kolleginnen, in ihrer Abwesenheit an ihrem Stuhl zu sägen.

Werdende und junge Mütter sollten daran denken, daß die Gefahr heimtückischer Sabotageakte dann am größten ist, wenn man am wenigsten darauf gefaßt ist. In der aufregenden und mit so vielen anderen Dingen ausgefüllten Zeit vor und nach der Geburt eines Kindes wird auch die umsichtigste und durchsetzungsfähigste Karrierefrau zur leichten Beute für Saboteurinnen. In diesem Kapitel wollen wir die typischen inneren Konflikte der berufstätigen Mutter, die Sabotagegefahren in der kritischsten Zeit sowie mögliche Lösungsstrategien betrachten und daraus einige Empfehlungen ableiten, was Frauen tun können, um sich während des Mutterschaftsurlaubs ihren Arbeitsplatz zu sichern.

Innere Konflikte

«Die Berufstätigkeit hebt die Frau und macht sie interessanter», erklärte Barbara Walters 1969 bei einem Frauenforum einer Gruppe von Journalistinnen. «Aber sie kann sie auch alt, grau und müde machen.» Sie riet den Frauen, zu Hause zu bleiben, und nannte dafür einige gute Gründe.

Viele Frauen sind inzwischen, ausgelaugt durch die neuen Anforderungen, denen sie sich als Resultat der Frauenbewegung ausgesetzt sahen, zu demselben Schluß gekommen. Sie haben das Gefühl, über Jahre in einem Zweifrontenkrieg gestanden zu haben – zum einen im Kampf zwischen den Frauen, die zu Hause bleiben, und denen, die arbeiten gehen wollten, und zum anderen im Kampf der berufstätigen Frauen gegen die männlichen Kollegen am Arbeitsplatz. Der Streß, den es bedeutet, an diesen beiden Fronten zu kämpfen und gleichzeitig Kinder großzuziehen und gute Arbeit zu leisten, erwies sich einfach als zu groß. Und nach und nach kam noch eine Bedrohung von einer dritten Seite hinzu: die berufliche Bedrohung durch andere Frauen, die aggressiv nach oben streben und sich, um ihre Ziele zu erreichen, entschlossen haben, keine Kinder zu bekommen.

Anna Quindlen, Kolumnistin der *New York Times*, befaßte sich 1988, als sie ihr drittes Kind erwartete, mit der Spaltung zwischen den Frauen mit Kindern und den kinderlosen Frauen.

«Ich nehme es denjenigen unter meinen Kolleginnen nicht übel, die denken, ich wäre gewissermaßen desertiert», sagt sie. «Ich empfinde es nicht so, aber das liegt daran, daß bei mir dieser emotionale Drang da war, den sie bislang noch nicht verspürt haben. Das kann man nicht vermitteln. Es schiebt einen Keil zwischen die Frauen, die berufstätig sind, und die, die es nicht sind. Das Problem ist, daß immer nur die Unterschiede betont werden. Es wird zuviel angeprangert, zuviel auf den Unterschieden herumgehackt und zu wenig auf die Gemeinsamkeiten geachtet.

Alle diese Entscheidungsmöglichkeiten sind ja noch so neu und so stark mit moralischen Wertungen befrachtet. Keine von uns ist sich wirklich sicher, ob sie das Richtige tut. Wir wollen alles haben, ohne den Preis dafür zu bezahlen. Irgendwann schrieb ich in meiner Kolumne, daß ich mir ganz bewußt vorgenommen habe, jeden Tag eine gewisse Zeit *ohne* meine Kinder zu verbringen. Und ich bekam ein gutes Dutzend Briefe von irgendwelchen Leuten, die mir erklärten, daß sie entsetzt über eine solche Entscheidung seien. Was glaubten die denn, wann ich meine Kolumnen schrieb, die ihnen sonst so gut gefielen? Dachten sie vielleicht, ich würde sie auf die Belege in meinem Scheckbuch kritzeln, während ich im Supermarkt vor der Kasse stand? Die Botschaft war eindeutig: Wir wollen diese Sachen über das Leben mit Kindern lesen können, schön gemütlich bei uns zu Hause. Aber wir wollen auch, daß Sie die perfekte Hausfrau und Mutter sind.»

Für jede Frau ist das Thema Beruf und Mutterschaft mit Konflikten behaftet. Es hängen persönliche, berufliche und praktische Probleme daran. Außerdem rührt die Erfahrung, Mutter zu werden, an tiefe Schichten in unserem Innern, so daß die eigene Schwangerschaft oder selbst die einer Kollegin heftige Gefühle freisetzen kann, die sich auf der ganzen Skala von Neid und Eifersucht bis hin zur Freude bewegen.

Eine Frau, die Mutter wird oder gerade geworden ist, wird oft hin- und hergerissen sein, ob sie ihre berufliche Karriere weiterverfolgen soll oder nicht. Mütter, die wieder ins Berufsleben zurückkehren, stehen, unabhängig von ihrer finanziellen Situation, vor dem Problem, eine gute Betreuung für ihre Kinder organisieren und sich zugleich mit ihrer verminderten beruflichen Leistungsfähigkeit abfinden zu müssen. Oft werden die beruflichen Ängste wachsen, sobald die Frau ihre Schwangerschaft bekanntgegeben hat – vor allem dann, wenn an ihrem Arbeitsplatz heftige Konkurrenz herrscht und die Kolleginnen Bemerkungen machen wie: «Seit sie schwanger ist, ist sie nicht mehr richtig bei der Sache. Sie denkt nur noch an das Kind» oder «Seit sie die neue Tagesmutter hat, kommt sie dauernd zu spät.»

Schwangere werden oft von Zweifeln und Ängsten geplagt, und es kommt vor, daß sie sich wünschen, nicht schwanger zu sein. Solche Gefühlsschwankungen können leicht noch verschlimmert werden, wenn die Schwangerschaft zugleich auch noch Konflikte unter und mit Freundinnen oder Kolleginnen heraufbeschwört. So schildert Sally Quinn in dem Buch «Starring Mothers» (von Jill Barber und Barbara Walz) ihre Reaktion auf die Nachricht, daß ihre Freundin Nora schwanger ist: «Nora hatte unseren Pakt gebrochen, keine Kinder zu kriegen. [Noras Freund] Ben und ich waren gerade in Miami, auf dem Weg nach St. Maarten, als er es mir sagte. Ich fühlte mich total verraten. Ich habe mich so betrunken, daß ich nur noch auf dem Flugzeugklo rumhing und nichts mehr schnallte. Ich fühlte mich am Boden zerstört, nicht wegen Nora, sondern weil ich mit meinem eigenen Konflikt konfrontiert war. Ich wollte ein Baby.»

«Wir wollen alles»

Ende der sechziger Jahre, als die Frauen in großer Zahl begannen, nach einer Mutterschaftspause wieder in den Beruf zurückzustreben, entstand ein Konflikt, der sich inzwischen noch weiter zugespitzt hat und der sich in zwei widerstreitenden Vorstellungen davon niederschlägt, was es heißt, das eigene Leben wirklich auszuleben – Kinder und Karriere haben zu wollen oder nur eine berufliche Laufbahn zu verfolgen und auf Kinder zu verzichten.

Berufstätige Mütter müssen sehr bald feststellen, daß das gegenwärtige Arbeitssystem ihnen und ihren Bedürfnissen nicht gerecht wird. Trotz der «Wir wollen alles»-Philosophie, die sich im Zuge der Frauenbewegung entwickelte, einer Philosophie, der zufolge Frauen Beruf und Mutterschaft vereinbaren können, merken doch immer mehr Frauen, daß sie, um dieses Ziel zu erreichen, alles andere opfern müssen. Junge Mütter fühlen sich beruflich nicht für voll genommen und von ihren neuen Pflichten erschlagen, während ihre kinderlosen Kolleginnen oft von Neid und Ärger erfüllt sind.

Rosalind Petchesky von der Frauenforschungsstelle am Hunter College meint, daß die «Wir wollen alles»-Philosophie die Frauen gespalten und die Frauenbewegung in Mißkredit gebracht hat. «Sehr viele Leute machen aufgrund der Darstellungen in den Medien die Frauenbewegung für diese Forderung verantwortlich. Die Frauen sind sauer über diese Forderung. Und sie haben recht damit. Die meisten Frauen leben in sehr bescheidenen Einkommensverhältnissen. Viele haben keine Möglichkeit, ihre Kinder in einer Betreuungseinrichtung unterzubringen. Viele können sich keine ausreichende Wohnung leisten. Für sie ist ‹Wir wollen alles› eine zynische Forderung.»

Die freudige Nachricht

Wenn eine Frau am Arbeitsplatz mitteilt, daß sie schwanger ist, werden in vielen Fällen Kolleginnen, die mit ihr in einem Konkurrenzverhältnis stehen, auf ihren Posten zu spekulieren beginnen. Sie wird so begeistert von ihrem Kind sein, überlegen sie, daß sie gar nicht mehr oder höchstens noch halbtags weiterarbeiten will. Und selbst wenn sie ganz zurückkommen *will*, wird sie große Schwierigkeiten haben, jemanden zu finden, der ihr Kind betreut. Sie ist also, schließen sie ihren Gedankengang ab, praktisch schon halb «weg vom Fenster».

Trotz der Mutterschutzgesetze haben diese Rivalinnen recht, wenn sie sich sagen, daß die Chancen, den Posten der schwangeren Kollegin zu übernehmen, sehr bald größer denn je sein werden. Statistiken belegen, daß Frauen in dieser Zeit besonders ungeschützt sind. Und die Cineastinnen unter Ihnen werden sich vielleicht erinnern, daß Eva Harrington der erste entscheidende Vorstoß gelang, als Margos zweite Besetzung schwanger wurde.

Wer profitiert von wem?

Mit Schwangerschaft verbinden sich oft unwillkürlich bestimmte Vorstellungen. So kann es sein, daß die Chefin glaubt, eine Schwangere sei keine vollwertige Kraft mehr. Und umgekehrt hat die Schwangere selbst vielleicht das Gefühl, daß sie nicht mehr mit ganzer Kraft zu arbeiten braucht. Beide Einstellungen sind nicht adäquat, weil schwangere Frauen oftmals nicht nur die gleiche professionelle Tüchtigkeit einbringen können wie bisher, sondern sogar ein verstärktes Engagement, von dem die Arbeit nur profitiert. Die folgende Geschichte illustriert, welche Kräfte eine Schwangerschaft bei einer berufstätigen Frau freisetzen kann und wie voreingenommen Vorgesetzte dennoch oft reagieren.

Eine Frau, die für eine internationale Graphikagentur arbeitete, hatte Angst, daß ihre Schwangerschaft sie ihren Job kosten könnte. Die ganze Zeit hatte sie es geschafft, alle Arbeiten termingerecht fertigzustellen, aber dann wurde, mitten in einem besonders harten Winter, als sie im achten Monat schwanger war, ein Projekt, bei dem sie für die Fotos zuständig war, plötzlich vorgezogen. Sie schleppte sich also tapfer jeden Tag die sechs Treppen zu dem kleinen Raum empor, den sie als Fotostudio nutzte. Kurz bevor das Kind kam, gab sie die Fotos ab. Niemand dankte ihr dafür, ja sie wurde nicht einmal in der Publikation erwähnt, obwohl ihr dies zugesichert worden war. Ihre Arbeitgeberinnen teilten ihr mit, die Qualität ihrer Arbeit habe unter ihrer Schwangerschaft gelitten.

Manche Arbeitgeberinnen unterstellen den schwangeren Frauen, sie benutzten ihre Schwangerschaft, um Arbeit und Verantwortung von sich abzuwälzen. Andere befürchten, daß – vor allem in Teams, wo die meisten Frauen keine Kinder haben – das Betriebsklima Schaden nimmt, wenn eine Beschäftigte ein Kind bekommt.

Die Ressentiments sind hartnäckig

Auch wenn mittlerweile einige größere Firmen bereits mehr Verständnis für die Bedürfnisse berufstätiger Mütter zeigen, bleibt es für diese Frauen doch ein Problem, mit den offenbar sehr tief verwurzelten Eifersuchtsgefühlen und Ressentiments von Kolleginnen – und insbesondere solchen, die selbst kinderlos sind – konfrontiert zu sein.

Im Zuge eines Job-Sharing-Experiments bei einer Versicherungsgesellschaft in Hartford wurde es Müttern und Vätern freigestellt, sich jeweils eine Stelle mit einem anderen Mann oder einer anderen Frau zu teilen. Die Job-Partner regelten ihre Arbeitszeiten untereinander so, daß dabei die volle Stundenzahl herauskam, aber jeder einen Teil des Tages zu Hause bei seinen Kindern sein konnte. Lizanne Baker, eine Beschäftigte der Firma, die diese Möglichkeit in Anspruch nahm, mußte feststellen, daß auch dieses offizielle Programm an den Eifersuchtsproblemen nichts änderte. Sie berichtet, daß sich öfters ehrgeizige junge Kolleginnen anboten, ihre Arbeit zu übernehmen, falls sie sie nicht schaffe. Andere machten ihr gegenüber Bemerkungen wie: «Vielleicht sollte ich auch heiraten und ein Kind kriegen und dann nur noch halbtags arbeiten. Das würde mir gefallen, so viel Freizeit.»

«Was dachten sie bloß, was ich die ganze Zeit tat?» fragt Lizanne. «Vor dem Fernseher sitzen und Pralinen fressen?»

Die Kinderbetreuung organisieren – eine Nervenprobe

Erica Jong, Autorin des Buches «Angst vorm Fliegen», gehörte zur «Supermütter»-Generation der Siebziger. In «Starring Mothers» erklärte sie: «Ich war damals darauf erpicht, mein Stehvermögen unter Beweis zu stellen... Ich habe dieses fürchterliche erste Jahr hindurch einfach nur pausenlos gearbeitet. Die Gesellschaft haben Karrierefrauen nicht hinter sich.

Wenn die Gesellschaft hinter einem stünde und sagen würde: ‹O Mann, Kinder großzuziehen ist die härteste Sache der Welt. Ein Glück, daß intelligente Frauen das auf sich nehmen und intelligente Kinder heranziehen›, dann wäre das alles so viel einfacher. Wenn da einfach nur mal ein anerkennendes Nicken käme.»

Das größte Problem, so berichtet Erica Jong, war es, eine gute Kinderbetreuung zu organisieren.

«Eine funktionierende Betreuungslösung zu finden war ein Ding der Unmöglichkeit. Hoffnungslos! Sie kennen vielleicht das Kapitel ‹Die nackte Nanny› in meinem Roman ‹Fallschirme und Küsse› wo es um die Schwierigkeiten geht, eine Kinderfrau zu finden. Ich hatte sogar ein Mitglied der Scientology-Sekte. Schriftstellerin zu sein ist kein Job mit geregelten Arbeitszeiten, wo man nachmittags um vier Feierabend hat. Man arbeitet am Wochenende, man arbeitet an Feiertagen.

Wenn man einen Abgabetermin hat, arbeitet man eben. Da kann man niemanden brauchen, der sagt: ‹Am Wochenende will ich frei haben.› Das geht nicht. Ich brauchte also eine Betreuungsschicht fürs Wochenende und eine für die Woche. Es wird einfach nicht anerkannt, was für ein heroisches Unterfangen es ist, voll berufstätig zu sein und Kinder zu haben. Es ist so hart. Das meiste müssen die Frauen sich aus der Haut schwitzen ... Sie tun etwas sehr, sehr Schwieriges, ohne Anerkennung, ohne Lohn, und die Gesellschaft steht nicht hinter ihnen. Das zieht sich durch die ganze Gesellschaft und vermittelt sich einem so, daß man das Gefühl bekommt, ein Kind zu haben ist etwas, das man am besten geheimhält.»

Wer sorgt besser für das Kind?

Aber die Fluktuation der Betreuungspersonen ist nur ein Teil des Problems. Hinzu kommt, daß Kinderfrauen sich oft für die besseren Mütter halten und sich nicht nach den Wünschen der leiblichen Mutter richten.

Suzanne nahm ihre Arbeit als Leiterin der Laborabteilung einer großen Firma wieder auf, als ihr Kind zehn Wochen alt war. Sie wandte sich an eine sehr teure Vermittlungsagentur, die ihr die perfekte Kinderfrau schickte. Ein Jahr lang glaubte sie, wirklich eine Frau gefunden zu haben, die sich vorbildlich um ihr Kind kümmerte. Aber dann hörte eine Freundin, die bei ihr zu Besuch war, zufällig, wie die Kinderfrau zu dem Baby sagte: «Ja, ja, du magst es gar nicht, wenn Nanna deine Windeln wechselt, stimmt's? Aber Nanna hat dich doch wenigstens lieb. Auch wenn deine Mama keine Zeit hat, dich lieb zu haben, Nanna ist da. Nanna wird immer für dich da sein und dich lieb haben. Und jetzt wollen wir dir mal was Anständiges anziehen. Mama kauft dir ja immer solche *gräßlichen* Sachen.»

Als die entsetzte Freundin Suzanne von dem Vorfall berichtete, wurde Suzanne ärgerlich – auf die Freundin.

«Ein paar Tage später rief sie mich an, um mir zu sagen, daß sie sauer auf mich war», erzählte die Freundin. «Sie hätte das Gefühl, ich unterstellte ihr, daß sie bei der Auswahl ihrer Kinderfrau schlampig gewesen sei. Danach haben wir gut zwei Wochen nicht miteinander geredet. Dann hat sie schließlich angefangen, bei den anderen Frauen in ihrer Straße nachzufragen. Und allmählich kam die Wahrheit ans Licht. Aber Suzanne wollte die Kinderfrau immer noch nicht entlassen. Das ganze passierte zu einem Zeitpunkt, als Suzannes Arbeit gerade unter die Lupe genommen wurde. Sie meinte, sie könnte noch nicht einmal zwei Tage freinehmen, weil sie acht Wochen weg gewesen war, als sie das Baby bekommen hatte. Die anderen Frauen in ihrer Abteilung würden ihr vorwerfen, daß sie sich drückte. Sie fürchtete, daß sie sie absägen wollten.

Die Geschichte hat kein Happy-End», berichtet die Freundin weiter. «Als Suzanne ihrem Kinderarzt von der Sache mit der Kinderfrau erzählte, kriegte er einen Anfall. Er bestand darauf, daß sie die Frau sofort entließ. Sie tat es, mußte aber deshalb ihren Job aufgeben. Sie fiel in eine schlimme Depression. Es hat fünf Jahre gedauert, bis sie beruflich allmählich wieder auf die Füße kam.»

Das Dilemma der bezahlten Kinderbetreuung

Die Probleme, die die Delegierung der Kinderbetreuung an bezahlte Kräfte aufwirft, sind gravierend und sehr schwer zu lösen. Berufstätige Frauen kommen oft nicht damit zurecht, daß sie sich von den Betreuungspersonen geringschätzig behandelt fühlen, berichtet Ellen Galinsky vom Family and Work Institute in New York. Und die Betreuungspersonen fühlen sich oft ihrerseits nicht genügend anerkannt. Ihr Unmut hat vor allem mit der schlechten Bezahlung zu tun. Wie können Frauen eine qualifizierte und gute Kinderbetreuung erwarten, fragen sie, wenn sie so knauserig sind?

«Frauen mit gutbezahlten Jobs erwarten von anderen Frauen, daß sie ihre Kinder praktisch umsonst betreuen», klagt eine Mutter aus Connecticut, die selbst ein Studium abgeschlossen hat und ein Jahr lang als Kindergärtnerin tätig war. «Ich habe in dem ganzen Jahr zweitausend Dollar verdient – als promovierte Akademikerin! Tatsache ist, daß es den Frauen offenbar ziemlich egal ist, wer ihre Kinder betreut, solange sie nur irgendwo sicher aufgehoben sind... Ist ihnen denn gar nicht klar, daß die Betreuerin am Tag mehr Zeit mit ihrem Kind zubringt als sie selbst?»

Wo liegt die Lösung?

Firmenpolitik

Ob die Kolleginnen sich Schwangeren gegenüber solidarisch oder unsolidarisch verhalten, ist, soweit wir feststellen konnten, vor allem eine Frage der generellen Firmenpolitik. Wo großzügige Mutterschafts- und Erziehungsurlaubsregelungen und betriebseigene Kinderbetreuungseinrichtungen existieren, erfahren werdende und junge Mütter im allgemeinen mehr Unterstützung durch die Kolleginnen, da ihre Situation nicht als abweichender Sonderfall oder als Drückebergerei empfunden wird, sondern als ganz normales Geschehen, das mit Firmenmitteln geregelt wird. Die Sabotagegefahr ist dann geringer, weil die Mütter ihren Job genauso gut weiterverrichten wie bisher.

Dennoch ist wohl nicht zu erwarten, daß die Lösung des Gesamtproblems sich dank der wachsenden Einsicht der Arbeitgeber von selbst einstellen wird. Nach Aussage von Ellen Galinsky und Dana Friedman vom New Yorker Family and Work Institute stellen unter den insgesamt 4650 amerikanischen Firmen, die in irgendeiner Form dem Problem der Kinderbetreuung Rechnung tragen, lediglich 1200 eine betriebseigene Betreuungseinrichtung zur Verfügung.

Das derzeitige politische und juristische Tauziehen um Erziehungsurlaubsregelungen für Väter und Mütter erweckt den Anschein, als handle es sich dabei um eine neue Idee. Aber schon vor über fünfzehn Jahren propagierte Natalie Shainess vom Radcliffe College ein solches revolutionäres Konzept. «Frauen müssen einen angemessenen Mutterschaftsurlaub in Anspruch nehmen können – und damit meine ich nicht drei Monate, sondern zwei Jahre. Ihr Arbeits- oder Ausbildungsplatz muß ihnen über diese Zeit garantiert werden, gleichgültig, ob sie ihre berufliche Laufbahn oder ihr Studium unterbrechen, um die wichtige Arbeit des Kinderkriegens zu leisten. Die Mutterschaft muß angemessen bewertet werden.»

Gesetzgebung

Zu den Verfechtern des Erziehungsurlaubs in den USA gehört an prominenter Stelle der demokratische Senator Christopher Dodd aus Connecticut, der sich seit 1985 für eine entsprechende Gesetzgebung auf Bundesebene einsetzt. «Wie kann man von einer Frau erwarten, daß sie gleich nach der Geburt ihres Kindes wieder arbeiten geht?» fragte er. «Mütter brauchen diese Zeit, um bei ihren Kindern sein zu können. Und ich glaube, daß Väter sie auch brauchen. Ich wünsche mir eine Gesellschaft, in der Männer nicht meinen, immer nur über Autos und Sport reden zu müssen, sondern wo sie auch zu ihrem Chef sagen können: ‹Meine Frau bekommt ein Kind, und da möchte ich einige Zeit mit ihr zusammensein können.›»

Aber der Kongreß ist darauf bedacht, sich den Wünschen der einflußreichen Interessengruppen anzupassen, und leider gab es eine sehr viel stärkere Lobby gegen eine Erziehungsurlaubsregelung als dafür. Dennoch war es im Juni 1990 soweit, daß eine entsprechende Vorlage sowohl vom Senat als auch vom Repräsentantenhaus angenommen wurde. Aber nun drohte Bush sein Veto an! Der amerikanische Doppelstandard sabotiert eine sinnvolle Familienpolitik. Die gleichen Organisationen, die mit dem Anspruch antreten, die Familien schützen zu wollen, indem sie gegen die Abtreibung zu Felde ziehen, kämpfen auf der anderen Seite gegen die Forderung nach Erziehungsurlaub, der doch einer Familie überhaupt erst die Möglichkeit gäbe, als solche zu fungieren.

Der einzige Ausweg: Ein solidarisches Miteinander

Harmonische Arbeitsbeziehungen unter Frauen werden so lange kaum möglich sein, wie es nicht gelingt, die Lösung der Problematik Mutterschaft und Beruf ein gutes Stück voranzutreiben. Betty Friedan hat immer wieder gesagt: «Die Frauen können nicht in den Haushalt zurückkehren.» Und sie hat recht. Es ist absehbar, daß im Jahr 2000 in den USA etwa 23 Millionen Arbeitskräfte fehlen werden. Schon deshalb ist die Wirtschaft auch weiterhin auf die Frauen angewiesen. Über 53 Prozent aller Mütter werden ins Berufsleben zurückkehren, wenn ihre Kinder noch kein Jahr alt sind. Bereits jetzt sind 65 Prozent aller Mütter mit Kindern im Schulalter berufstätig – was heißt, daß 26 Millionen Kinder auf eine Tagesbetreuung angewiesen sind. Pionierarbeit in dem Bemühen, den Entscheidungsträgern der Nation die Bedürfnisse der berufstätigen Mütter durch konkrete Zahlen näherzubringen, leistete Martin O'Connell, Leiter der Abteilung Geburtenstatistik innerhalb des statistischen Bundesamtes. So belegte er etwa im September 1988 vor dem Finanzausschuß des Senats, daß «57 Prozent aller Frauen mit Kindern unter sechs Jahren erwerbstätig sind, das heißt, viermal so viele wie 1950».

Warum waren die Frauenorganisationen nicht fähig, sich zu einem Bündnis zusammenzuschließen und den Arbeitgebern mehr Rechte abzuringen?

Diese Frage kann wohl niemand erschöpfend beantworten. Was wir jedoch sagen können, ist, daß es für unser aller emotionales Wohlbefinden unerläßlich ist, zu einem solidarischen Miteinander mit anderen Frauen zu finden, die Unterschiede zu akzeptieren und alle Lebensentwürfe zu respektieren. Wenn wir es nicht schaffen, im Berufsleben zumindest eine Art Burgfrieden einzuhalten, wird es uns nicht gelingen, unsere Welt zum Positiven zu verändern.

Um unseren Leserinnen dabei zu helfen, sich selbst «familienfreundlicher» zu verhalten, haben wir folgende Checkliste erstellt:

Checkliste: Was kann ich für andere Frauen tun?

1. Bedenken Sie die familiäre Situation Ihrer Kolleginnen oder Nachbarinnen. Berufstätige Mütter haben immer wieder das Problem, daß ihre Kinder krank werden. Andere Frauen haben vielleicht alte Eltern, Verwandte oder sonstige ihnen nahestehende Menschen, die auf Hilfe angewiesen sind. Und auch Mütter, die nicht berufstätig sind, brauchen manchmal, wenn sie ein krankes Kind zu Hause haben, dringend die Möglichkeit,

sich wenigstens für eine Stunde absetzen zu können, damit sie nicht durchdrehen. In diesem Fall kann auch eine berufstätige Mutter einmal in der Mittagspause einspringen. Alle Frauen können sich in solchen Situationen gegenseitig unterstützen.

2. Seien Sie sensibel für familiäre Krisensituationen. Viele Frauen stecken in einer quälenden Situation, etwa weil ihr Partner sie körperlich mißhandelt oder mit Suchtproblemen konfrontiert. Wenn Sie glauben, daß das für eine Kollegin gilt – die dann vielleicht selbst oft gereizt oder aggressiv ist –, sollten Sie ihr Ihre Hilfe anbieten.
3. Geizen Sie nicht mit Ihrer Zeit. Versuchen Sie, neuen Kolleginnen die Integration zu erleichtern, so wie sie es auch mit einer neuen Nachbarin tun würden. Wenn eine Kollegin ein Kind bekommt: ignorieren Sie sie nicht, solange sie im Mutterschaftsurlaub ist. Rufen Sie sie an und versuchen Sie herauszufinden, ob sie einmal eine Pause nötig hat. Das gleiche gilt auch für Frauen mit pflegebedürftigen Angehörigen.
4. Seien Sie hilfsbereit. Fahrgemeinschaften, Telefonketten, Einkaufsdienste sind Möglichkeiten, andere Frauen zu unterstützen, die Ihnen vielleicht im Gegenzug dabei behilflich sein können, die Pflege oder Betreuung Ihrer Kinder oder Ihrer alten Eltern zu organisieren.
5. Seien Sie auf der Hut. Lernen Sie, sich nicht ausnutzen zu lassen. Wenn Sie sich ausgenutzt fühlen: stauen Sie keinen Groll an. Sprechen Sie die betreffende Kollegin darauf an und versuchen Sie, die Sache zu klären.

9
ZUKUNFTSPERSPEKTIVEN

Frauen brauchen Netzwerke

Die Frauenbewegung kämpfte zwar in erster Linie um Berufschancen, Selbstbestimmung und finanzielle Unabhängigkeit, aber darüber hinaus ging es ihr darum, tragfähige Unterstützungsnetze für die Frauen zu knüpfen. Ein wichtiges Ziel für uns alle ist und bleibt es weiterhin, uns ein Pendant zu den Seilschaften der Männer zu schaffen: ein Netz von hilfreichen und stützenden Kontakten unter Frauen.

Betty Friedan glaubt, daß viele Frauen inzwischen genügend Macht haben, um anderen Frauen zu helfen und die Gesellschaft in ihrem Sinne zu verändern. Sie meint:

«Ein Phänomen dieser Zeit und ein wunderbares Nebenprodukt der Frauenbewegung ist das beflügelnde Gefühl der Macht und Stärke, das dieser Aufbruch den Frauen verlieh. Dieses Gefühl hat uns geholfen, gemeinsam und voller Begeisterung vorwärts zu gehen, die Kräfte in uns selbst zu entdekken und unser aller Sache voranzutreiben: Geschichte zu machen, wie wir es in den siebziger Jahren als unsere Aufgabe empfanden. Das ist jetzt zwanzig Jahre her. Inzwischen ist diese Bewegung eine Selbstverständlichkeit, und die Frauen bilden in allen gesellschaftlichen Bereichen eine kritische Masse, mit der gerechnet werden muß.

Heute haben wir das Phänomen vor uns, daß Frauen in allen Bereichen Netzwerke geschaffen haben, um sich gegenseitig zu unterstützen und den Männerbünden eigene Strukturen entgegenzusetzen. Ich werde oft von Frauen aus allen möglichen Gesellschafts- und Berufsbereichen eingeladen, um vor solchen Netzwerken zu sprechen. Auch Frauen, die von sich sagen: ‹Ich bin keine Feministin›, identifizieren sich mit diesen Bestrebungen, wie ich sie unter dem Namen ‹Der zweite Schritt› zusammengefaßt habe. Heute sind Frauen, wenn sie auch nur einen Funken feministischen Bewußtseins haben, einander in vielerlei Hinsicht behilflich. Das heißt nicht, daß es nicht auch immer noch Frauen gibt, für die das männliche Muster – das heißt ungebremster Ehrgeiz – nach wie vor maßgebend ist. Dieser Ehrgeiz läßt sie in anderen Frauen Feindinnen und Rivalinnen sehen. Solche Frauen gibt es, aber es gibt auch eine sehr große Zahl von Frauen, die das wunderbare Gefühl gegenseitiger Bestärkung, das ihnen die Frauenbewegung vermittelt hat, in den nächsten Schritt gelenkt haben.»

Joni Evans, Geschäftsführerin des Verlags Random House, schildert, wie ungeheuer wichtig die Erfahrung solidarischer Unterstützung unter Frauen für ihre Karriere war. Obgleich sie einen großen Teil ihres beruflichen Erfolgsweges bei Simon & Schuster zurücklegte, während sie mit dem Direktor dieses Verlagshauses, Richard Snyder, verheiratet war, ist sie der Meinung, daß jeder Frau in ihrer beruflichen Entwicklung die Erfahrung des Eingebettetseins in ein solches Frauen-Netzwerk möglich sein sollte. Sie selbst zählt zu ihrem Netz wechselseitiger Unterstützungsbeziehungen eine ganze Reihe sehr erfolgreicher Kolleginnen: Phyllis Grann bei Putnam, Carole Baron bei Dell, Linda Grey bei Bantam und Nancy Evans, früher bei Doubleday. Joni Evans bewältigte den Einstieg ins Berufsleben unter der Obhut einer einfühlsamen und fürsorglichen Frau, und sie meint, daß diese Erfahrung ihr sehr geholfen habe, ihre weiteren Arbeitsbeziehungen zu Frauen positiv zu gestalten.

«Meine erste Chefin war Phyllis Levy, damals noch bei der Zeitschrift *McCall's*. Sie war für mich ein Rollenvorbild, eine sehr weibliche Frau, für die Gefühle sehr viel zählten. Sie hatte eine phantastisch gelassene Einstellung zu ihrer Arbeit. Sie war keine verbissene Geschäftsfrau. Oft ließ sie uns alle die Arbeit unterbrechen, um irgendeinen gelungenen Coup zu feiern – wenn wir zum Beispiel eine Kurzgeschichte von Joyce Carol Oates an Land gezogen hatten. Dann gingen wir alle irgendwohin zum Feiern. Sie hatte diese wunderbare Eigenschaft, die ich mit Weiblichkeit assoziiere – einen ausgeprägten Familiensinn –, und war dabei doch eine knallharte Managerin.

Ich konnte bei ihr immer ich selbst sein, egal, ob es darum ging, selbstgebackene Kekse mitzubringen oder harte Verhandlungen zu führen. Ich wollte mich immer schon gern bei der Arbeit wie in einer Familie fühlen können.»

Und was tut sie für andere Frauen?

«Ich weiß nicht, ob ich mich Frauen mehr als Mentorin zur Verfügung stelle als Männern. Ich glaube nicht, daß ich für Frauen mehr tue. Ich sage mir nicht: ‹Da ist eine Frau, also mußt du für die etwas mehr tun.› Ich finde, daß der Satz ‹Gleicher Lohn für gleiche Arbeit› absolut gelten muß. Meiner Meinung nach ist es das Beste, was man für Frauen tun kann, wenn man der Tatsache, daß sie Frauen sind, gar keine weitere Beachtung schenkt. Sie sind Angestellte. Sie sind Kolleginnen. Sie sind Managerinnen.»

Das Verhältnis der Geschlechter spielt im Berufsleben vieler Frauen eine große Rolle. Aber Joni Evans, die nach ihrer Scheidung Simon & Schuster verließ, um ihre Karriere nicht minder erfolgreich bei Random House fortzusetzen, ist der lebende Beweis dafür, daß es ein kompliziertes Unterfangen ist, sich als Frau im Berufsleben durchzusetzen, und daß die erste Voraussetzung dafür ist, sich nicht von Männern beherrschen und lenken zu lassen. Weibliche Traditionen und Beziehungsnetze sind dabei sehr wichtig. Joni Evans' wichtigster Rat läuft jedoch darauf hinaus, sich soweit wie möglich vom Geschlechterdenken freizumachen. Das A und O, sagt sie, ist professionelle Tüchtigkeit.

Joni Evans hatte das Glück, zu Beginn ihrer Laufbahn eine starke Frau als Mentorin zu haben. Solche Mentorinnenfunktionen zu übernehmen gehört zu den wichtigsten Hilfestellungen, die Frauen anderen Frauen im Berufsleben geben können.

Unter Männern ist das Mentorensystem Tradition, und es haben sich Formen der Protektion herausgebildet, in denen man schon fast eine Art Initiationsritus sehen kann. Manche Männer empfinden es selbst so, daß sie ihre mangelnde Beteiligung an der Kindererziehung kompensieren, indem sie die jungen Nachwuchskräfte, die sie unter ihre Fittiche nehmen, zu ihren «Wunschsöhnen» heranziehen. Wenn ein Mann die Mentorenrolle für einen jungen Kollegen übernimmt, dann tut er es in der Regel um der Weiterführung seines Werks oder um des guten Namens der Firma willen. Dabei beginnt die eigenständige Karriere des Jüngeren oft erst dann, wenn der Mentor in den Ruhestand tritt. Dann übernimmt der Protegé. Er verschafft auf diese Weise seinem Mentor die «Unsterblichkeit», von der alle Männer träumen. Dieses System hat sich unter Männern bestens bewährt.

Michelle Paludi ist Entwicklungspsychologin und Dozentin für Psychologie am Hunter College in New York. Sie hat sich ausführlich mit der Mentorinnenrolle beschäftigt. Sie meint:

«Frauen müssen sich bestimmte Fähigkeiten aneignen, um anderen Frauen als Mentorinnen helfen zu können, aber man kann nicht über dieses Thema reden, ohne auch von den Männern zu sprechen und von dem, was *sie* sich aneignen müssen. Ich denke nicht, daß es allein die Aufgabe der Frauen ist, die Atmosphäre am Arbeitsplatz oder im Wissenschaftsbetrieb zu verändern. Aber Frauen lernen offenbar nicht, Situationen zu analysieren und sich selbst zu fragen: ‹Was habe ich und was haben andere zu dieser Situation beigetragen?›

Bei unseren Befragungen haben viele Frauen gesagt: ‹Ach Gott, ich hab all diese Aufsätze publiziert, ich habe mich als Dozentin bewährt, und trotzdem kriege ich keine Anerkennung.› Da könnte man nachhaken: ‹Worauf führen Sie das zurück? Könnte das etwas damit zu tun haben, daß Ihre männlichen Kollegen, die die Entscheidungen treffen, sich von Ihnen bedroht fühlen? Glauben Sie nicht, daß sich Ihre feministischen Forschungen, die sich unter anderem mit dem Sexismus von Hochschullehrern beschäftigen, auf die Bewertung Ihrer Leistung auswirken?›

Es ist schon erstaunlich, wenn man sieht, wie diese Frauen, die mit psychologischen Erkenntnissen so vertraut sind und wissen, wie unterschiedlich identische Leistungen je nach Geschlechtszugehörigkeit bewertet werden können, den gleichen Mechanismus nur sehr schwer durchschauen können, wenn er sie selbst betrifft.

Ich glaube, Interesse an Menschen zu haben und sich mit Beziehungen auseinanderzusetzen, auf nonverbale Signale zu achten und fürsorglich zu sein, sind sehr angemessene Verhaltensweisen. Sie sind gesund und vernünftig und gehören meiner Meinung nach zu den Führungsqualitäten.

Die Frauen müssen begreifen, daß nicht die andere Frau der Feind ist, sondern die Machtstrukturen, die so beschaffen sind, daß nur ganz wenige Frauen führende Positionen einnehmen können, und die alle Frauen dazu treiben, sich untereinander um die wenigen Bonbons zu schlagen, die ihnen hingeworfen werden. Wir sehen die strukturellen oder institutionellen Probleme nicht so ohne weiteres. Wir konzentrieren uns eher auf die anderen Personen. Aber das geht so nicht.»

Letty Cottin Pogrebin ist ebenfalls der Ansicht, daß die Frauen nicht wirklich etwas erreichen werden, wenn die alten Machtstrukturen bestehen bleiben: «Die Türen haben sich geöffnet. Die Frauen sind drinnen im Raum, aber der Raum hat sich nicht verändert. Die Familien, die Kinder müssen berücksichtigt werden. Es müssen flexible Arbeitszeiten eingeführt werden, für Männer und für Frauen. Das ist doch alles willkürlich. Man kann den Frauen nicht neue Möglichkeiten eröffnen, ihren Platz neu definieren, ihnen neue Macht geben, ohne zugleich den Männern mehr häusliche Aufgaben zuzuteilen und die Strukturen der Arbeitswelt zu verändern. Das bedingt eine Art Cafeteria-Angebot an sozialen Leistungen, aus dem sich die Leute das aussuchen können, was sie brauchen und was ihren Bedürfnissen in verschiedenen Lebensphasen entspricht.»

Vor fünfundzwanzig Jahren verdienten berufstätige Frauen dreiundfünfzig Cents für jeden Dollar, der Männern für gleichrangige Tätigkeiten gezahlt wurde. Inzwischen sind daraus 64 Cents geworden. Es gibt mittlerweile Initiativen zur Erleichterung der Kinderbetreuung, aber fast ausschließlich im privaten Sektor. Die Abtreibung wird, nach einer kurzen Phase mühsam erkämpfter Legalisierung, zunehmend wieder in die Hinterzimmer verbannt. Wozu haben die wegweisenden Vorstöße der Feministinnen geführt?

Untersuchungen zeigen, daß sich zwar die meisten Frauen als Feministinnen bezeichnen, aber nur wenige sich irgendeiner konkreten Bewegung zurechnen. Linda Ellerbee, Schriftstellerin und Fernsehjournalistin, erklärte kürzlich zu Recht: «Wenn ich denke, daß wir uns das Scheitern des Gleichberechtigungszusatzes selbst zuzuschreiben haben, werde ich jedesmal wütend. Den jungen Frauen, die meinen, der Feminismus sei so unattraktiv, kann ich nur sagen, daß wir über die Hälfte aller Haushaltsvorstände in diesem Land stellen. Neunundsiebzig Prozent aller Männer, die Alimente für ihre Kinder zahlen sollten, tun es nicht. Wir verdienen noch immer vierundsechzig Cents für jeden Männerdollar. Ihr findet den Feminismus unattraktiv? Dann versucht es mal mit dem Sozialamt!»

Die Machtverhältnisse verändern

Wie viele ältere Frauen kritisiert Linda Ellerbee die privilegierten Töchter des Feminismus, für die die Kämpfe vergangener Zeiten nichts sind als eine langweilige Geschichtslektion. Schließlich sind diese jungen Frauen, bei allem politischen Desinteresse, doch genauso erpicht darauf, die Leiter zum persönlichen und materiellen Erfolg hinaufzuklettern.

Wir Frauen müssen weiter darum kämpfen, daß sich die Strukturen der Arbeitswelt verändern, daß Kinderbetreuungseinrichtungen geschaffen werden, daß uns allen bezahlter Erziehungsurlaub zugestanden wird und daß wir vermehrt in leitende Positionen vordringen.

Die aus Australien stammende Anne Summers, Redakteurin bei der Zeitschrift *Ms.*, meint, daß die Frauen zu einer stärkeren politischen Kraft werden müssen: «Die Politik ist ein Weg für die Gesamtheit der Frauen, nach Macht zu streben. Ich denke, wenn es erst mehr weibliche Abgeordnete gibt – selbst wenn es Konservative sind, die sich nicht als Feministinnen betrachten –, werden wir in vielen Fällen erleben, wie Frauen an einem Strick ziehen, sobald sie in die gesetzgebenden Organe vorgedrungen sind. Ich glaube, man braucht bloß einmal mit einem Mitglied des Repräsentantenhauses in Washington zu reden, um sich davon zu überzeugen, daß das wirklich so läuft.»

Bis es uns gelingt, die Machtstrukturen in der Arbeitswelt und im politischen Bereich so zu verändern, daß sie uns Frauen und unseren Bedürfnissen gerechter werden, müssen wir Strategien entwickeln, wie wir im Berufsleben den Fußangeln und Fallgruben des Eva-Syndroms am besten entgehen.

Margaret Thatcher wurde immer wieder vorgeworfen, sie habe nichts getan, um den Einfluß von Frauen in der britischen Politik zu stärken. Paul Potts, Thatcher-Beobachter und politischer Redakteur des *Daily Express*, meinte: «Noch nie wurden Frauen ermutigt, sich aktiv in die Politik dieses Landes einzuschalten. Ihre Rolle, so die allgemeine Ansicht, ist eine andere. Im Grunde haben wir hier eine Männergesellschaft. Jemand hat mir einmal erklärt, das Unterhaus sei der exklusivste Männerclub in ganz Großbritannien, da der gesamte Betrieb dort so abläuft, wie es den Männern am besten paßt, zum Beispiel den Juristen. Die Sitzungen beginnen erst um halb drei Uhr nachmittags. Sie sind nie vor zehn zu Ende, meistens erst nach Mitternacht. Ich denke mir, für eine berufstätige Mutter würde es enorme Probleme im häuslichen Bereich mit sich bringen, wenn sie vier- oder fünfmal in der Woche nicht vor Mitternacht heimkäme.

Die Premierministerin kam zu dem Schluß, daß es eine Menge brachliegender Fähigkeiten unter den Frauen gebe, beispielsweise unter denen, die einen akademischen oder ähnlich hochqualifizierten Abschluß hätten, nach ihrer Ausbildung aber heirateten und Kinder bekämen. Wenn die Kinder erst einmal aus den Windeln seien, hätten diese Frauen wieder mehr Bewegungsfreiheit. Folglich, so Mrs. Thatcher, könnten sie doch ein paar Stunden täglich beispielsweise darauf verwenden, sich für die Tory-Partei zu engagieren und in irgendwelchen Gremien zu arbeiten.

Man muß sich vor Augen halten, daß Mrs. Thatcher im Grunde eine Traditionalistin ist, was Frauenbelange angeht. Die Feministinnen kritisieren sie. Sie behaupten, sie habe sich nicht genügend für die Rechte der Frauen eingesetzt.

Ihre Antwort auf diesen Vorwurf lautet, daß man Leuten nicht einfach gesetzliche Vorrechte oder bessere Positionen oder sonst irgendwelche Dinge zuerkennen könne, nur weil sie einer Minderheit angehören oder sich sonst in irgendeiner

Weise ungerecht behandelt fühlen. Die Leute müßten selbst ihren Weg machen und sich Positionen durch Leistung verdienen. Sie hat zwar kein Gesetz erlassen, das besagt, daß die Eisenbahn auf drei Männer eine Frau einstellen muß – aber sie ist ein Rollenvorbild.»

10
ZUM SCHLUSS EIN PAAR TIPS

Die Erfahrung zeigt, daß Frauen, die selbst über ein gewisses Maß an Macht verfügen, ihre weiblichen Untergebenen – mit denen sie sich auf der anderen Seite auch identifizieren – als potentielle Bedrohung sehen. Diese Untergebenen wiederum identifizieren sich häufig mit den Frauen in den Führungspositionen, sind aber gleichzeitig auch neidisch auf sie. Beide Seiten können sich zwar gegenseitig verstehen, liegen aber doch im Kampf miteinander, was der Sache der Frauen sehr schadet.

Aber so muß die Situation unter Frauen am Arbeitsplatz nicht aussehen. Frauen können sich in die Macht teilen. Macht gemeinsam produktiv zu nutzen ist möglich, aber um es zu können, müssen wir uns zuerst darüber klarwerden, daß individuelles Erfolgsstreben oft eine Art Sucht ist. Und die älteren Frauen, die schon etwas erreicht haben, müssen aufhören, ihre Macht so eifersüchtig zu hüten. Und schließlich müssen alle Frauen begreifen, daß das Gerangel zwischen Erfolgssucht und paranoidem Klammern an die eigene Macht ein unproduktives Arbeitsklima schafft und daß es dringend an der Zeit ist, daran gemeinsam etwas zu ändern.

In diesem Kapitel wollen wir uns damit beschäftigen, welche Möglichkeiten Expertinnen sehen, den Teufelskreis aus Mißtrauen und Manipulationsversuchen zu durchbrechen, der uns so leicht den Arbeitsalltag vergällt. Wir wollen uns dabei vor allem auf die Frage konzentrieren, wie Frauen lernen können, besser mit schwierigen Situationen zurechtzukommen. Und wir werden sehen, daß wir, um etwas zu verändern, unsere Wahrnehmung destruktiver Verhaltensmuster bei uns selbst und bei anderen schärfen und schulen müssen.

Wie können wir das Eva-Syndrom überwinden?

Das Eva-Syndrom – das suchtartige Erfolgsstreben, das Frauen dazu treibt, andere Frauen zu verraten und um jeden Preis den eigenen Aufstieg zu betreiben, und auf der anderen Seite die Angst vor Verrat, die dieses Verhalten bei den Kolleginnen provoziert – ist dann überwindbar, wenn sich berufstätige Frauen an drei simple Regeln halten:

1. Bleiben Sie fair.
2. Überlegen Sie sich, was Sie sagen.
3. Lernen Sie, Problemsituationen besser zu bewältigen.

Regel Nr. 1: Bleiben Sie fair

Judith Burkholder bietet in ihrer Firma «The Corporate Woman» in Pittsburgh Beratung für Frauen in gehobenen Management-Positionen an. Vor ihrer Übersiedlung nach Pennsylvania hatte sie die organisationstechnische Leitung der Ambulanzabteilung des Yale-New Haven Hospital inne.

Sie erklärte uns, daß Frauen im Berufsleben Regeln brauchen, an denen sie sich orientieren können. Ihre Grundregel: Hart, aber fair sein.

«Man setzt für sich fest, was richtig, fair und angemessen ist, und geht dann nicht davon ab. Man kann zwar mit sich verhandeln lassen, aber man darf nie zulassen, daß man selbst oder jemand, der einem untersteht, übers Ohr gehauen wird. Man muß an seinen Werten festhalten, komme, was da wolle.

Wir haben immer solche Angst, andere zu verletzen. Wir denken: ‹Ach, sie ist ja so empfindlich. Vielleicht sollte ich lieber nachgeben.› Das ist eine fatale Haltung. Jeder ist verletzlich. Man muß das zwar mitdenken, aber trotzdem muß man von einer festen Position aus verhandeln und dabei bleiben.»

Viele Frauen, die Judith Burkholder berät, wollen von ihr wissen, wie sie besser mit jenen streßträchtigen Situationen, in denen es Entscheidungen zu treffen und Probleme zu lösen gilt, umgehen können. Judith Burkholder konzentriert sich auf den individuellen Management-Stil der jeweiligen Frau und trainiert sie nach einem Vier-Punkte-Plan darin, Problemsituationen im Berufsalltag effektiv anzugehen. Dieser Vier-Punkte-Plan sieht so aus:

1. Definieren Sie das Problem.
2. Umreißen Sie einen Plan, um es zu lösen.
3. Prüfen Sie die Alternativen.
4. Legen Sie Ihre Lösungsstrategie fest.

Judith Burkholder geht davon aus, daß Selbstsicherheit im Hinblick auf die eigenen Management-Entscheidungen Frauen befähigt, ein produktiveres und solidarischeres Arbeitsklima zu schaffen.

Es kann aber auch sein, daß, wie im folgenden Beispiel, eine Kollegin offen zu ihrer Erfolgssucht steht. In diesem Fall wurde die Betreffende vor die Wahl gestellt, sich entweder an die Spielregeln der Firma zu halten oder aber zu einer anderen Firma überzuwechseln, wo sie vielleicht größere Chancen hätte, ihre Ziele zu realisieren.

«Wir arbeiten hier auf Provisionsbasis», erklärte Katrina, eine von drei Frauen, die zusammen eine Immobilienfirma gegründet haben. «Anfangs wollte jede von uns mit aller Macht weiterkommen. Wir haben uns schier ein Bein ausgerissen, um einen Verkauf zustande zu bringen. Manchmal war man wochenlang mit einem Interessenten zugange, und er bedankte sich nur und verschwand. Und wenn man dann am Wochenende gerade unterwegs war, um sein Kind im College zu besuchen, rief er plötzlich wegen des Hauses an, wußte aber nicht mehr, mit wem er zu tun gehabt hatte. Er kam dann ins Büro und knallte, zum ersten Mal mit einem Lächeln im Gesicht, den Scheck auf den Tisch, und wenn man dann zurückkam, stellte man fest, daß man die Provision teilen mußte.

Manchmal kam es auch vor, daß man einfach ausgebootet wurde. Wenn zum Beispiel ein Interessent anrief und sagte: ‹Ich war gestern bei Ihnen. Könnte ich bitte mit Julia sprechen› und Julia war gerade nicht da, dann flötete eben eine von uns: ‹Oh, wir arbeiten alle zusammen. Ich kann Ihnen auch weiterhelfen.› Und wieder mußte man am Ende die Provision teilen.

In härteren Zeiten merkten wir dann, daß diese Sabotage einfach zu weit ging. In Zeiten, wo das Geld einigermaßen floß, verdienten wir alle so gut, daß es uns nicht viel ausmachte. Aber nach und nach forderten diese Praktiken ihren Zoll. Wir merkten, daß wir mehr Geld für Ärzte und Therapeuten ausgaben als für Urlaubsreisen. Da haben wir uns dann zusammengesetzt und uns auf eine Fair-Play-Politik geeinigt. Das veränderte unser Arbeitsklima von Grund auf.

Wir dachten, wir wären das beste Maklerbüro in der Stadt,

bis dann eine neue Mitarbeiterin zu uns stieß, eine junge Frau namens Sally, die gerade von der Uni kam. Wir weihten sie in unsere Geschäftsgeheimnisse ein, bis sie dann anfing, uns unsere Kunden wegzuschnappen. Als wir sie deswegen zur Rede stellten, sagte sie, die Hand in die Hüfte gestemmt: ‹Ich bin hier, um Geld zu machen, nicht um Freundinnen zu gewinnen.›

Von da an war das ganze Klima nicht mehr so wie vorher. Vielleicht fühlte sie sich ja von uns dreien ausgeschlossen, weil unser Verhältnis so freundschaftlich war. Jedenfalls teilte sie uns eines Tages mit, daß sie in sechs Monaten ihre erste Million auf der Seite haben wollte. Das löste bei uns Neid und ein böses Konkurrenzdenken aus. Jemand hat mal gesagt, das Prinzip der Frauensolidarität funktioniert nur, solange nichts Größeres auf dem Spiel steht. Ich kann nur sagen: diese Geschichte mit der Million war unser persönliches Waterloo.»

Ist es möglich, daß auch an einem Arbeitsplatz, wo grundsätzlich ein Fair-Play-Abkommen herrscht, plötzlich eine Eva auftaucht? Es scheint so. Wenn eine Frau erfolgssüchtig ist, wird sie sich nicht aus Rücksicht auf eine Kollegin ändern. Aber die junge Mitarbeiterin in unserem Beispiel war wenigstens ehrlich. Die anderen Frauen, die sich auf ein Fair-Play-Arrangement geeinigt hatten, wußten immerhin, woran sie waren.

Trotzdem veränderte das hemmungslose Konkurrenzdenken der Neuen das Betriebsklima. Die anderen Frauen begannen nun auch wieder, sich auf subtile Art und Weise gegenseitig das Wasser abzugraben. Aber schließlich bemerkte die Inhaberin der Firma die Veränderung. Sie stellte die junge Mitarbeiterin vor die Wahl, sich an die Regeln des Fair-Play zu halten oder zu gehen.

Die junge Frau entschloß sich zu bleiben, aber nur so lange, bis sie die Grundlagen ihres Metiers gelernt und Kontakte geknüpft hatte. Nach sechs Monaten wechselte sie zu einer

Immobilienfirma über, wo die Objekte in ganz anderen Größenordnungen lagen, die Konkurrenz härter war und Provisionen bis zu sechsstelligen Beträgen gezahlt wurden. Da sie sich ihre Erfolgssucht offen eingestand, konnte sie sich eine Firma suchen, wo sie das bekam, was sie wollte, ohne mit Sabotagemitteln arbeiten zu müssen.

Regel Nr. 2:
Überlegen Sie sich, was Sie sagen

Effizient zu kommunizieren und vor allem zu kritisieren ist eine Kunst, die zu erlernen viel Geduld und Sorgfalt erfordert. Eine in der *New York Times* vorgestellte Untersuchung von Robert Baron vom Rensselaer Polytechnic Institute ergab, daß «nur wenige Dinge so viele innerbetriebliche Konflikte hervorrufen wie barsche Kritik. Unseren Untersuchungsbefunden zufolge unterminiert diese Art von Kritik die Arbeitsbeziehung zwischen den beteiligten Parteien und macht es immer unwahrscheinlicher, daß die Betroffenen noch fruchtbar zusammenarbeiten oder auch nur im Konfliktfall zu einem Kompromiß finden können.»

Das überraschendste Ergebnis dieser Untersuchung sind Belege dafür, daß destruktive Kritik nicht nur Beziehungen zwischen Arbeitgebern und Arbeitnehmern beeinträchtigt, sondern auch das Verhältnis zwischen Kollegen.

«Viel zu oft», so hat Baron festgestellt, «äußern Leute erst dann Kritik, wenn ihnen der Kragen platzt, wenn sie so geladen sind, daß sie nicht mehr länger an sich halten können. Dann äußern sie die Kritik auf die schlimmstmögliche Weise, in einem schneidend-sarkastischen Ton, wobei gleich eine ganz lange Liste von Beschwerden mit herauskommt, die sie bisher hinuntergeschluckt haben, oder aber sie verbinden die Kritik mit Drohungen.»

Frauen, die an ihrem Arbeitsplatz keine allgemeinverbindlichen Verhaltensregeln oder Richtlinien haben, platzt leicht der Kragen. Eine Frau, die hart kritisiert wird, ärgert sich und wird ihrerseits immer mehr dazu neigen, andere zu kritisieren. Die schlechte Stimmung, die durch kritische Bemerkungen unter Kolleginnen entsteht, bereitet den Boden für die klassischen Eva-Verhaltensmuster, die in Sabotage und Verrat münden.

Wenn Sie Kritik üben müssen, sollten Sie den Rat beherzigen, den Kenneth Blanchard und Robert Johnson in ihrem Buch «Der Minuten-Manager» geben: Für jede Minute Kritik eine Minute Lob. Oder aber Sie halten sich an das Beispiel von Jill Considine, Direktorin der Bankgesellschaft des Staates New York, die erklärt:

«Ich kritisiere niemals Leute öffentlich. Ich versuche immer, Lob öffentlich zu äußern, Kritik aber nur unter vier Augen. Ich sage nach Möglichkeit: ‹Gut soweit, aber ich habe noch ein Problem damit.› Für mich kommt es dabei nicht darauf an, ob der Adressat ein Mann oder eine Frau ist. Das Ego ist doch bei allen Menschen gleich: viel empfindlicher, als man denkt. Als Chefin hat man einfach mehr Macht, als einem vielleicht klar ist: Macht, die einem von den Leuten zugewiesen wird oder die man sich selbst anmaßt.

Ich hatte als Kind das Glück, daß meine Eltern beide gleich viel zu sagen hatten und gleichermaßen für Disziplin sorgten. Mein Vater war Zeitungsjournalist und immer schon am frühen Nachmittag zu Hause. Ich wandte mich an den Elternteil, der gerade da war. Dieser Rollenwechsel zwischen meinen Eltern hat mir ganz enorm geholfen.»

Regel Nr. 3: Lernen Sie, Problemsituationen besser zu bewältigen

Um das Problem der Erfolgssucht zu überwinden, müssen wir neue Denkformen und Lösungsstrategien entwickeln. Interessanterweise gibt es heute Unterrichtsprogramme für Schulkinder, die Problemlösungsstrategien vermitteln, von denen auch berufstätige Frauen profitieren können, wenn sie Schwierigkeiten mit Konkurrenzstreß haben.

Roger Weissberg von der Universität Yale und Myrna Shure und George Spivak von der Hahnemann Medical School in Philadelphia haben solche Trainingsprogramme für Schulkinder entwickelt, bei denen es um interpersonelle Problemlösung geht. Die Kinder sollen lernen, sich mit verschiedenen Lösungsmöglichkeiten auseinanderzusetzen, statt Konflikte einfach nur auf aggressive Weise auszutragen.

Carolyn Swift vom Wellesley College weist darauf hin, daß passiv-aggressives Verhalten eine bevorzugte Problembewältigungsstrategie der Machtlosen ist:

«Frauen haben diese Art Verhalten nur zu gut erlernt. Sie haben gelernt, immer schön ‹Ja, Liebling› zu sagen, und dann machen sie ihrem Ärger Luft, indem sie mit der Kreditkarte wie wild draufloskaufen. Frauen widersetzen sich nicht offen, sondern heimlich, still und leise. Das ist die Problemlösungsmethode, die ihnen anerzogen wurde.

Aber jetzt, da wir Frauen im privaten Bereich wie auch draußen in der Welt mehr Macht erlangen, müssen wir lernen, Konflikte offener und direkter anzugehen.»

Bei der Bewältigung von Konflikten mit anderen können uns vor allem drei Problemlösungstechniken helfen: zum einen das Denken in Alternativen – das heißt ein Denken, das mehrere Lösungswege erschließt, so daß man noch ein weiteres Konzept in der Hinterhand hat, wenn das erste sich als untauglich erweist –, zum zweiten das Durchspielen der Konsequenzen möglicher Entscheidungen und zum dritten das Zweck-Mittel-Denken, das fragt: Wie komme ich von hier dorthin?

Erfolgreiche Problembewältigung heißt nicht zuletzt, Entscheidungen zu treffen, die dazu beitragen, daß man sich weniger gestreßt fühlt. Manche Entscheidungen, vor die Sie im Berufsleben gestellt sind, betreffen nur eine Person – Sie selbst. Überall dort, wo nur eine Person betroffen ist, handelt es sich um einfache Entscheidungen, auch wenn sie im konkreten Fall noch so kompliziert erscheinen mögen. Komplexe Entscheidungen sind solche, bei denen Sie selbst und andere Personen betroffen sind. Bei komplexen Entscheidungen müssen Sie sich nicht nur fragen, welche Auswirkungen die einzelnen Möglichkeiten auf Sie selbst haben, sondern auch, was sie für Ihre Kollegen bedeuten.

Die Kunst der Kommunikation

Myrna Shure erzählte uns, ihr Team habe die in die oben erwähnten Trainingsprogramme einbezogenen Mütter der Kinder zwar nicht systematisch befragt, doch könne sie von einigen interessanten Beobachtungen berichten:

«Etliche Mütter, mit denen wir arbeiteten, erzählten uns, vor unserem Training seien an ihrem Arbeitsplatz oft aus irgendwelchen Konflikten solche Spannungen erwachsen, daß sie mit Kolleginnen tagelang nicht geredet hätten. Nach dem Training fragten sie dagegen bei Konflikten mit anderen Bürokräften einfach nur: ‹Was glauben Sie, wie *mir* dabei zumute ist?› oder ‹Was können wir tun, um dieses Problem zu lösen?›

Indem sie lediglich diese beiden Fragen stellten, ohne eingeschnappt oder barsch zu reagieren, bewirkten sie eine Entspannung der Situation. Dieses Verhalten brachte ihre Kolleginnen aus dem Konzept. Sie fingen dann gewöhnlich an, über das Problem zu reden, statt wie bisher schweigend vor sich hin zu maulen.»

Ein wichtiges Ziel des Konfliktbewältigungstrainings ist das Erlernen der Fähigkeit, das Problem auch aus der Sicht des anderen zu sehen. «Wenn wir eine Mutter hereinbitten und sie sieht, wie ihr Kind ein anderes schlägt und ihm ein Spielzeug wegnimmt, ist sie sofort mit einem Urteil bei der Hand. Sie ist so darauf erpicht, ihrem Kind das Teilen beizubringen, daß sie gar nichts von seinen Gefühlen wissen will. Sie fragt es nicht: ‹Warum benimmst du dich so?›, sondern schimpft nur mit ihm.»

Wie Myrna Shure hier schon andeutet, ist eines der kritischsten Momente der Kommunikation – und der Punkt, an dem die Verständigung, sei es mit Kindern oder Mitarbeitern, häufig scheitert – das Zuhören. Vorgesetzte, die urteilen, ehe sie alle Fakten kennen, schüren Unzufriedenheit, Rivalität und eine «Dir werd ich es zeigen»-Haltung unter den Beschäftigten.

So kann es beispielsweise sein, daß eine Vorgesetzte bei einer jungen Mitarbeiterin typische Eva-Absichten wittert, weil diese mit allen Mitteln versucht, Macht an sich zu reißen. Aber möglicherweise verhält sich die junge Frau nur deshalb so, weil sie glaubt, auf anderem Wege nicht zum Zuge zu kommen. Sie hält dies vielleicht für ihre einzige Möglichkeit, sich im Berufsleben zu behaupten und voranzukommen. Wenn die Vorgesetzte sie in drohendem Ton auf ihr Verhalten anspricht, wird sie womöglich reagieren wie ein Kind – indem sie die Schuld von sich abzuwälzen versucht oder einfach lügt. Eine gute Vorgesetzte wird es in einem solchen Fall als ihre Aufgabe ansehen, positiv mit diesem Verhalten umzugehen und darauf einzuwirken, daß es sich ändert.

Myrna Shure zeigt auf, daß es oft zu Machtspielen führt, wenn Eltern mit ihren Kindern in einem drohenden «Was fällt dir ein»-Gestus reden, statt sie zu fragen: «Was macht dir denn so zu schaffen?» Und sie warnt, daß Kinder, die ständig einer solchen «Du tust es, weil ich es sage»-Haltung ausgesetzt sind, nie selbständig denken lernen.

Am Arbeitsplatz entwickeln sich Machtspiele oft daraus, daß Vorgesetzte sich auf den Standpunkt stellen: «Es wird so gemacht, weil ich es sage.» Das führt leicht zu festgefahrenen Spannungssituationen, von denen niemand etwas hat – und das sind ganz offensichtlich keine guten Voraussetzungen für eine fruchtbare Zusammenarbeit. Viel besser ist es, Kompromisse auszuhandeln. Dabei verliert niemand das Gesicht. Jeder findet mit seinen Wünschen Berücksichtigung, wenn auch nur zu einem Teil. Die Arbeit kann weitergehen, ohne daß üble Gefühle die Atmosphäre vergiften.

Der Psychologe T. Berry Brazelton rät Eltern, sich aus den Kämpfen und Streitigkeiten ihrer Kinder herauszuhalten:

«Je mehr Sie es dem Kind überlassen, selbst Lösungen zu finden, desto mehr wird es sich zutrauen.

Das gleiche gilt in meinen Augen auch für Geschwisterrivalitäten. Ich meine, daß Geschwister möglichst viel übereinander lernen müssen, und ein effektiver Weg, das zu tun, ist es, miteinander zu rivalisieren. Das Kind findet die Stärken und Schwächen des Geschwisters heraus und macht sich beides zunutze. Wenn sich dabei ein Elternteil einmischt, hat das in der Regel eher schädliche als positive Folgen. Kinder müssen einander erfahren können, ohne in einer Dreieckssituation zu stecken.

Deshalb ist es meiner Meinung nach letztlich für das Kind leichter, wenn es Konflikte selbst bewältigen lernt. Mädchen werden eher dazu angehalten, ihre aggressiven Regungen zu unterdrücken, so daß sie oft auf indirektere und manipulativere Formen der Konfliktlösung zurückgreifen.

Wenn diese ganze Revolution den Frauen wirklich etwas

Wichtiges eintragen soll, dann wäre das an allererster Stelle die Freiheit, offener konkurrieren zu dürfen, aggressive Regungen zuzulassen und die eigenen Gefühle auszudrükken.»

Zuviel Entgegenkommen ist auch verkehrt

Timothy C., erfolgreicher Leiter einer Personalvermittlungsagentur, erklärte uns, er habe den – im übrigen durch wissenschaftliche Untersuchungen gestützten – Eindruck, daß Frauen sich im Berufsleben zu sehr verausgaben und daß sie, weil sie sich bemühen, übermäßig entgegenkommend oder übermäßig streng zu sein, Gefahr laufen, aus dem Auge zu verlieren, worum es wirklich geht.

Einmal erfuhr er durch ein kurzes Gespräch mit seiner Senior-Partnerin, daß sein Verhalten in einer bestimmten Situation, das ihm fair und gerechtfertigt erschienen war, auf sie hart und gefühllos gewirkt hatte.

C. bemerkte eines Tages, daß eine Besprechung, die er für den nächsten Montag angesetzt hatte, überraschend auf den Freitag vorverlegt worden war. Er bat eine Assistentin, ihm die Unterlagen zusammenzustellen, die er dafür brauchte. Am nächsten Morgen fragte er danach.

«Es tut mir leid», sagte die Frau, «aber gestern hatte ich einen schlimmen Tag.»

«Hier geht es nicht um gute oder schlimme Tage», entgegnete er. «Hier geht es um *Termine*. Die Aufstellung war gestern fällig. Wenn ich sie morgen nicht auf meinem Schreibtisch habe, dann ist das Ihr letzter Tag.»

Die Senior-Partnerin bekam diesen Wortwechsel zufällig mit und reagierte genau wie eine der Mütter, von denen

Myrna Shure berichtete. Sie kam zu ihm und sagte in anklagendem Ton: «Ich habe gehört, was Sie da eben von dieser Assistentin verlangt haben. Sie hat im Moment häusliche Probleme und ist deshalb leicht überfordert. Wenn ich etwas von ihr brauche, sage ich es ihr immer mindestens zwei Tage im voraus.»

C. dachte kurz darüber nach und sagte dann, statt schroff zu reagieren, nur ganz ruhig: «Hören Sie, sobald Evelyn mir die Aufstellung bringt, gebe ich ihr zwei, drei Tage frei, damit sie ihre familiäre Situation klären kann. Damit ist uns beiden gedient.»

Die Filmemacherin Stephanie Bennett sah sich eines Tages mit einer ähnlichen Patt-Situation konfrontiert. «Ich hatte gerade einen Film produziert, und das Studio reichte ihn für den Dokumentarfilm-Oscar ein. In diesem Sektor geht die Auszeichnung an den Produzenten. Deshalb rief mich das Studio an, um mich zu fragen, ob der Regisseur wüßte, daß es sich um einen Produzenten-Preis handle. Wir fragten nach, und der Regisseur sagte, es ginge in Ordnung. Aber fünf Minuten später rief er zurück und erklärte meiner Kollegin, daß er fände, ich sollte der Jury schreiben und sie bitten, ihn als Koproduzenten einzusetzen, da er letztlich die kreative Leitung gehabt habe. Dann wäre er an dem Preis beteiligt.

Ich fand das nicht angemessen. Wenn er an die Jury schreiben wollte, sollte er es selbst tun. Es war nicht meine Sache, die Jury zu bitten, ihr Reglement zu ändern. Also sagte ich ihm das. Wenige Minuten später rief jemand vom Studio an und redete auf mich ein, diesen Brief doch zu schreiben. Ich blieb bei meinem Standpunkt. Später am gleichen Tag bekam ich dann noch einmal einen Anruf: der Regisseur, direkt aus dem Flugzeug. Der Druck ließ nicht nach. Schließlich entschied ich mich einzulenken.

Wenn ich von dieser Sache erzähle, sagen die Leute zu mir: ‹Dir ist doch wohl klar, daß sie das nicht mit dir gemacht hätten, wenn du ein Mann wärst.› Das stimmt wahrscheinlich auch. Ich denke, diese Sache war ein typisches Beispiel dafür, wie Frauen ausgetrickst werden. Aber die Kunst besteht darin, nachzugeben, wenn der andere sowieso am längeren Hebel sitzt.»

In diesem Fall brachte ihr Nachgeben beiden Seiten einen Gewinn und die Möglichkeit, das Gesicht zu wahren. Loslassen zu können ist auch ein Aspekt der Problembewältigung und eine wichtige Fähigkeit, die viele Frauen sich erst noch aneignen müssen.

Was hätte Margo Channing tun können?

Wir alle wissen, wie in dem Film «Alles über Eva» der Sabotagefeldzug der Titelheldin gegen Margo Channing endet – Eva verdrängt Margo nach und nach aus ihrer Position, und schließlich muß Margo ihr die Hauptrolle abtreten. Aber wie hätte Margo sich idealerweise verhalten können? Unserer Meinung nach hätte sie sich an folgende Strategie halten sollen:

Nachdem Eva bei Margo eingezogen ist und offenkundig ihren Platz einzunehmen versucht, behält Margo die Nerven. Sie besinnt sich auf erprobte Techniken zur Konfliktbewältigung. Sie analysiert die Situation und befindet, daß Eva ausziehen muß. Sie vergegenwärtigt sich Evas Gefühle, erwägt die Alternativen und faßt dann einen Entschluß. Sie teilt Eva mit, daß sie gehen muß, schlägt ihr aber gleichzeitig Möglichkeiten vor, wo sie unterkommen kann. Margo begreift selbst, daß sie nicht mehr glaubhaft die junge Naive spielen kann. Sie arrangiert einen Vorsprechtermin für Eva. So braucht Eva, wenn sie wirklich gut ist, gar nicht zu intrigieren. Margo und Eva bleiben Freundinnen, da Eva ihre Karriere verfolgen kann, ohne Margo mit üblen Mitteln ausschalten zu müssen. Wenn sie es schafft, dann verdankt sie es ganz einfach ihrer eigenen Leistung.

Indem Margo sich direkt mit Eva auseinandersetzt, behält sie die Kontrolle über die Situation. Erinnern wir uns daran, daß im Film Margo die Dinge aus der Hand gleiten, als sie zuläßt, daß Eva sich in ihrem Haushalt, ihrem gesellschaftlichen Leben und ihre Freundschaften einnistet. Unsere hypothetische Margo verschafft sich dagegen, indem sie dafür sorgt, daß Eva auszieht, zunächst einmal Raum, die Situation gründlicher zu überdenken. Dabei wird sie merken, daß es für sie selbst zwiespältig ist, den Kontakt mit Eva ganz abzubrechen. Durch vorausschauendes Denken gelingt es ihr, die drohende Krise abzuwenden.

Bewältigen Sie Konfliktsituationen mit TAKT

Um Konfliktsituationen vorausschauend und effizient bewältigen zu können, müssen Frauen lernen, Zeiten und Situationen unter Kontrolle zu halten, in denen sie potentiell zu Opfern werden. Als Hilfestellung empfehlen wir Ihnen, sich in Konfliktsituationen an ein ursprünglich für Krankenpflegepersonal entwickeltes Vorgehensschema zu halten, das wir TAKT nennen und das aus folgenden Schritten besteht: 1. *T*reten Sie einen Schritt von der Situation zurück. 2. *A*nalysieren Sie die Situation. 3. *K*lären Sie die Alternativen ab. 4. *T*reffen Sie Ihre Entscheidung.

Einen Schritt von der Situation zurückzutreten heißt, sich Bedenkzeit zu nehmen, ehe man etwas sagt. Die Situation zu analysieren heißt, sich die verschiedenen Pros und Kontras zu vergegenwärtigen. Die Alternativen abzuklären bedeutet, nicht blindlings in eine Richtung loszupreschen, und die Entscheidung schließlich löst den Konflikt – zumindest für den Augenblick – und ermöglicht es, an die praktische Umsetzung zu gehen. Dieses simple Schema kann Ihnen helfen, Managementaufgaben umsichtiger und erfolgreicher zu bewältigen. Es kann Ihnen aber auch in jeder anderen beruflichen Position eine Hilfe dabei sein, mit Ihren Kolleginnen so umzugehen, daß ein harmonisches Arbeitsklima entsteht. Im einzelnen aufgeschlüsselt beinhaltet TAKT folgende Grundsätze:

Treten Sie einen Schritt von der Situation zurück

1. Reagieren Sie in Situationen, die Sie ärgern oder irritieren, möglichst nicht sofort.
2. Auch wenn eine Situation promptes Reagieren erfordert: Machen Sie sich klar, daß Sie immer noch zumindest einen Moment Zeit zum Nachdenken haben. Holen Sie tief Luft. Zählen Sie bis zehn. Beruhigen Sie sich, ehe Sie weitere Schritte unternehmen.
3. Die meisten Situationen lassen sich mindestens fünf Minuten in der Schwebe halten. Sagen Sie ruhig, daß Sie Zeit zum Nachdenken brauchen.
4. Scheuen Sie sich nicht, die Zeit zu fordern, Entscheidungen erst einmal zu überschlafen.
5. Sagen Sie, statt sich festzulegen: «Ich kann das jetzt noch nicht beantworten.» Das hilft Ihnen, sich einen Entscheidungsstil anzugewöhnen, der zunächst einmal die Analyse des Problems und das Abwägen von Alternativen beinhaltet.

Analysieren Sie die Situation

1. Sammeln Sie Informationen von verschiedenen Seiten.
2. Listen Sie die Pros und Kontras auf.
3. Machen Sie sich – wie auch immer Sie sich letztlich entscheiden – Ihre emotionale Reaktion auf die Situation klar.
4. Vergegenwärtigen Sie sich frühere Entscheidungen und überprüfen Sie, ob Ihr Verhalten konsequent wäre.
5. Halten Sie sich vor Augen, was Ihre Ziele sind, und ordnen Sie sie nach Prioritäten.

Klären Sie die Alternativen ab

1. Vergegenwärtigen Sie sich die Folgen der Entscheidungsmöglichkeiten für Sie selbst, für andere und für den Gesamtzusammenhang.
2. Erwägen Sie sämtliche Optionen.
3. Versteifen Sie sich nicht – bleiben Sie kreativ und offen.
4. Prüfen Sie, wie sich die jeweilige Entscheidung durchsetzen ließe.
5. Entwickeln Sie einen Plan für unterstützende Maßnahmen.

Treffen Sie eine Entscheidung

1. Unterschätzen Sie die für die Durchsetzung der von Ihnen angestrebten Lösung notwendige strategische und zeitliche Planung nicht.
2. Überlegen Sie sich, wie weit Sie gehen und wie hart Sie notfalls auftreten wollen, um das erwünschte Resultat zu erzielen.
3. Treten Sie selbstbewußt auf und stellen Sie sicher, daß Ihr Standpunkt klar verstanden wird.

4. Seien Sie bereit, über Kompromisse zu verhandeln.
5. Gehen Sie an die Umsetzung und überprüfen Sie Ihre Lösung an den Zwischenergebnissen.

Um zu verfolgen, wie die praktische Umsetzung von TAKT aussehen kann, wollen wir im folgenden zwei typische Konflikte betrachten, die Frauen in allen beruflichen Positionen zu schaffen machen: das Problem, «nein» zu meinen und «ja» zu sagen, und das Problem des Haushaltens mit der eigenen Zeit.

Das Problem, nicht nein sagen zu können

Da die meisten Frauen dazu erzogen worden sind, anderen – Männern wie Frauen – gefällig zu sein, passiert es vielen von uns, daß sie im Arbeitsalltag viel zu oft ja sagen. Frauen vergeuden häufig – unabhängig von ihrer beruflichen Position – zuviel Zeit damit, unterschwellige Aggressionen in Schach zu halten, die entstehen, weil sie die eigenen Ziele und Interessen aus dem Blick verlieren und zuviel für andere tun.

Weibliche Beschäftigte beklagen sich oft, daß sie Aufgaben übernehmen, die sie eigentlich nicht übernehmen wollen. Frauen, die sich so verhalten, verlieren unzählige Stunden damit, sich über sich selbst zu ärgern und der Person zu grollen, die ihnen das jeweilige Ansinnen untergeschoben hat. Sie werden sich immer wieder bei Freundinnen und Kolleginnen beschweren, daß irgend jemand sie «rumgekriegt» hat – nur weil sie es wieder einmal allen rechtmachen wollten. Selbst Frauen, die sich dieser Falle bewußt sind und sie zu vermeiden versuchen, müssen feststellen, daß es Situationen gibt, in denen sie nicht nein sagen können. Tatsächlich ist dabei oft entscheidend, von wem die Bitte ausgeht. Wenn eine Frau von einer Vorgesetzten gebeten wird, eine zusätzliche Arbeit zu übernehmen, wird sie vielleicht das Gefühl haben, daß ihr gar nichts anderes übrig bleibt, als ja zu sagen, selbst wenn das in Wirklichkeit vielleicht nicht stimmt. Eine Eva wird wahrscheinlich ja sagen und ihre Sache so gut machen, daß sie dabei gleich noch mehr Aufgaben übernimmt, als es von ihr erwartet wird. Wenn sie es darauf angelegt hat, anderen zu demonstrieren, daß sie genauso tüchtig ist wie ihre Vorgesetzte, wird sie hier eine Chance wittern.

Aber was ist, wenn die Frau nur eine gewissenhafte, engagierte Mitarbeiterin ist, wie sie jedes Team zu schätzen weiß? Was, wenn sie einfach nur zu den Frauen gehört, die immer tun, worum man sie bittet, sich dann aber im nachhinein ausgenutzt fühlen? Dann wird es wohl früher oder später darauf hinauslaufen, daß sie ja sagt, aber die Arbeit nur halb oder schlampig erledigt. Damit ist niemandem gedient, weder ihr selbst noch der Vorgesetzten. Würde sie dagegen nein sagen, würde sie vielleicht ihre Vorgesetzte enttäuschen, aber sie wäre mit Sicherheit weniger verbittert und weniger in der Gefahr, heimlich zu murren und sich zu rächen und bewußt oder unbewußt einer anderen Frau Knüppel zwischen die Beine zu werfen.

In einer erst noch zu schaffenden idealen Arbeitswelt sollten wir uns gegenseitig unterstützen, statt uns das Wasser abzugraben – und außerdem natürlich die Regeln des Fair-Play beherzigen, gut aufpassen, was wir sagen, und unsere Konfliktbewältigungsfähigkeiten trainieren. Damit wir dafür die Energie haben, ist es sehr wichtig, daß wir unsere Zeit optimal nutzen, indem wir offen miteinander kommunizieren und unsere eigenen Prioritäten setzen. Nur so werden wir uns auf der Leiter zum Erfolg halten können.

Margos und Evas Fehler: mangelnde Fairneß

Auf der anderen Seite wird eine Frau in einer Führungsposition ihrerseits ärgerlich reagieren, wenn sie es mit einer Mitarbeiterin zu tun hat, die sich immer wieder vor Arbeiten zu drücken versucht oder ihr unbedingt Antworten abpressen will, die sie noch nicht geben kann. Auch diese Situation führt leicht zu aufgestauten Aggressionen, wie wir sie in diesem Kapitel beschrieben haben. Denken wir daran, daß Margo es ihrem eigenen Verhalten auf der von Eva für Margos Liebhaber Bill arrangierten Party zu verdanken hat, daß ihre Freunde auf Evas Seite überwechseln. Sie empfinden Margos spitze Bemerkungen und Seitenhiebe gegen Eva als mißgünstig und gemein. Margo hat zwar recht mit ihrem Verdacht, daß Eva heimlich gegen sie intrigiert, aber sie setzt sich ins Unrecht, indem sie beginnt, mit den gleichen Waffen zu kämpfen wie ihre Gegenspielerin.

Im Film sehen wir, wie Eva Margo zunächst mit ihrer geschickten Taktik aus dem Lot bringt, um ihr dann später das Leben sauer zu machen, indem sie sie aus ihrer privaten Position und aus ihrer beruflichen Starrolle zu verdrängen versucht. Margo und Eva stecken in einem wechselseitigen Abhängigkeitsverhältnis, und keine von beiden vermag sich aus der Falle zu befreien.

Wir wollen jetzt einmal diese Beziehung zwischen den beiden Frauen – der älteren, erfahreneren, aber im Grunde ihrer Seele unsicheren Erfolgreichen und der hinterlistigen und verschlagenen, aber bislang noch machtlosen Aufsteigerin – unter dem Gesichtspunkt der wechselseitigen Abhängigkeit betrachten. Wenn wir dieses Verhältnis ganz sachlich untersuchen, werden wir merken, wie klar Eva Margos Persönlichkeit durchschaut.

Die Margos dieser Welt brauchen, wie der New Yorker Psychologe Alan Schwartz erklärt, eine schwächere und weniger gefestigte Person, die für sie da ist. Schwartz meint, daß erfolgreiche Menschen oft insgeheim von einer tiefsitzenden Unsicherheit geplagt werden, die sie leicht in problematische wechselseitige Abhängigkeitsbeziehungen mit ihren weniger mächtigen Trabanten verstrickt. «Beziehungen dieser Art ermöglichen es ihnen, sich noch mächtiger zu fühlen», erläutert er. «Sie fühlen sich darin nicht bedroht, weil sie sich selbst in der gebenden Rolle sehen und davon ausgehen, daß die andere Person es ihnen durch aufrichtige Treue und Anhänglichkeit danken wird.»

In gewisser Weise ist es sicherlich Aufgabe der Margos, potentielle Evas in ihrem Arbeitsumfeld zu identifizieren und ihr destruktives Verhalten in andere, konstruktivere Bahnen zu lenken. Schließlich sind die potentiellen Evas nicht von Natur aus Intrigantinnen. Sie haben vielmehr gelernt, sich manipulativer Verhaltensweisen als Überlebensstrategie zu bedienen. Indem sie diese indirekten Techniken immer weiter verfeinern, entwickeln sie schließlich eine sehr wirksame Methode voranzukommen. Es kann durchaus sein, daß sie wirklich das Zeug zu einer erstklassigen Führungskraft haben. Geschickte Manipulation ist immerhin eine sehr effiziente Form der Selbstvermarktung.

Hätte Margo Evas Verhalten durchschaut und sie direkt darauf angesprochen, hätten wir auf ein Happy-End hoffen können. Aber Margo und Eva verstricken sich in eine wechselseitige Abhängigkeitsbeziehung. Was als Mentorin-Protegée-Verhältnis begann, endet schließlich in einer Feindseligkeit, die sich auf beide Seiten negativ auswirkt. Margo unterläßt es, Eva direkt zur Rede zu stellen, und wird statt dessen ablehnend, bissig und noch unsicherer. Eva ihrerseits verrät und hintergeht sie.

Weder Margo noch Eva handeln fair, und beide müssen den Preis für ihre Unaufrichtigkeit und ihr indirektes Vorgehen bezahlen.

Wer Konfliktsituationen mit angemessenen Problemlösungstechniken angeht, spart Zeit und schont seine Nerven und sogar seine Gesundheit. Die Wissenschaft hat uns mittlerweile schon recht tiefe Einblicke in die Zusammenhänge zwischen Streß und körperlichen Beschwerden vermittelt. Schwedische Untersuchungen deuten darauf hin, daß Frauen in beruflichen Positionen, die durch hohe Anforderungen, aber geringe Kontrolle gekennzeichnet sind, stärker unter Streß leiden als Männer (Watson, Artikel in *Working Women*, September 1989).

Ein Weg, wie Sie dem Problem mangelnder Kontrolle begegnen können – sei es, um ein produktiveres Klima an Ihrem Arbeitsplatz zu schaffen oder weil Sie mit einer Eva konfrontiert sind –, ist richtiges Zeit-Management.

Zeitprobleme

Wenn wir von Problemlösungstechniken sprechen, meinen wir damit Entscheidungsverfahren, die uns helfen, uns weniger gestreßt und stärker im Besitz der Kontrolle über unsere eigene Situation zu fühlen. Das ist eine unerläßliche Voraussetzung für psychische Gesundheit. Erst dann können wir Entscheidungen treffen, die unserem eigenen Wohl und dem der Menschen um uns herum Rechnung tragen. Viele Frauen meinen, daß sie kein Recht haben, persönliche Bedürfnisse in ihren Arbeitsalltag einzubringen. Aber wenn diese Frauen jeden Arbeitstag mit der Erstellung einer Prioritätenliste begännen, würden sie bald merken, wie wichtig es ist, sich irgendwo im Tagesplan eine kleine Auftankpause für die Seele zu gönnen. Der erste Grundsatz, um Streß- und Überlastungsproblemen zu begegnen, heißt deshalb: Setzen Sie Prioritäten.

Nehmen Sie sich jeden Morgen die Zeit, sich genau zu überlegen, was Sie sich für diesen Tag vornehmen können, wieviel Zeit die einzelnen Vorhaben oder Aufgaben erfordern

– ob zehn Minuten oder eine Stunde –, wieviel Zeit Sie für Krisenmanagement und unvorhergesehene Problem reservieren können und wieviel Zeit Sie sich selbst zugestehen wollen, um zwischendurch einmal Atem zu holen. Die meisten berufstätigen Menschen müssen, sobald sie den einzelnen Punkten auf ihrer Liste eine realistische Zeitspanne zuordnen, feststellen, daß sich nicht einmal die Hälfte innerhalb eines Tages bewerkstelligen läßt.

Schauen Sie sich Ihre Liste im Laufe des Tages immer wieder an und revidieren Sie sie gegebenenfalls. Und wenn Ihnen jemand noch eine zusätzliche Arbeit aufbrummen will, halten Sie sich an TAKT. Treten Sie einen Schritt zurück, analysieren Sie die Situation und das Ansinnen, klären Sie die Alternativen ab und treffen Sie Ihre Entscheidung. Dieses Verfahren wird Ihnen helfen, den kleinen täglichen Konflikten zu begegnen, die sich sonst zu gravierenden Belastungen auswachsen können. Auch Eva und Margo hätten das TAKT-Schema in entsprechend abgewandelter Form auf ihre Konfliktsituation anwenden können. Wären sie fair und ehrlich vorgegangen, hätten sie wahrscheinlich ihre Interessen verfolgen und dabei dennoch ihre Würde wahren können. Erinnern wir uns daran, daß Margos Probleme nicht zuletzt aus der Art erwachsen, wie sie Eva behandelt. Margos beste Freundin Karen unterstützt Eva, weil sie findet, daß Margo eine Lektion verdient hat. Die Ereignisse hätten sicher eine andere Wendung genommen, hätte Margo sich einmal die folgenden Fragen gestellt und ihre Antworten mit Karen besprochen.

Analysieren Sie die Situation

1. Worin besteht aus meiner Sicht das Problem?
2. Was glaube ich, wie andere Personen in meiner Umgebung das Problem sehen?

3. Wie stehe ich emotional zu dem Problem?
4. Wie stehen andere emotional zu dem Problem?
5. Wie könnte eine kurzfristige/langfristige Lösung aussehen?

Klären Sie die Alternativen ab

1. Welche Alternativen gibt es für mich?
2. Wie werde ich reagieren, wenn ich mein Ziel neu stecken muß?
3. Was bedeutet es für mich, wenn ich nicht erreiche, was ich mir vorgenommen habe?

Treffen Sie Ihre Entscheidung

1. Welche Strategie werde ich verfolgen, um mein Ziel zu erreichen?
2. Habe ich einen Alternativplan in Reserve?
3. Bin ich bereit, hart zu sein?
4. Was muß ich opfern, um einen für beide Seiten akzeptablen Kompromiß einzugehen? Welche Risiken und Vorteile beinhaltet meine Lösung?
5. Kann ich mein Ziel selbstsicher und fair verfolgen und mir dabei meine Selbstachtung bewahren? Muß ich sofort handeln, oder bleiben mir ein paar Tage Zeit?

Das zentrale Kriterium für alle beruflichen und geschäftlichen Entscheidungen muß letztlich die Bewahrung der eigenen Selbstachtung sein. Was Margo zum Verhängnis wurde, war ihr eigenes boshaftes und gehässiges Verhalten Eva gegenüber. Das Geheimnis eines produktiven Arbeitsklimas ist höfliches und integres Verhalten. Indem wir Entscheidungen gut überdenken und uns die Konsequenzen von vornherein klar machen, reduzieren wir den alltäglichen Streß am Arbeitsplatz für uns selbst und für andere. Das stärkt unser eigenes Selbstwertgefühl und ermöglicht es gleichzeitig den Menschen in unserer Umgebung, sich mit sich selbst im reinen zu fühlen.

Ein weiter Weg liegt hinter uns

Wir Frauen haben eine weite Strecke auf dem Weg zu gesellschaftlicher Macht zurückgelegt, und wir können noch weiter in wichtige und einflußreiche Positionen vordringen, wenn wir bewußt mit den komplexen und streßträchtigen Problemen und Anforderungen des modernen Arbeitslebens umgehen lernen, statt ihnen naiv zu begegnen.

Frauen können produktive Allianzen eingehen. Das beweist etwa das preisgekrönte Modeschöpferinnen-Team von Betsy Johnson und Chantel Bacon. Die beiden Frauen erklären ihren Erfolg damit, «daß es zwischen uns kein Konkurrenzdenken gibt».

Frauen können anderen Frauen den Rücken stärken – so wie Helen Hunt, die Vorsitzende der New Yorker Women's Foundation, die es sich zum Ziel gesetzt hat, «etwas für die Frauen in New York zu tun, für die sonst nichts getan wird», indem sie Frauenhäuser unterstützt und Ausbildungsmaßnahmen für behinderte Frauen fördert.

Frauen können als Mentorinnen für andere Frauen fungieren – so wie Michelle Paludi vom Hunter College, die uns vermittelte, wie wichtig ein solches Mentorinnensystem ist.

Frauen können anderen Frauen den Weg ebnen – so wie die Washingtoner Organisation «Emily's List», die Frauen in der Politik unterstützt.

Frauen können eine führende Rolle bei der menschenfreundlichen Umgestaltung der Arbeitswelt spielen – so wie Ellen Galinsky und Dana Friedman vom Work and Family Institute.

Frauen können aber auch in die Irre geleitete Evas sein, die unter dem Zwang stehen, andere Frauen aus ihrer mühsam errungenen Position zu verdrängen, weil sie glauben, daß der Karriereweg nicht über die eigene Leistung, sondern über Manipulation führt und daß Erfolg nicht verdient, sondern erschlichen werden muß. Vielleicht ist es ja so, daß die Margos dieser Welt den Evas ein bißchen Platz machen müssen, damit sie selbst nicht mehr gezwungen sind, ständig angespannt zu beobachten, was hinter ihrem Rücken geschieht, und die Evas es nicht mehr nötig haben, sich Macht mit unlauteren Mitteln anzueignen. Wenn wir das Problem sehen, können wir gemeinsam darauf hinarbeiten, mehr Stärke zu erlangen.

Stärke wächst uns zu, wenn wir Entscheidungen treffen, die unser Selbstwertgefühl heben. Frauen sind bislang nicht für Problemlösungsfähigkeiten belohnt worden. Wir wurden dazu erzogen, uns Männern unterzuordnen. Bei unserem Eintritt in die Arbeitswelt erwarteten wir von den Männern, daß sie uns sagten, was wir tun sollten. Wir nahmen sie uns zum Vorbild, weil wir kein anderes Modell hatten. Als wir Kinder waren, belohnten uns unsere Eltern und Lehrer, wenn wir brave kleine Mädchen waren, adrett und still. Auch heute noch, zwanzig Jahre nach dem Wiederaufleben der Frauenbewegung, gibt es genügend Lehrer und Lehrerinnen, die kleine Mädchen so behandeln, als wäre es ihr ganzer Daseinszweck, süß und lieb und nett zu sein.

Soziologen und Psychologen weisen darauf hin, wie dringend es an der Zeit ist, Mädchen – und auch erwachsene Frauen – dafür zu belohnen, daß sie unternehmungslustig, mutig und entschieden sind. Schließlich ist dies die Generation der Astronautinnen Anna Fisher und Sally Ride.

William Brown, Direktor des Eli Whitney Museum in New

Haven, hält Seminare für junge Denker, Erfinder und Planer ab, die sich für den Bundeswettbewerb «Odysseen des Geistes» qualifizieren konnten. Er berichtet, daß in gemischten Teilnehmergruppen die Mädchen auch dann, wenn sie die richtige Lösung wissen, den Jungen den Vortritt lassen. Dabei geht es ihnen oft gar nicht darum, sich vor der Führungsverantwortung zu drücken. Es ist vielmehr eine bewußte Entscheidung, durch Anpassung an die männlichen Gruppenautoritäten die Gruppe zu stärken. Anpassung ist für das Funktionieren jeder Gruppe unerläßlich. Das scheinen die Mädchen sehr viel öfter zu sehen als die Jungen. Aber in diesem Fall hat das positive Verhalten – das Gespür dafür, was die Gruppe braucht, und die Rücksichtnahme darauf – auch eine negative Kehrseite: Oft genug stecken die Mädchen auch dann zurück, wenn ihre Idee die beste ist. Dieses Rückzugsverhalten zu belohnen kann auch, so Bill Brown, bedeuten, daß man die Arbeitswelt der Zukunft um herausragende Köpfe und Führungspersönlichkeiten prellt.

Auch wenn nicht alle Frauen den Wunsch oder das Zeug dazu haben, Führungsfunktionen zu übernehmen, können doch alle Frauen lernen, solche Entscheidungen zu treffen, die ihnen helfen, sich überflüssigen Streß im Arbeitsalltag zu ersparen, besser mit ihrer Zeit zu wirtschaften und positive Arbeitsbeziehungen herzustellen.

Um solche Strategien entwickeln zu können, die ihre Kräfte und ihre Position stärken, muß jede Frau sich kritisch mit ihrer eigenen Rolle im Kreis der Kolleginnen und Kollegen auseinandersetzen. Wenn berufstätige Frauen lernen, sich gegenseitig mit ihren Entscheidungen zu akzeptieren, dann wird ihrer aller Selbstwertgefühl davon profitieren, und sie werden in der Lage sein, ein Netzwerk von Vorbildfiguren und Führungspersönlichkeiten hervorzubringen, die bereit sind, ihre Macht in produktiver Weise zu teilen.

DANK

Ich danke meinem Mann Harry Petchesky für seine Unterstützung und Geduld, meinem Stiefsohn Jonah und meiner Tochter Rachel für ihr Verständnis, Al Lowman, Justin Spring und Michael Sirkin für ihre Bemühungen und ihren hilfreichen Rat und unserer Lektorin Toni Lopopolo dafür, daß sie nie den Glauben an dieses Projekt verloren und so viele «Frauenstunden» in seine Realisierung investiert hat.

Mein Dank geht ferner an die Frauen, die mir den Mut gemacht haben, dieses Buch zu schreiben – Professor Rosalind Petchesky, Madeline Morel, Ruth Reiter Brown, Sally Eberhard und Daryl Furno – und an die vielen anderen Frauen, die mir Zugang zu ihren «Netzen» verschafft haben – Barbara Gordon, Barbara Seaman, Jane Amsterdam, Elaine Resnick, Marylyn Malkin, Jan Goldstuff und Ellen Galinsky in den USA und Eve Pollard, Barbara Cleese und Tanya Sarne in London. Außerdem danke ich Dick Mealey für seine Arbeit an der Niederschrift der Tonbandprotokolle sowie Uta Birkmayer und Susan Halliday für ihre jugendliche Energie und ihren Humor.

Und schließlich danke ich Dr. Alan Schwartz, der uns die Augen für das Eva-Syndrom geöffnet hat.

Jill Barber

Ohne die Freundinnen und Freunde, die mich die Jahre hindurch unterstützt haben, hätte ich nie auch nur ein einziges Wort schreiben können. Doch bin ich vielen von ihnen im Zusammenhang mit diesem Buch auch besonderen Dank schuldig.

Dieser Dank geht an meinen langjährigen Freund und kritischen Berater Dr. Jeremy Kisch, der mir half, das Phänomen Angst vor Verrat zu identifizieren, zu definieren und klarer herauszuarbeiten.

Er geht an unseren Agenten Alfred Lowman, der mich mit Jill Barber bekannt machte und unsere Zusammenarbeit anregte und förderte.

Er geht an alle meine Freundinnen und Freunde, die mir halfen, indem sie für uns kochten und mit mir zusammen Kindertransportprobleme lösten – Judi und Dave Burkholder, Jane und Rick Levin, Sarah und Nick Ohly, Claire und Rob Newbold, Kathy und Ken White sowie Pat Bader und Bob White.

Ich danke auch Roger Manny, der mir nicht nur die Stürme des Lebens mit Halbwüchsigen zu überstehen half, sondern auch den echten Tornado, der New Haven und mein Büro zerstörte, während ich an diesem Buch arbeitete. Danke für den Arbeitsraum, den ich nutzen durfte.

Ich danke den Frauen und Freunden vom NHLC – insbesondere Joanne und Paul Bailey, Renate Recknagel und Herb und Jan Sleeper, die mir Interviewpartnerinnen vermittelten.

Mein Dank geht ferner an meine langjährigen Freunde, die die strittigen Punkte mit mir diskutierten: Jeanne und Bill Carley, Jeanette und Tom Delimetros, Geri und Dean French, Kathy und Jack Miller, Judi Sheiffele, Lorraine Dusky und Anthony Brandt.

Er geht an meine Anwältin Kathy Priest, die mich von der Wichtigkeit durchdachter Konzepte und klarer Verträge überzeugte.

Er geht an meine Kollegen am Ezra Stiles College in Yale –

vor allem an die Dekanin Rita Lipson und an Professor Dorothy Metlitski. Und an den Rektor Traugott Lawler, der Jill und mir die Gästesuite zur Verfügung stellte, damit wir in Ruhe und in einer schönen Umgebung schreiben konnten. Dank auch an Dich, Mary Jo.

Und an Faye Crosby, Joan Wexler, Matia Finn-Stevenson und Gwen Mood für die ständige Bestärkung und Ermutigung. Ebenso an Mom Watson.

Für die in die Recherchen zu diesem Buch investierte Zeit und Energie danke ich Rebecca Nordhaus, Carly Berwick und Dawn Barrington (die sich außerdem noch als Kindermädchen, rettender Engel und Köchin verdient gemacht hat).

Für die Hilfe beim Tippen danke ich Susan Bishop, die außerdem noch Druckfahnen las, Kommentare beisteuerte und mich so oft zum Lachen brachte, sowie Ann Cheney, Bea Heyde und Pam Ruck.

Tom und Ken Perrone danke ich dafür, daß sie mir Computer, Kopierer und ein Auto organisierten.

Ich danke Jason Isaacson, Personalchef des U.S.-Senators Christopher Dodd, der mir durch seine Integrität und seine muntere Stimme die Kraft vermittelte, zu schreiben und zu arbeiten.

Ich danke meinen Freundinnen von der ATP Foundation und der Connecticut Commission on Children. Als Frauen, die andere Frauen dabei unterstützen, ein Sozialmodell für suchtkranke Schwangere zu entwickeln, nahmen sie mir das *Versprechen* ab, der Welt zu erklären, daß Frauen erfolgreich zusammenarbeiten können.

Und schließlich gilt mein spezieller Dank all den Männern und Frauen, die uns an ihren Ideen teilhaben ließen und uns halfen, unser Verbindungsnetz auszubauen: Linda Ellerbee, Yale, die uns alle bei Mory's aufheiterte, meinem *Times*-Kollegen Fred Hechinger und seiner Frau Grace sowie David Blumenkrantz, Yale, der mich mit Carolyn Swift und Roger Weissburg bekannt machte – die durch ihre Trainingsprogramme zur Konfliktbewältigung unseren Kindern Zukunftschancen eröffnen.

Besonderen Dank auch an Betty Friedan und Gail McCarthy, die sich uns netterweise bei der Publishing-Party im Haus Lorraine zu Interviews zur Verfügung stellten.

Und Ellen Galinsky und Patricia Gammon.

Und Bill Brown, der davon überzeugt ist, daß kleine Mädchen große Persönlichkeiten und Führungskräfte werden können.

Dank allen Frauen, die mir die Geschichten von anderen Frauen erzählten: von Yvonne, Leslie, «König Lears Töchtern», Barbara, Serena, Marsha, Sarah, Maryanne, Ruth, Lorraine, Regina, Laura, Louisa, Elisa, Faye, Dora, Judith, Katrina und Patricia.

Und Dank auch den Männern, die mir ihre Sicht der Dinge darlegten: Tom, Timothy, Dean und Bill. Alle, die solche Geschichten beigetragen haben, haben uns ein Geschenk gemacht, das für das Gedeihen unseres Buches und unserer Zusammenarbeit von großer Bedeutung war.

Rita Esposito Watson

BIBLIOGRAPHIE

Beauvoir, Simone de. Das andere Geschlecht. Sitte und Sexus der Frau. Reinbek: Rowohlt Taschenbuch, 1968.

Berkinow, Louise. Among Women. New York: Harper & Row, 1980.

Blaker, Karen. Born to Please. New York: St. Martin's Press, 1988.

Blanchard, Kenneth; Johnson, Spencer. Der Minutenmanager. Reinbek: Rowohlt, 1983.

Bloom, Lynn Z.; Coburn, Karen; Pearlman, Joan. Die selbstsichere Frau. Anleitung zur Selbstbehauptung. Reinbek: Rowohlt Taschenbuch, 1979.

Bools, Barbara; Swan, Lydia. Power Failure: Why Women Said ‹No› to Top Management Positions – Six Inside Stories to Help Others Say ‹Yes›. New York: St. Martin's Press, 1989.

Brazelton, T. Berry. Und was ist mit den Kindern? Beruf und Kinder. Beispiele, Erfahrungen, Hilfe für berufstätige Mütter und Väter. München: Piper, 1989.

Bunch, Charlotte. Passionate Politics: Essays 1968–1986. New York: St. Martin's Press, 1987.

Caplan, Paula J. So viel Liebe, so viel Haß. Zur Verbesserung der Mutter-Tochter-Beziehung. Köln: Kiepenheuer & Witsch, 1990.

Chodorow, Nancy. Feminism and Psychoanalysis. New Haven: Yale University Press, 1989.

Cohen, Sherry Suib. Sanfte Macht. Der neue weibliche Weg. Hamburg: Kabel, 1990.

Cott, Nancy F. The Grounding of Modern Feminism. New Haven: Yale University Press, 1987.

Deaux, K. The Behavior of Women and Men. Monterey: Brooks/Cole, 1976.

Dowling, Colette. Perfekte Frauen. Die Flucht in die Selbstdarstellung. Frankfurt a. M.: S. Fischer, 1989.
Eichenbaum, Luise; Orbach, Susie. Bitter und süß. Frauenfeindschaft – Frauenfreundschaft. Düsseldorf: Econ, 1987.
Epstein, Cynthia Fuchs. Woman's Place: Options and Limits in Professional Careers. Berkeley: University of California Press, 1970.
Fraiberg, Selma. Die magischen Jahre in der Persönlichkeitsentwicklung des Vorschulkindes. Reinbek: Rowohlt Taschenbuch, 1972.
Friday, Nancy. Wie meine Mutter. Frankfurt a. M.: Fischer Taschenbuch, 1982.
Gerson, Kathleen. Hard Choices: How Women Decide About Work, Career, and Motherhood. Berkeley: University of California Press, 1985.
Gilligan, Carol. Die andere Stimme. Lebenskonflikte und Moral der Frau. München/Zürich: Piper, 1984.
Gornick, Vivian. Fierce Attachments. New York: Farrar, Straus & Giroux, 1987.
Grant, Toni. Die Chance, eine Frau zu sein. Rückbesinnung auf die Weiblichkeit. Genf: Ariston, 1990.
Hardesty, Sarah; Jacobs, Nehama. Success and Betrayal: The Crisis of Women in Corporate America. New York: Simon & Schuster, 1986.
Hewlett, Sylvia. A Lesser Life. New York: Warner Books, 1986.
Kanter, Rosabeth Moss. Men and Women of the Corporation. New York: Basic Books, 1977.
Kapp, Howe L. Pink Collar Workers. New York: Avon, 1975.
Keller, Evelyn F. Liebe, Macht und Erkenntnis. Männliche oder weibliche Wissenschaft? München: Hanser, 1986.
Keohane. Nannerl O.; Rosaldo, Michelle Z.; Gelpi, Barbara C. Feminist Theory: A Critique of Ideology. Chicago: University of Chicago Press, 1982.
Lerner, Harriet G. Wohin mit meiner Wut? Neue Beziehungsmuster für Frauen. Stuttgart: Kreuz, 1987.
Longino, Helen E.; Miner, Valerie. Hg. Competition: A Feminist Taboo? Berkeley: University of California Press, 1978.
Maccoby, Eleanor E.; Jacklin, Carol N. The Psychology of Sex Differences. Stanford: Stanford University Press, 1974.
Madden, Tara Roth. Women vs. Women: The Uncivil Business War. New York: Amacom, 1987.
Mankiewicz, Joseph L. More About All About Eve. New York: Random House, 1972.

Miles, Rosalind. Women and Power. London: Macdonald, 1985.
Mitchell, Juliet. Psychoanalysis and Feminism. New York: Pantheon, 1974.
Pogrebin, Letty Cottin. Competing with Women: *Ms.*, Juli 1972.
Rich, Adrienne. Von Frauen geboren. Mutterschaft als Erfahrung und Institution. München: Frauenoffensive, 1979.
Ruddick, Sara. Maternal Thinking. In: Mothering: Essays in Feminist Theory. Hg. v. J. Trebilcot. New Jersey: Rowman & Allanheld, 1980.
Scarf, Maggie. Unfinished Business. New York: Doubleday, 1980.
Watson, Rita Esposito. Television Personality Advises Women to ‹Stay at Home›. *Ridgewood News*, 19. Oktober 1968.
Dies. Physical Symptoms of Stress. *Working Women*, September 1989.
Dies.; Burkholder, Judith. Conflict Resolution: Coping Skills, Empowerment and Decision-Making Strategies. *Dermatology Nursing*, Februar 1990.

REGISTER